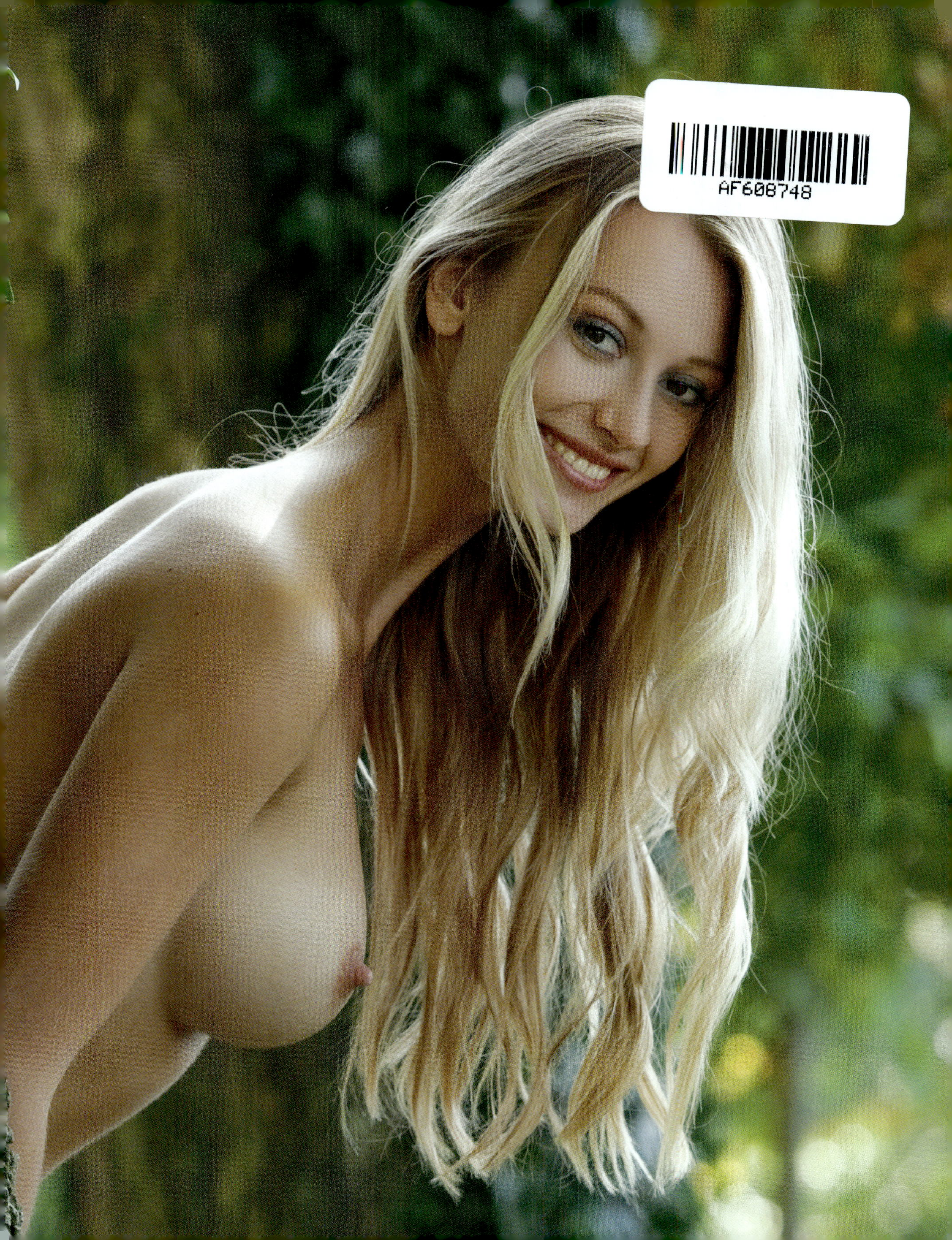

Jacket/Umschlag:
Rinna (47°39'29.2"N 9°38'37.3"E)
main title/frontispiz:
Carisha (47°39'51.11"N, 9°20'29.62"E)

→ www.stefansoell.de

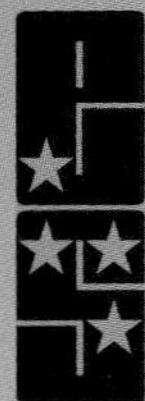

Fourth Edition 2025, revised and enlarged
Third Edition 2023, revised and enlarged
Second Edition 2018, revised and enlarged

EDITION SKYLIGHT
Rosengartenstr. 13B
CH-8608 Bubikon/Zürich

info@edition-skylight.com
www.edition-skylight.com

ISBN 978-3-03766-689-0

Bibliographic information published by Die Deutsche Bibliothek
Die Deutsche Bibliothek lists this publication in the Deutsche Nationalbibliografie; detailed bibliographic data are available in the Internet at http://dnb.ddb.de.

Design: Weiß – Graphik & Buchgestaltung
Übersetzungen: Eugene Edwards

Printed in Bosnia and Herzegovina

WALDLUST

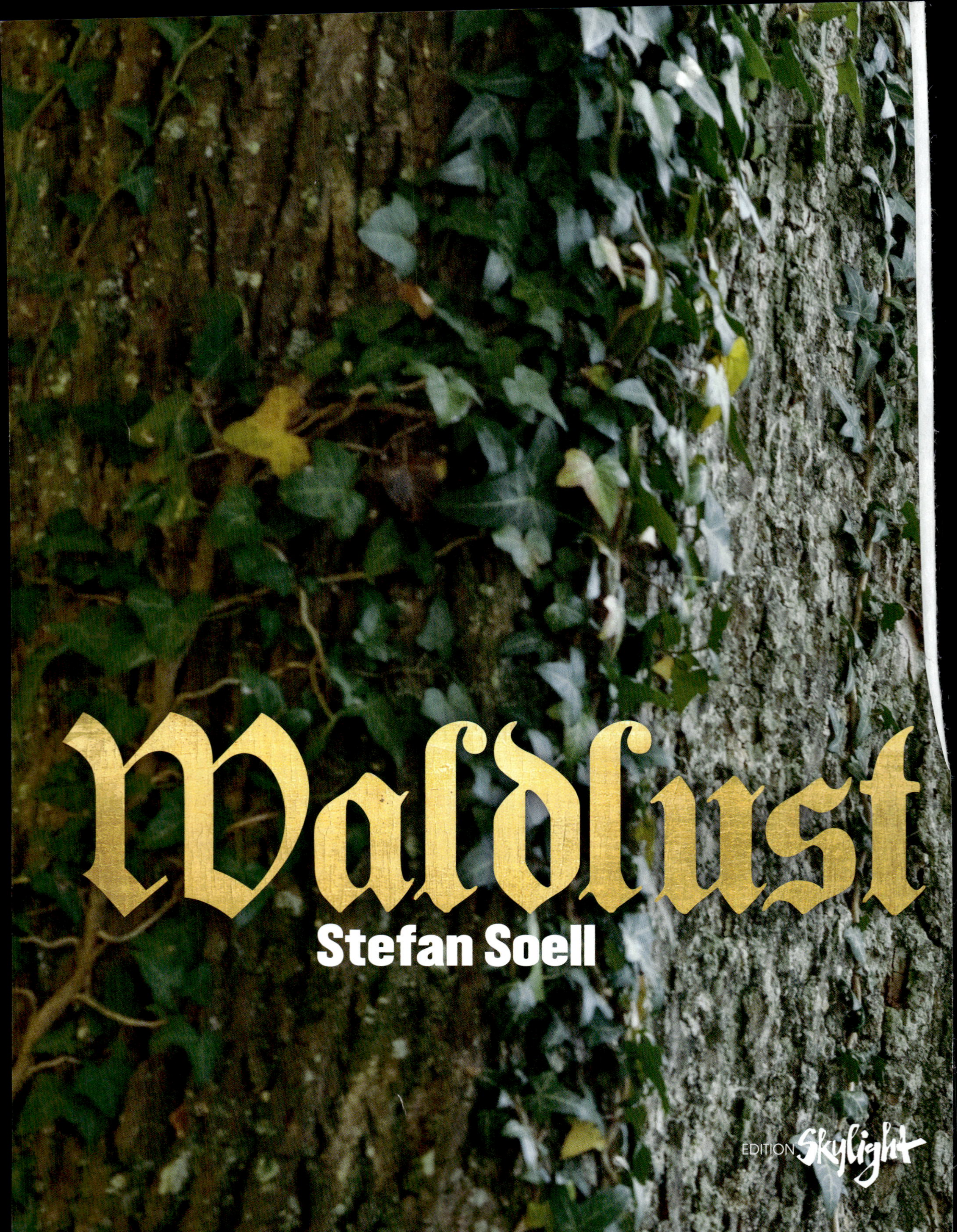
Waldlust
Stefan Soell
EDITION Skylight

FOREWORD

The new volume of erotic pictures by the photographer who brought you the bestseller "Alpenglühn" is here at last! This is fantastic news because "Alpenglühn", his phenomenally erotic debut, has already been fetching amazing prices on the Internet. So it makes sense that "Waldlust" is much more than just a suitable follow-up volume in this success story. Viewed like this, lovers of full-blooded eroticism set in striking but natural surroundings get twice as much for their money.

"Waldlust" can and should be understood as the logical continuation of "Alpenglühn." Given that this is the case, what could be more fitting than a title that, in German, has echoes of the "song of the woods"? It's the perfect match! And why, we asked the photographer, who comes from the foothills of the Alps, are the hot erotic shots often set deep in the woods? Soell replied simply that the many lush shades of green are meant to contrast playfully with the models' light skin tones and their blonde or red hair.

Well, the reality is, as always, a little more complex. After the exquisite eroticism of "Volcanic Girls" and "Alpenglühn", Soell went on to produce the extraordinary "Modern Urban Girls", an equally spectacular volume of erotic photographs, but completely different, featuring highly stylised models in super cool settings and atmospheres, communicating an exciting new eroticism with a business touch. After this urban outing, the photographer and his many new girls, still uncorrupted by city life, were again drawn to the great outdoors. There, in forest and meadow, he has taken all of these wonderfully fresh and unpublished photographs.

Imagine, if you can, the play of desire in a forest, accompanied by folksy music or a few yodellers, and you instantly know how sexy carefree nudity can be out of doors. To the deep chasms that open up between the tall mountains, the soft hills of his models' bodies provide a highly sensuous contrast. Where did Soell find all these girls, prepared to pose so shamelessly? The answer is simple. The more he has published pictures of such a refreshingly erotic and natural kind, the more beautiful young women want to pose for him. It's as simple as that (and yet so difficult for a photographer even to get that far).

Whether Soell uses the mystical light of the forest or climbs into pristine Alpine landscapes, whether he has his models wade through bogs and swamps or has to work in rain or mist, his photo spreads always give the impression of a slightly surreal fantasy film. The fact that the photographer and his models sometimes spend whole days and nights in remote mountain regions, enjoying the hospitality of real Alpine dwellers, enhances the personal, intimate nature of the photos. Is mountain pasture free from sin, then? Not likely! Just take a good look at the self-confident expressions and provocative poses of these modern forest fairies!

The coordinates on each picture enable viewers to visit each site themselves, or using Google Earth, hike there on a virtual basis. Of course, the photographer reconnoitred all the locations himself first, and found out the best time of day to be ready with the camera, when the low sun sends its light shining through the trees.

What comes after "Alpenglühn" and "Waldlust"? Will the adventure of combining eroticism and the great outdoors continue? We sincerely hope so!

Martin Sigrist

VORWORT

Der neue Erotikbildband vom Fotografen des Bestsellers „Alpenglühn" ist da! Phantastisch, denn sein erster, phänomenaler Erotikband „Alpenglühn" erzielte im Internet bereits beachtliche Liebhaber-Preise. Logisch, daß diese Erfolgsstory mit „Waldlust" einen mehr als nur passenden Nachfolgeband gefunden hat. So betrachtet, kommen Liebhaber von deftiger Erotik in satter Natur natürlich doppelt auf ihre Kosten.

„Waldlust" darf und soll als logische Fortsetzung von „Alpenglühn" verstanden werden, und was lag da näher als ein deutscher Titel zum Motto „Spiel mir das Lied vom Walde"? Eben! Und weshalb, fragten wir den Fotografen aus dem Voralpenraum, mußten sich die heißen Erotikaufnahmen oft ausgerechnet im tiefen Wald abspielen? Viel, viel sattes Grün in allen Nuancen sollte mit den hellen Haut- und Haarfarben von Blond bis Rot eine lustvolle Melodie spielen, meinte Soell schlicht dazu.

Nun, die Wirklichkeit ist wie immer etwas komplexer: Nach den exquisiten Erotikbänden „Volcanic Girls" und „Alpenglühn" schob Soell mit den außergewöhnlichen „Modern Urban Girls" einen ebenso spektakulären, aber vollkommen anderen Erotikband nach, der mit durchgestylten Models und unterkühltem Ambiente eine aufregende Art von Business-Erotik vermittelte. Nach diesem urbanen Ausflug zog es den Fotografen und seine vielen neuen, vom Stadtleben noch unverdorbenen Girls wieder hinaus in die freie Natur. Dort, im Wald und auf der Weide, fotografierte er all die traumhaften Motive, die bisher noch nie veröffentlicht worden sind.

Stellen Sie sich zum Wortspiel von Lust im Walde eine volkstümliche Musik oder ein paar Jodler vor, und Sie wissen, wie sexy die unbekümmerte Nacktheit in der Natur wirken kann. Zu den tiefen Abgründen, die sich zwischen den hohen Bergen auftun, bilden die weichen Hügellandschaften seiner Modelle einen extrem sinnlichen Kontrast. Fragt sich noch, wo Soell all die so ungeniert posierenden Girls gefunden hat? Ganz einfach: Je mehr er solche erfrischend natürlichen Erotikbilder publizierte, desto mehr schöne junge Frauen wollten ihm Modell stehen. So einfach ist das (und doch so schwierig, als Fotograf so weit zu kommen).

Ob Soell im Wald bei mystischem Licht fotografiert oder ob er noch höher in unberührte Alplandschaften steigt, ob er seine Models durch Moore und Sümpfe schickt, ja selbst im Regen oder im leichten Nebel stehen läßt, immer lassen sich seine Bildstrecken wie ein leicht surrealer Fantasyfilm genießen. Daß der Fotograf mit seinen Modellen manchmal tage- und nächtelang auf abgelegenen Alpen zubrachte, nicht ohne die Gastfreundschaft der echten Älpler und Älplerinnen zu genießen, machte das Fotografieren noch persönlicher, noch intimer. „Auf der Alm, do gibt's kei Sünd'? I wo – schauen Sie sich bloß die selbstsicheren Blicke und die provokativen Posen der modernen Waldfeen genauestens an!

Die Koordinaten unter den Bildern lassen es zu, daß der Betrachter jeden Aufnahmestandort selbst erfahren und erwandern oder mit Google Earth eine virtuelle Reise dorthin unternehmen kann. Klar, daß der Fotograf vorher alle Aufnahmeorte rekognosziert und die beleuchtungsmäßig beste Tageszeit ausgekundschaftet hatte, um bereit zu sein, wenn die tiefstehende Sonne ihr überstrahlendes Licht durch die Bäume schickt.

Geht das Abenteuer von Erotik und Natur nach Alpenglühn und Waldlust weiter? Es ist doch schwer zu hoffen!

Martin Sigrist

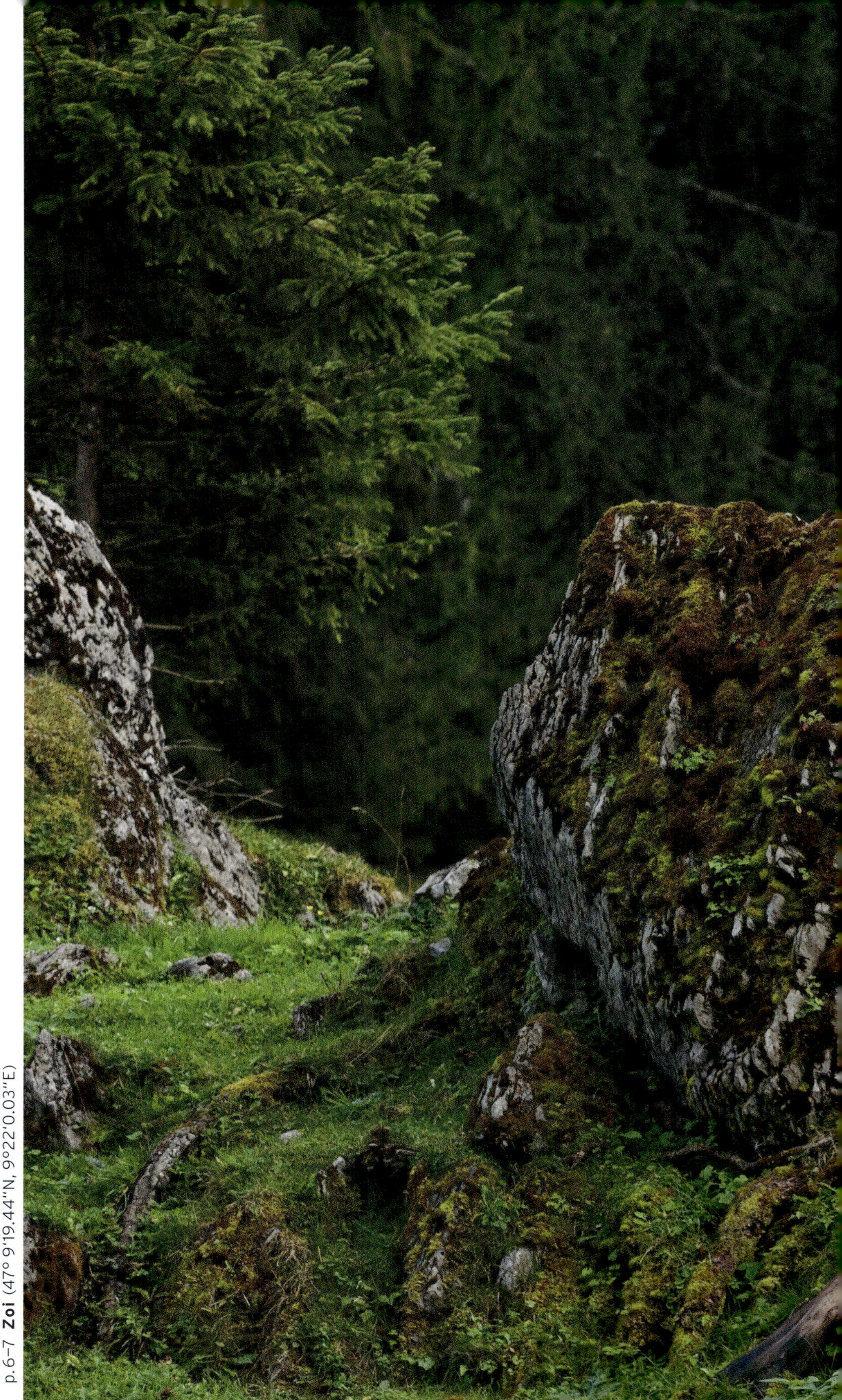

p. 6–7 **Zoi** (47° 9'19.44"N, 9°22'0.03"E)

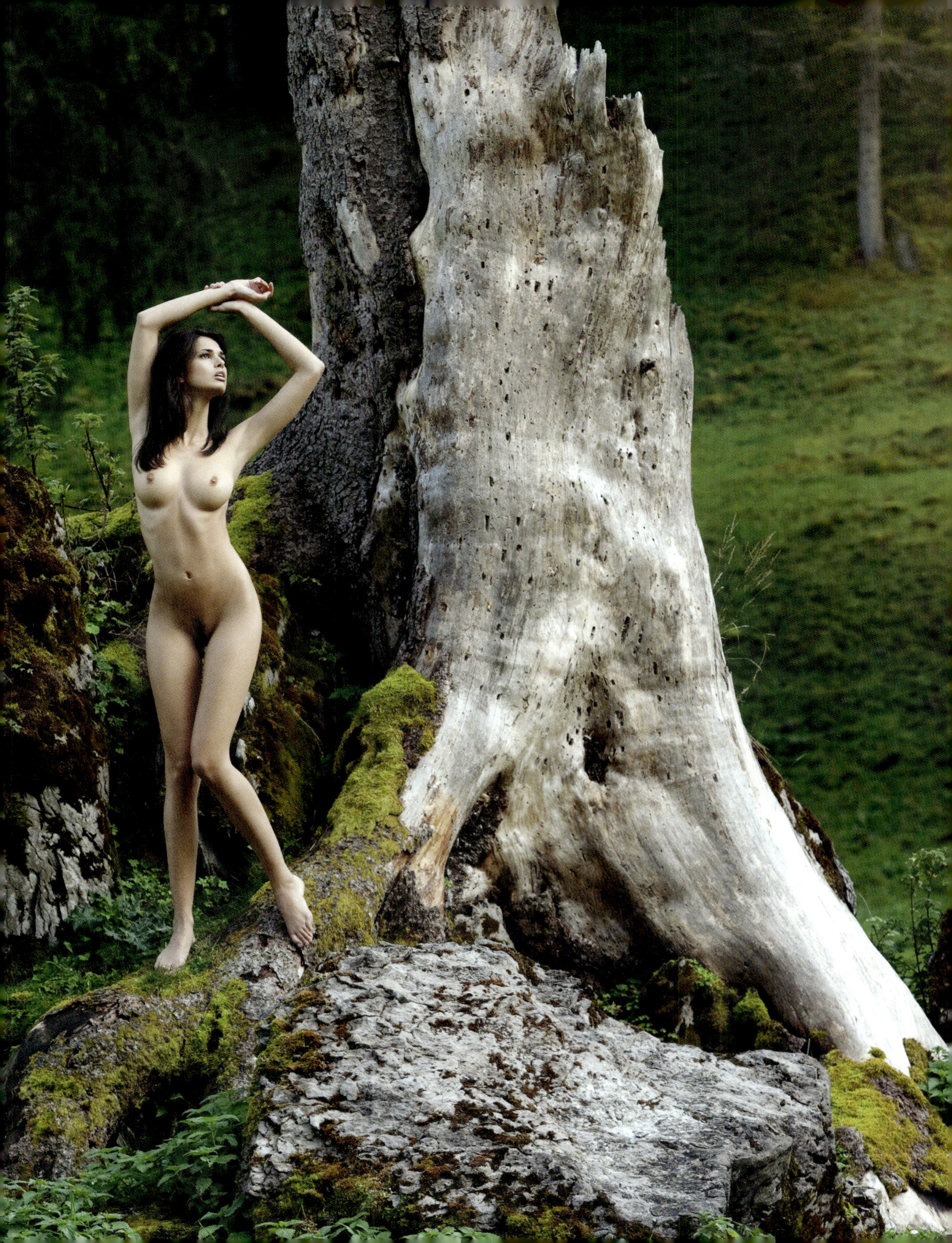

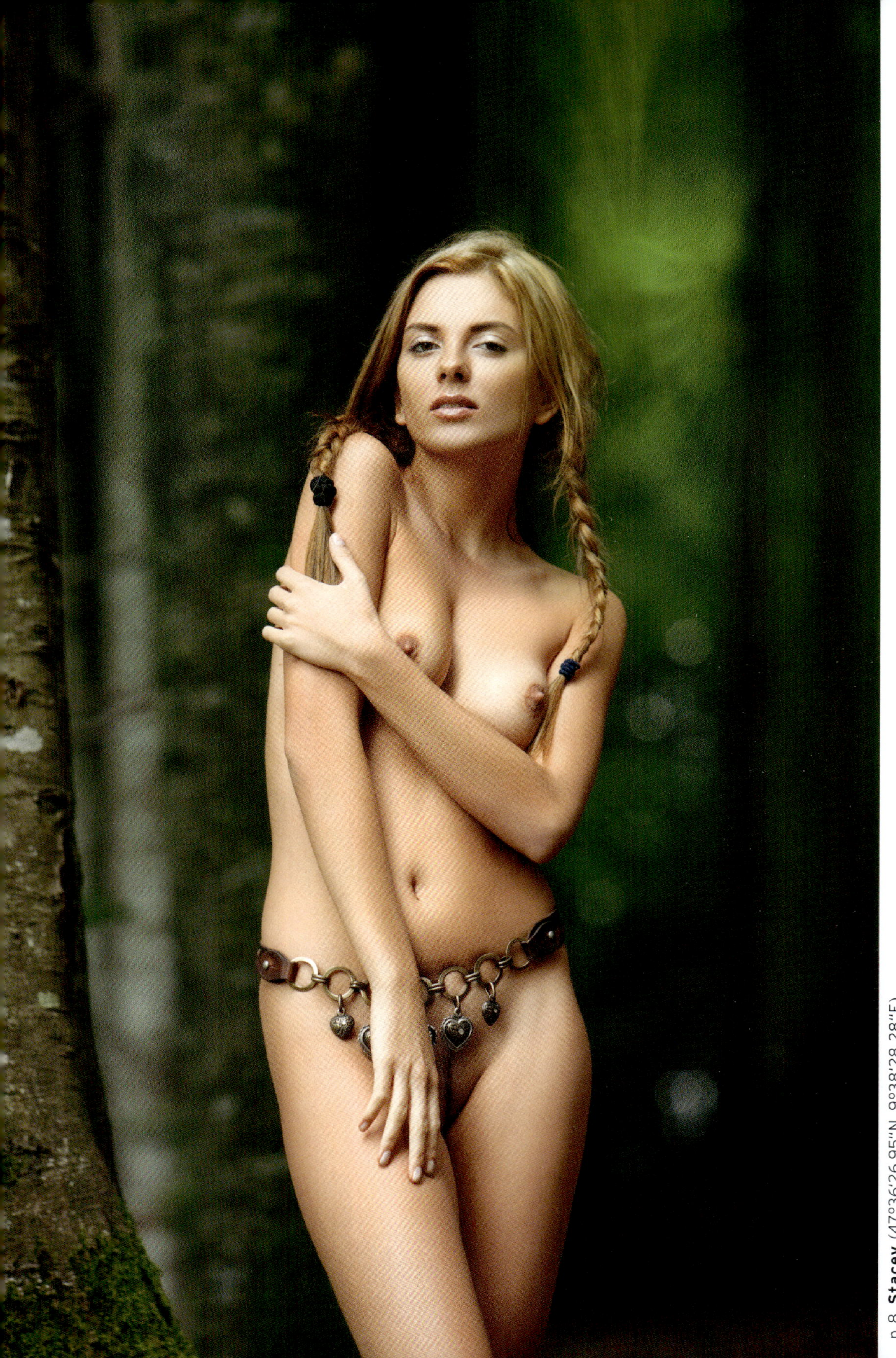

p.8 **Stacey** (47°36'26.95"N, 9°38'28.28"E)

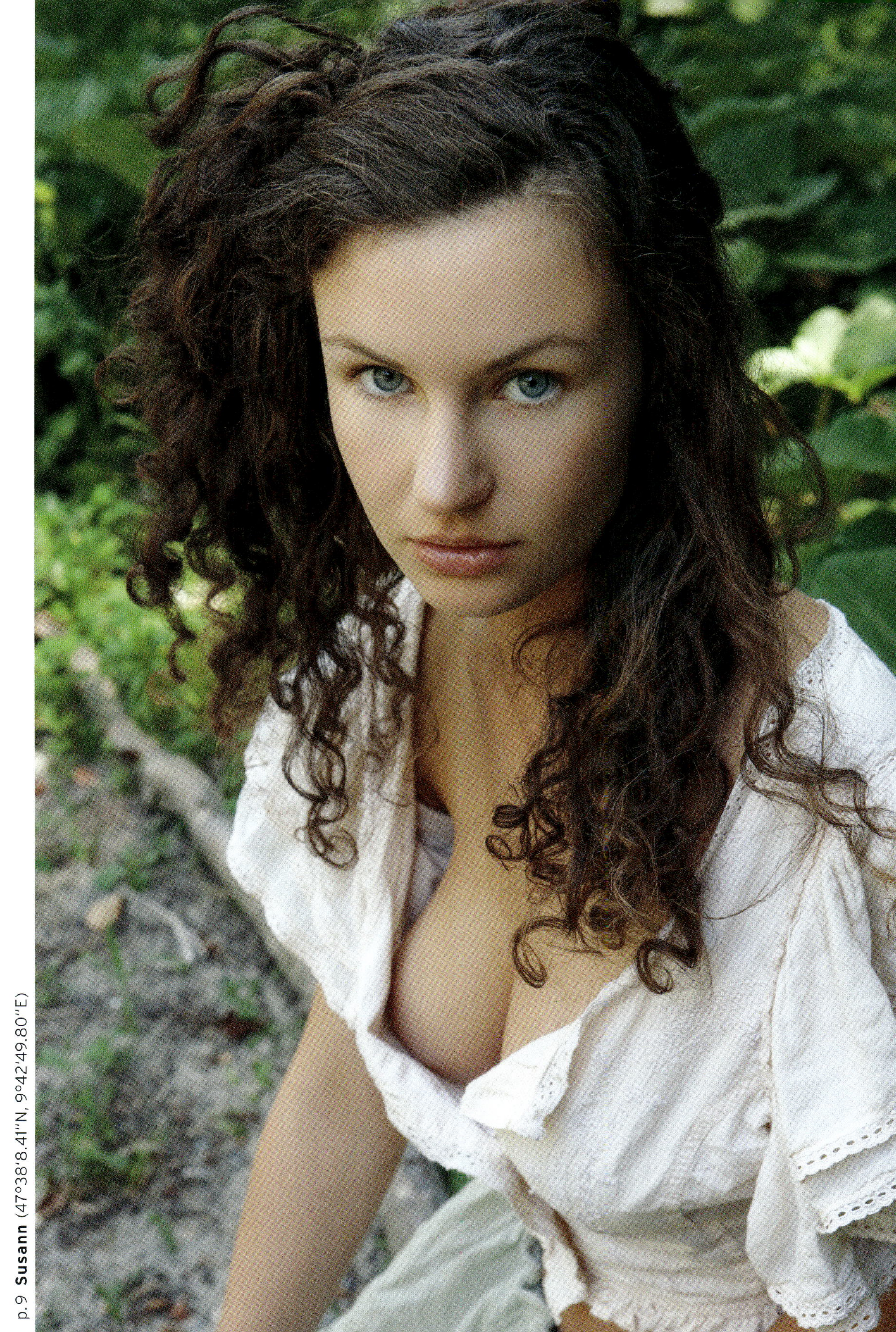

p. 9 **Susann** (47°38'8.41"N, 9°42'49.80"E)

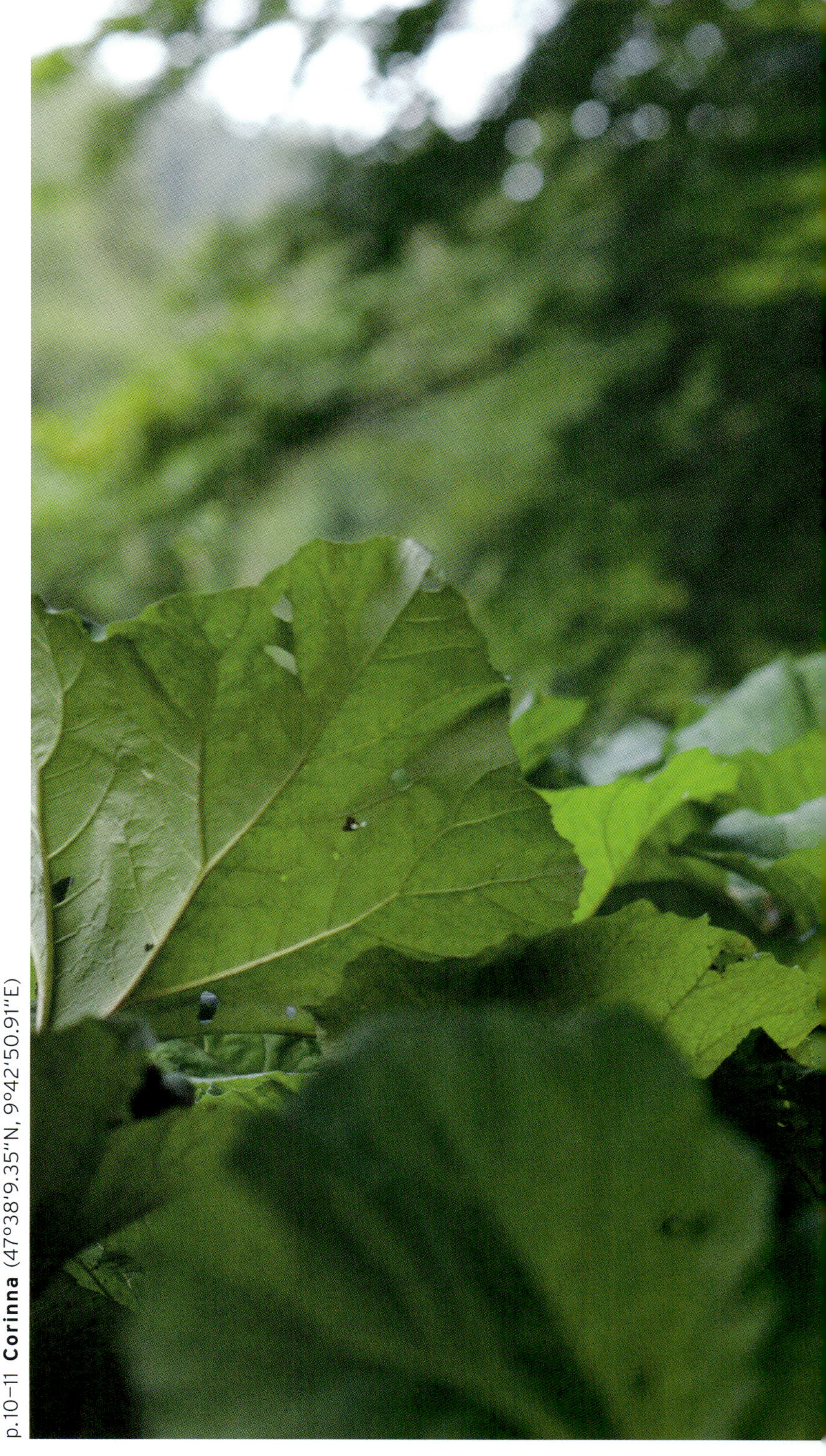

p.10–11 **Corinna** (47°38'9.35''N, 9°42'50.91''E)

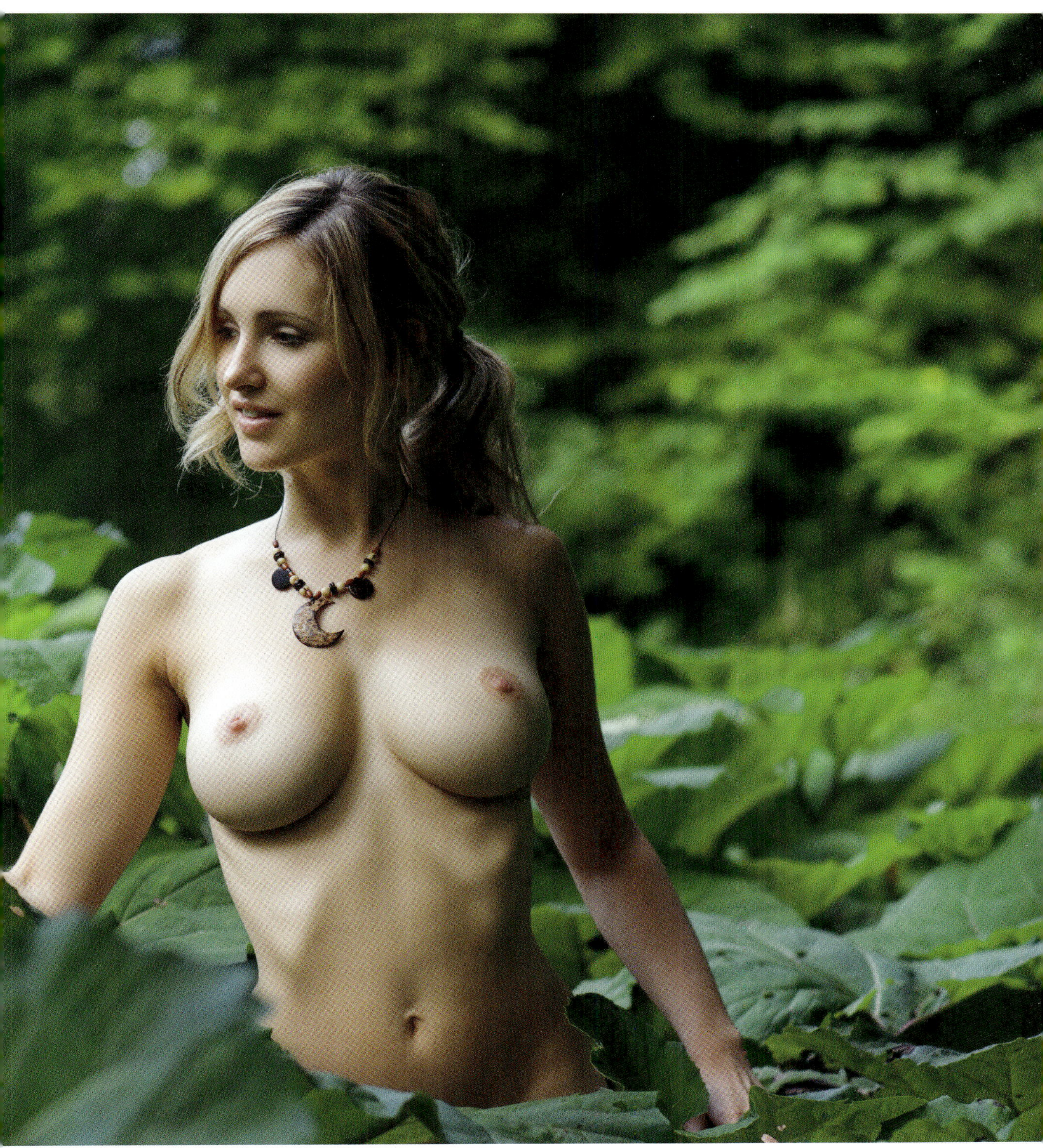

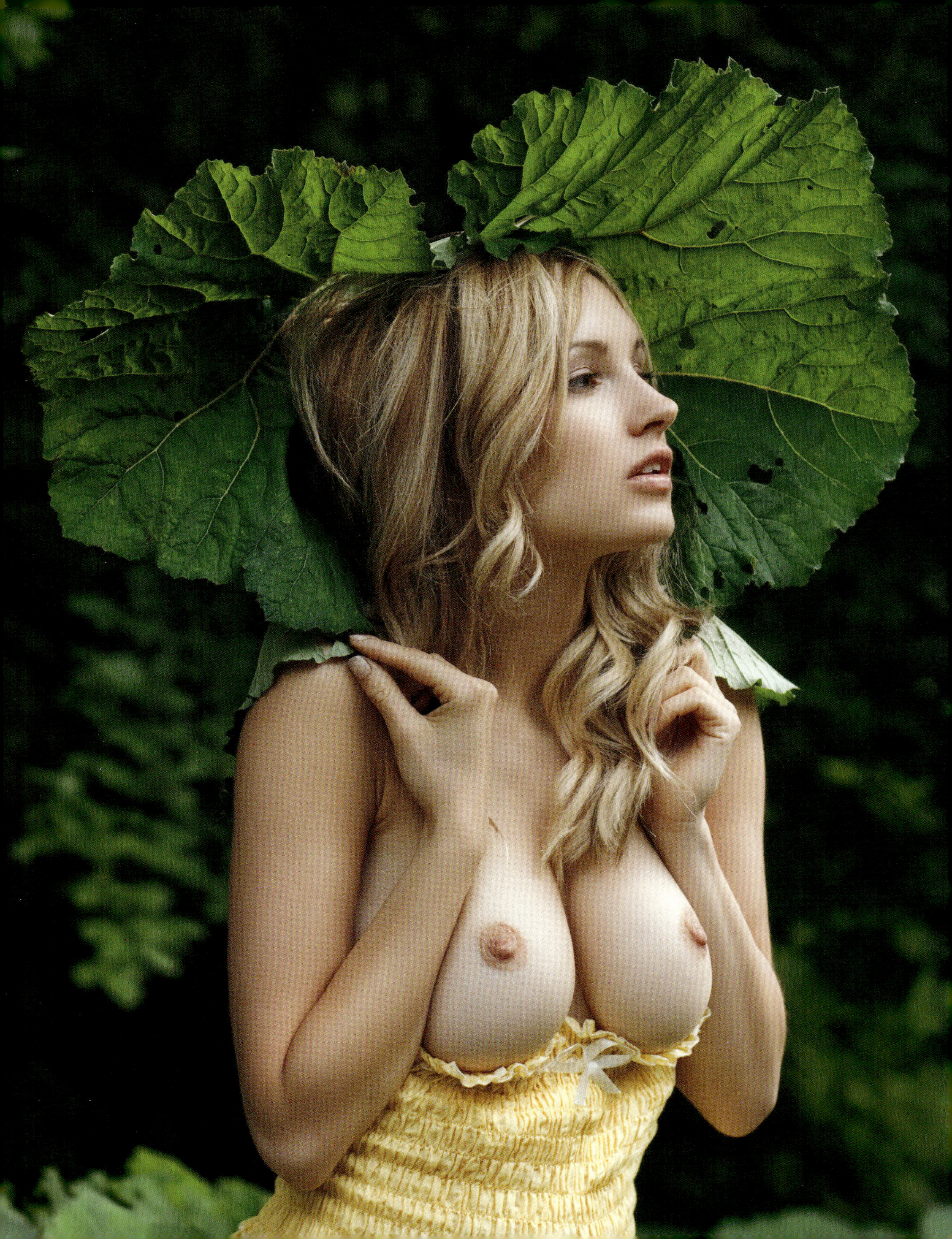

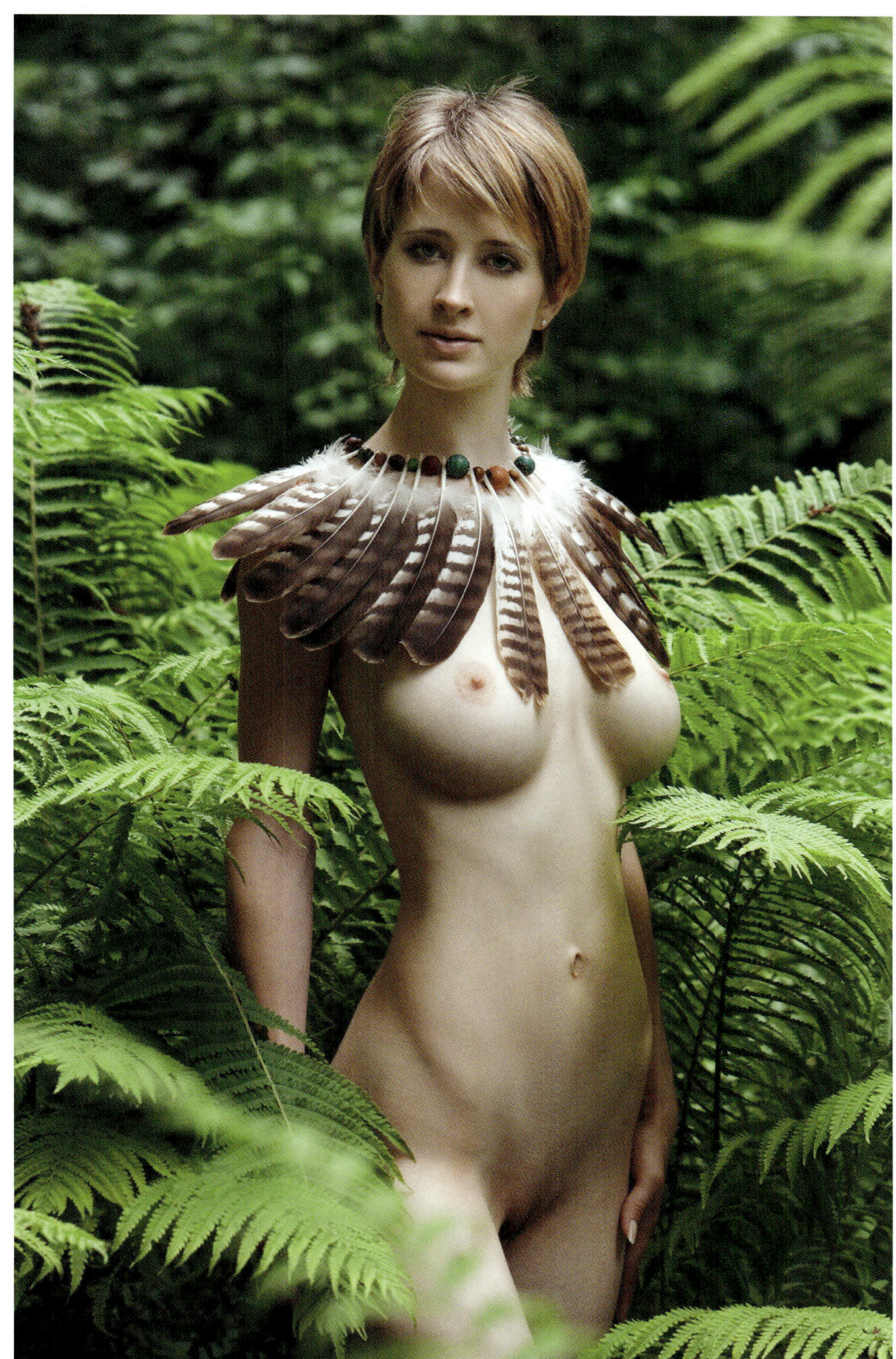

p.12 **Corinna** (47°38'9.35"N, 9°42'50.91"E)

p.13 **Silke** (47°47'36.18"N, 9° 2'39.67"E)

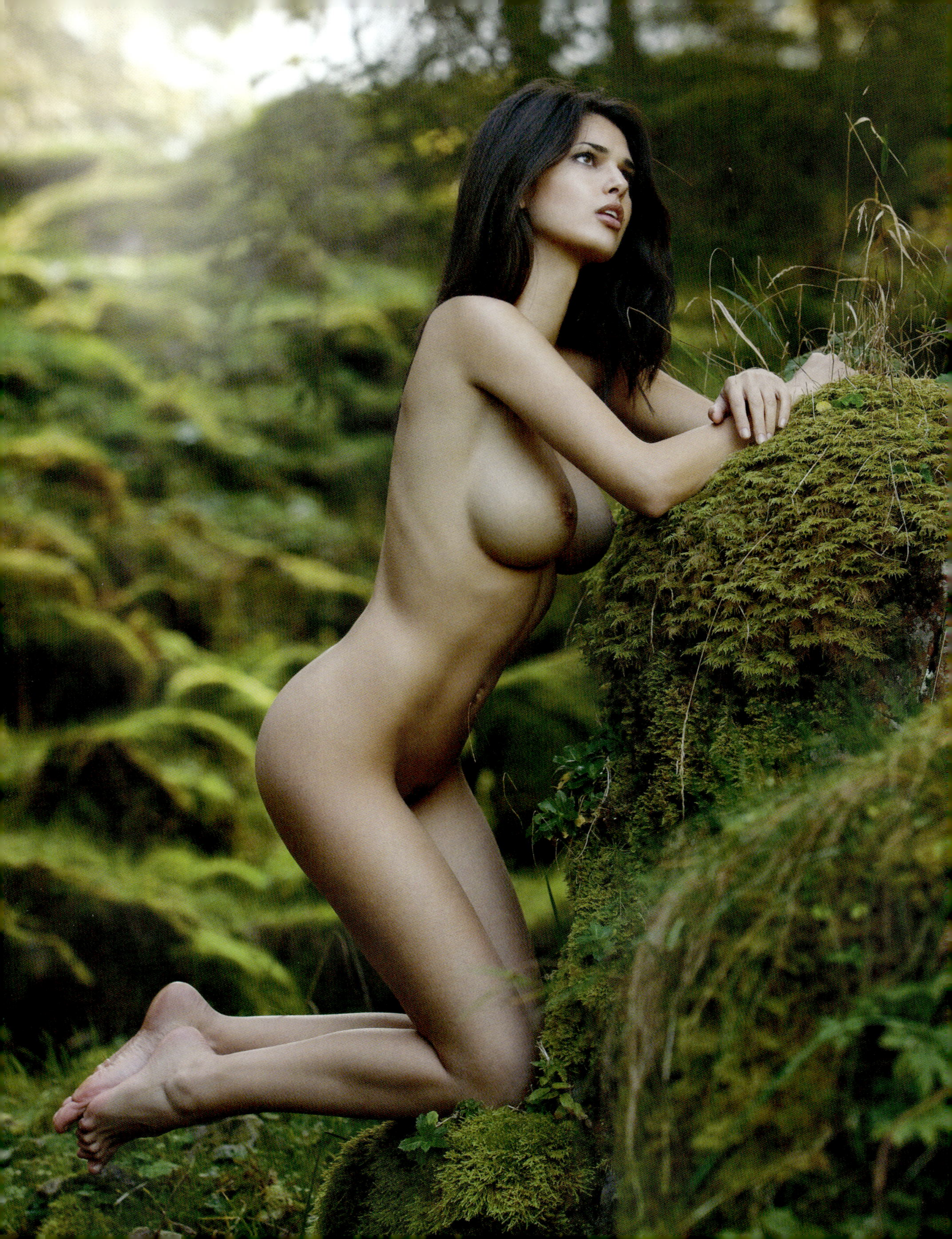

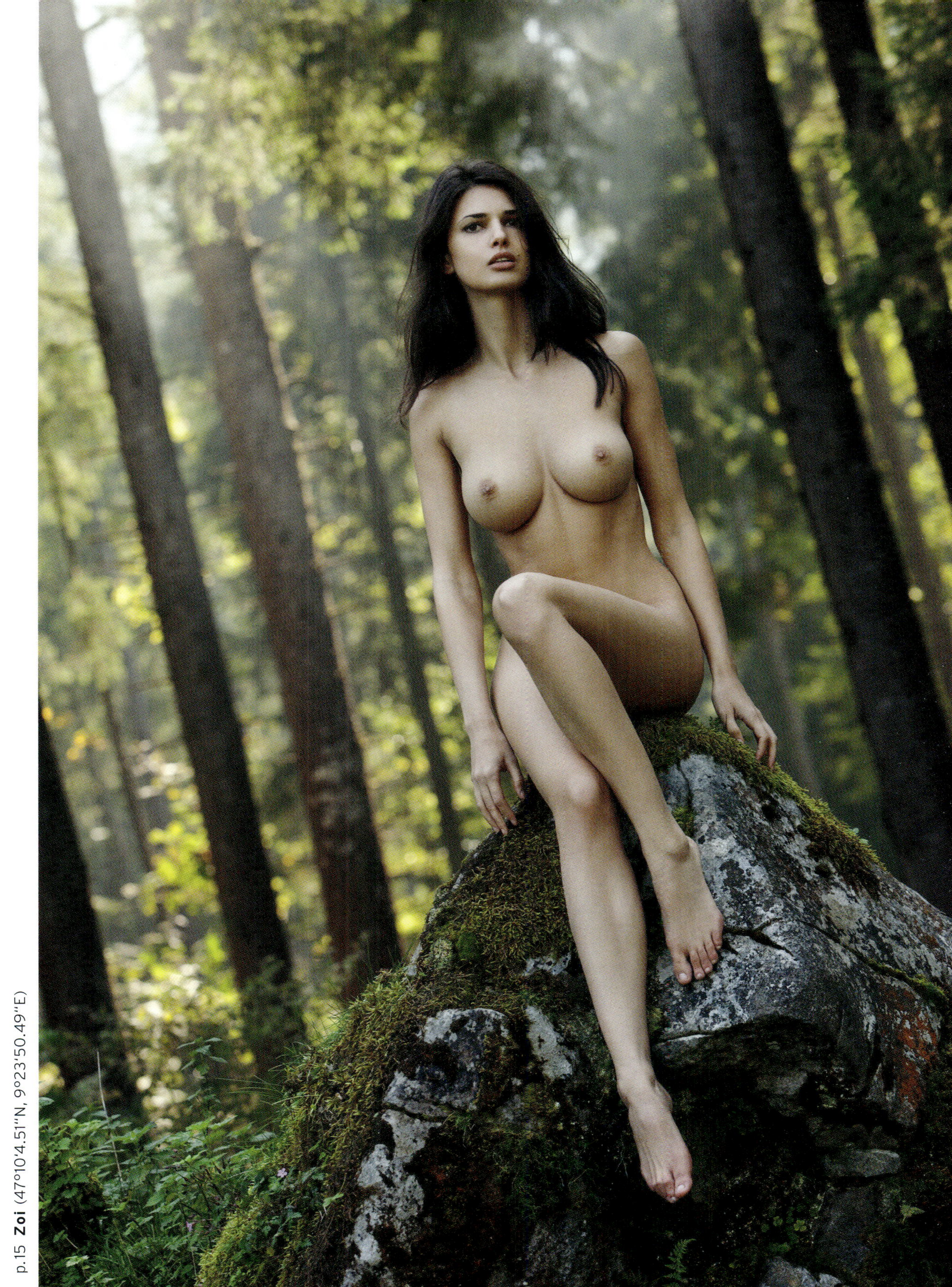

p.14 **Zoi** (47° 9'22.99''N, 9°22'10.00''E)

p.15 **Zoi** (47°10'4.51''N, 9°23'50.49''E)

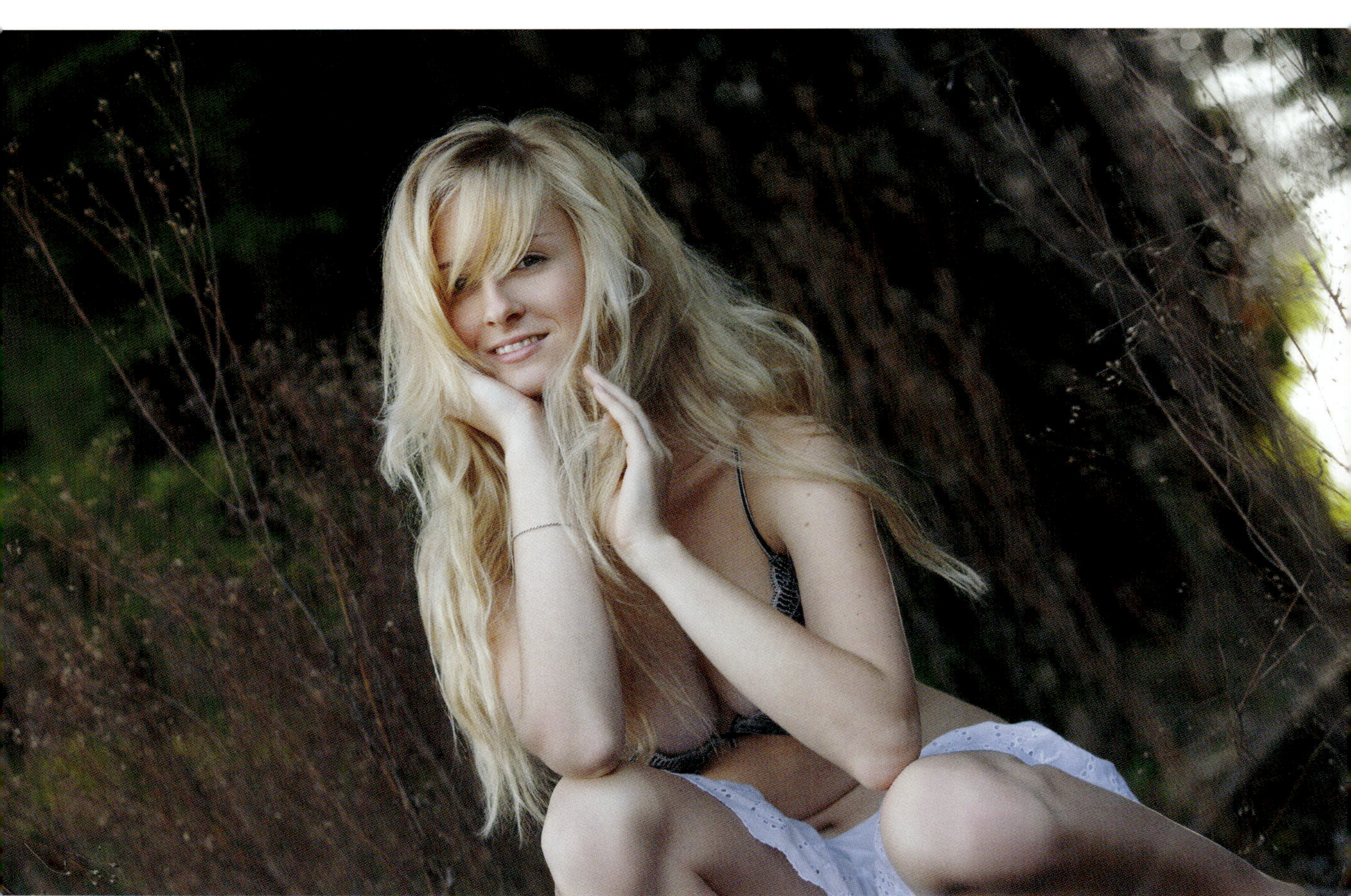

p.16 **Lauren** (47°40'38.60"N, 9°24'31.47"E)

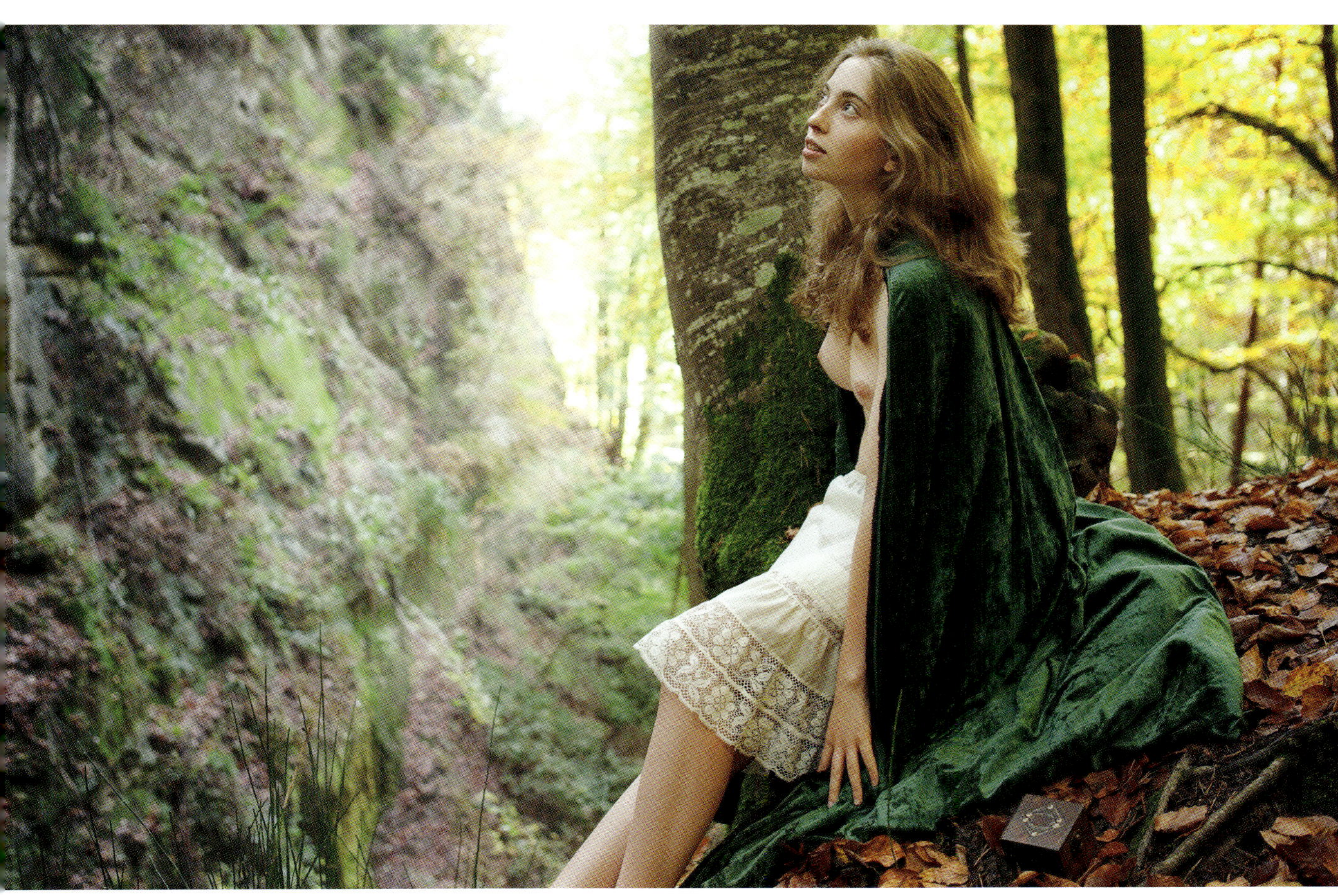

p.17 **Sandra** (47°47'24.65''N, 9° 7'44.09''E)

p.18–19 **Susann** (48° 3'12.00"N, 9°39'55.45"E)

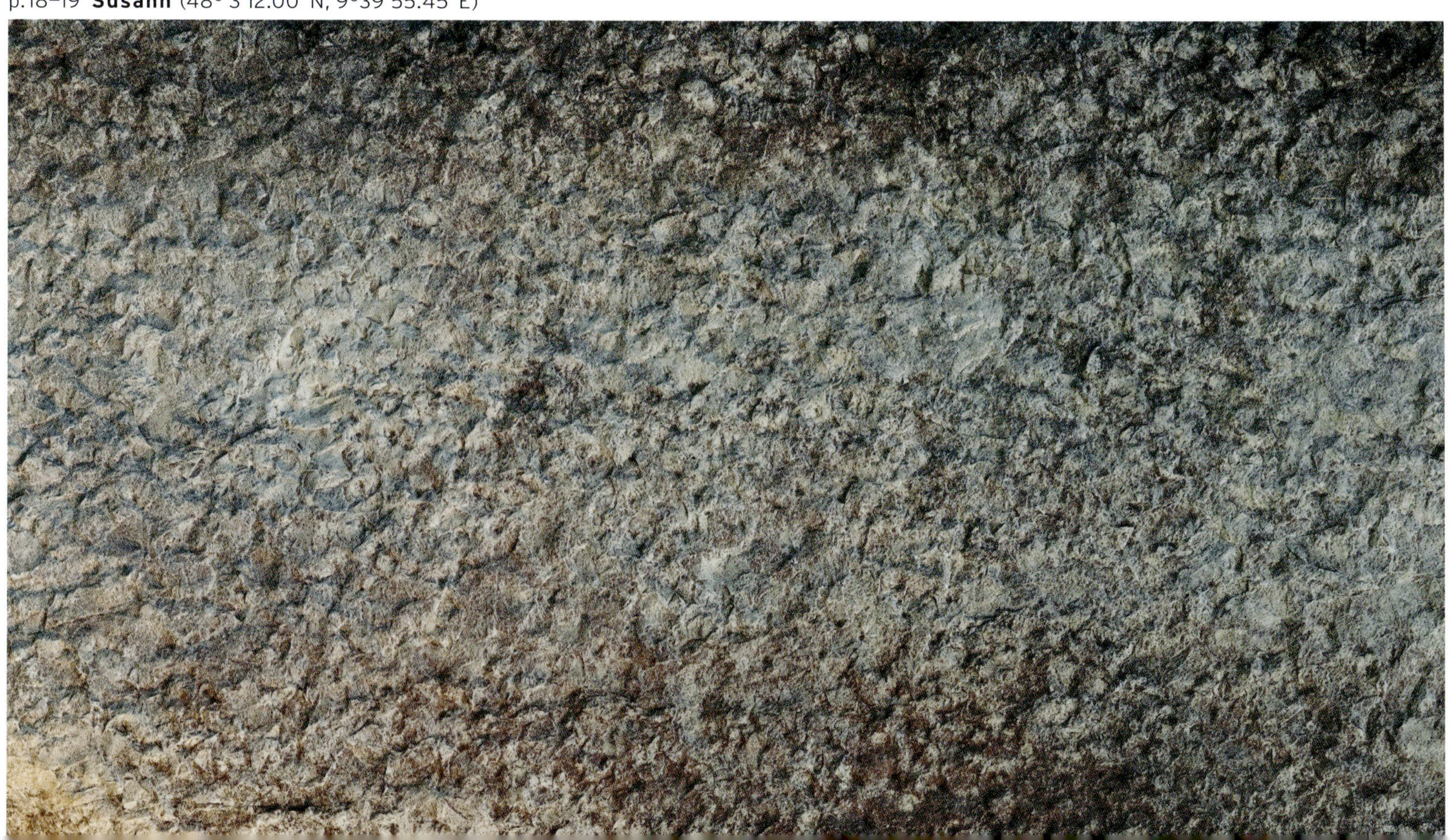

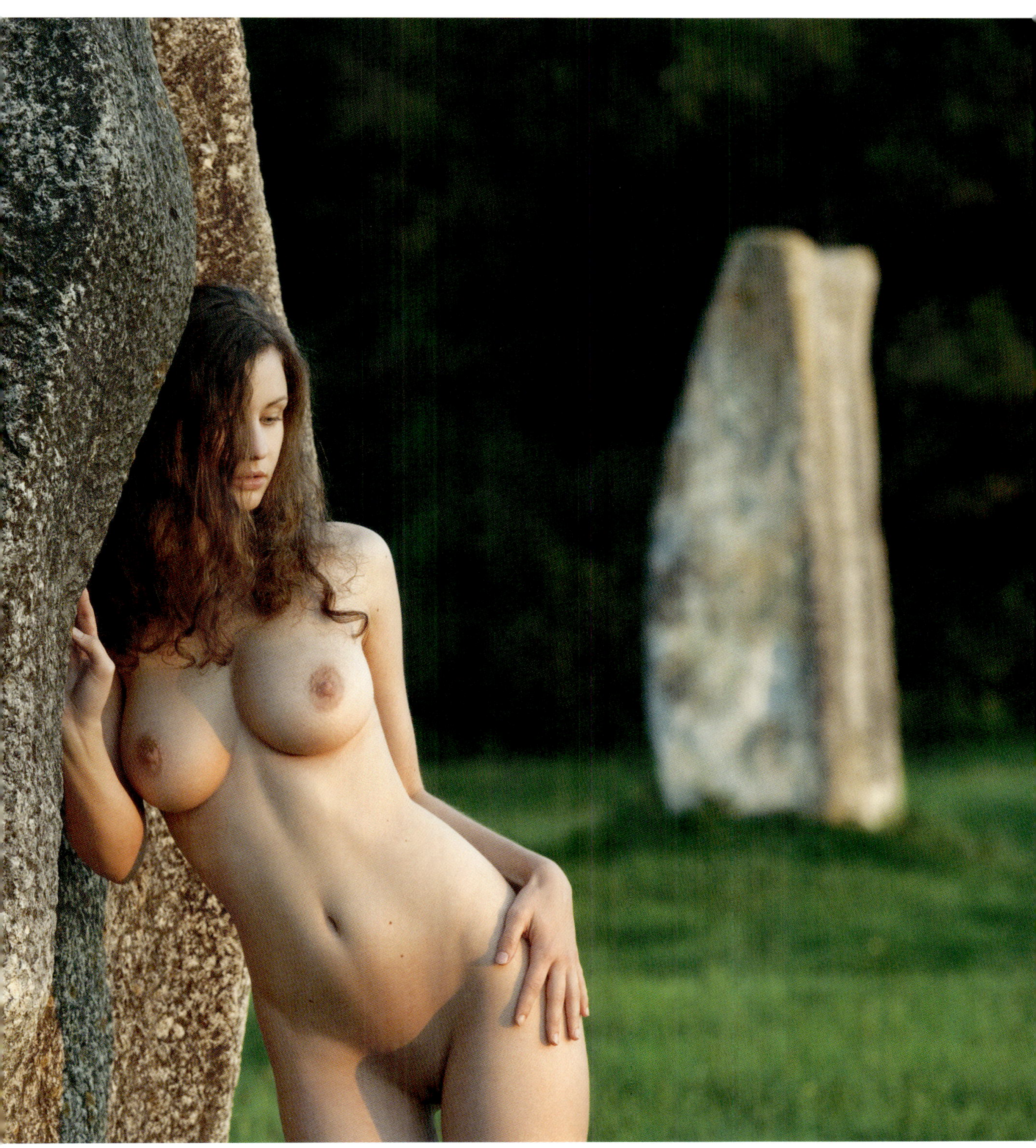

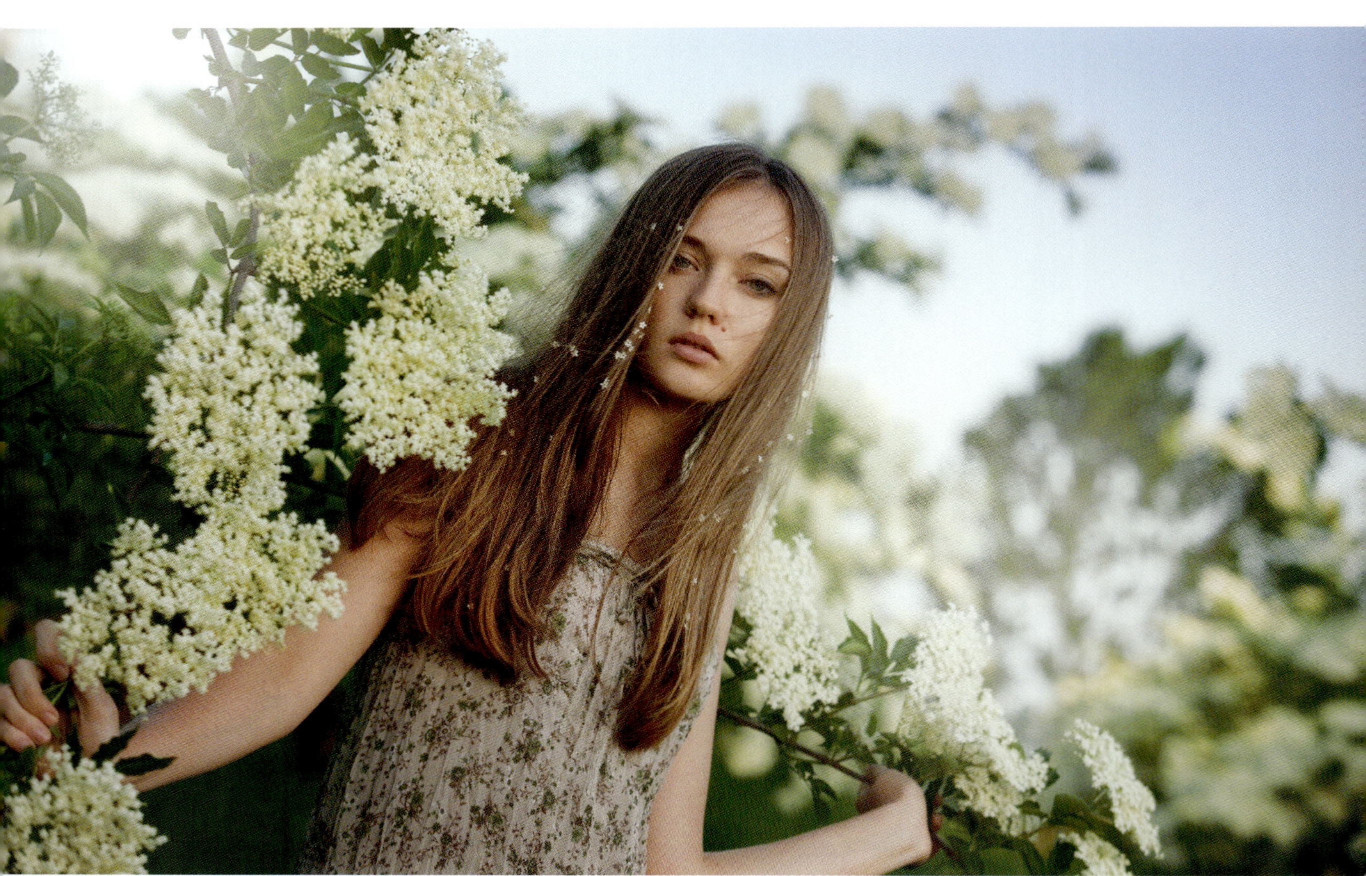

p.20 **Violetta** (47°40'57.61"N, 9°24'56.22"E)

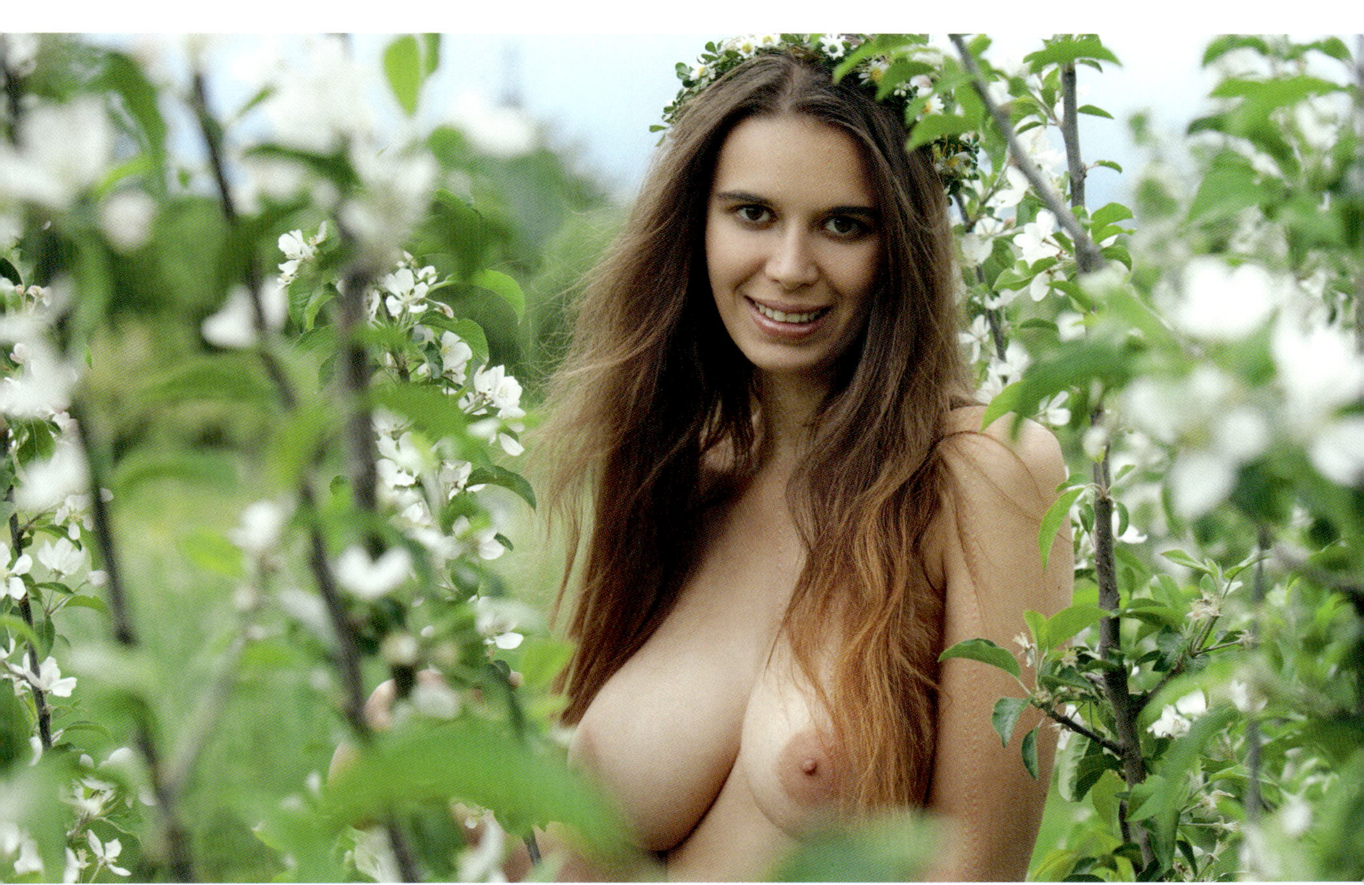

p.21 **Carina** (47°41'38.34"N, 9°24'32.02"E)

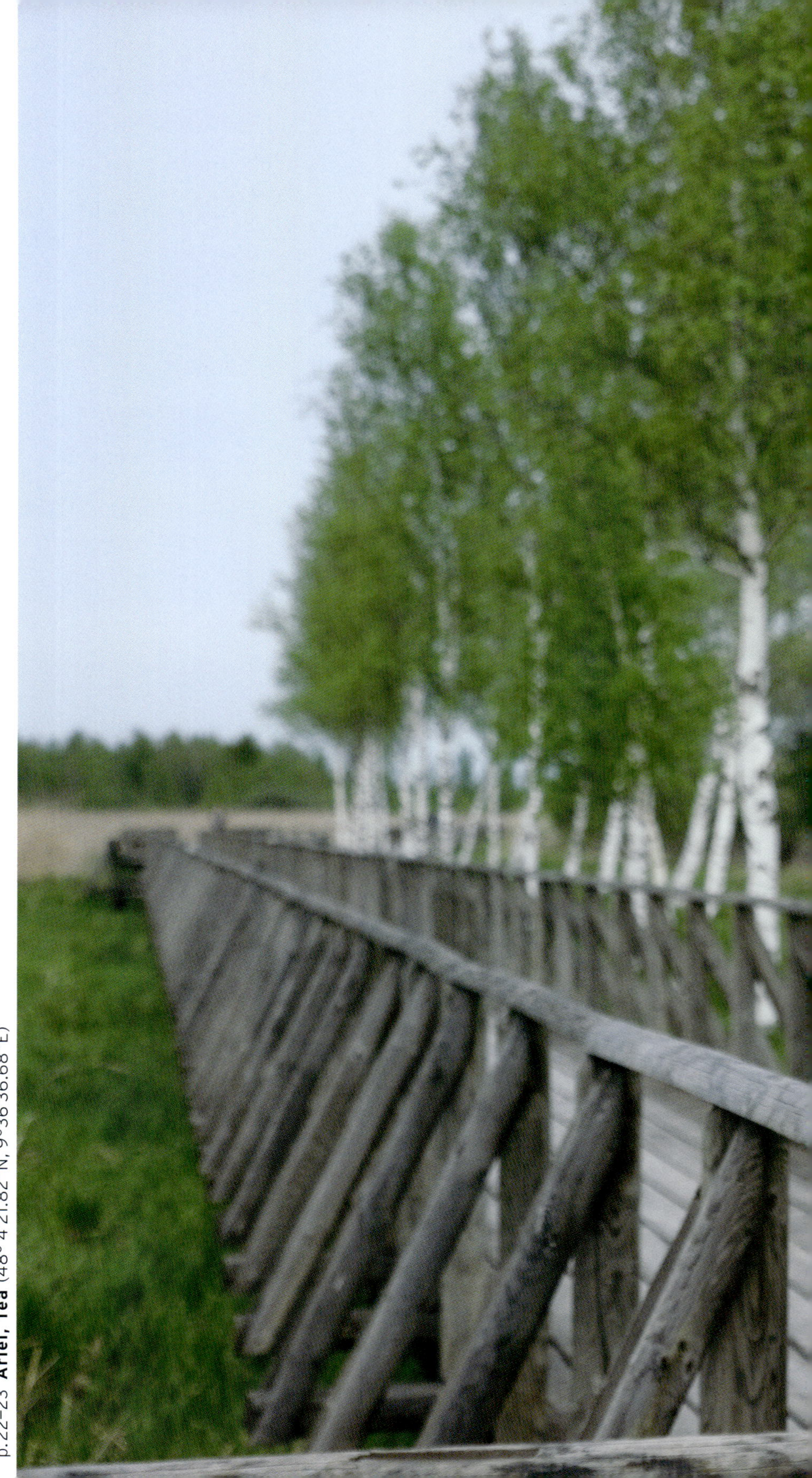

p.22–23 **Ariel, Tea** (48° 4′21.82″N, 9°36′36.68″E)

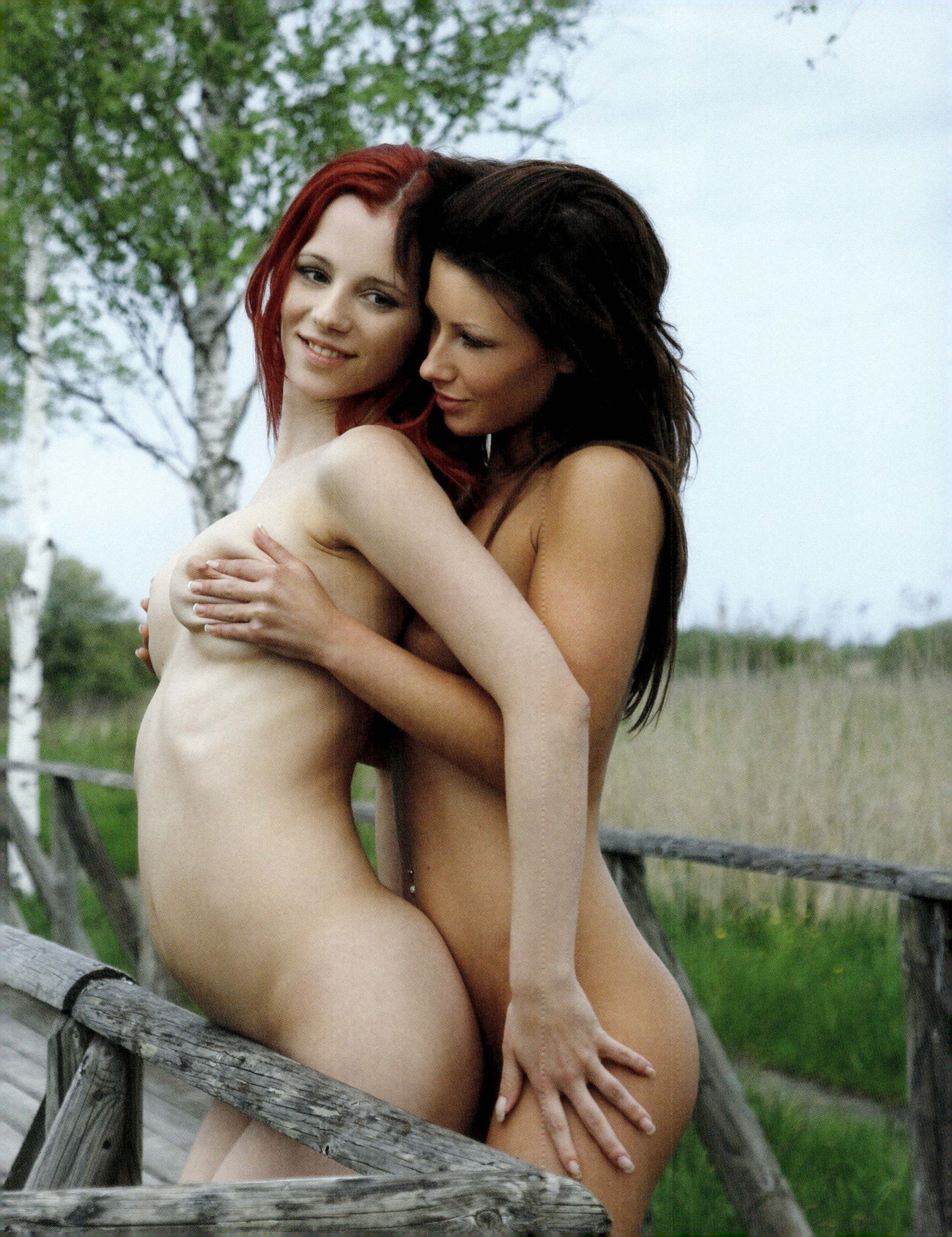

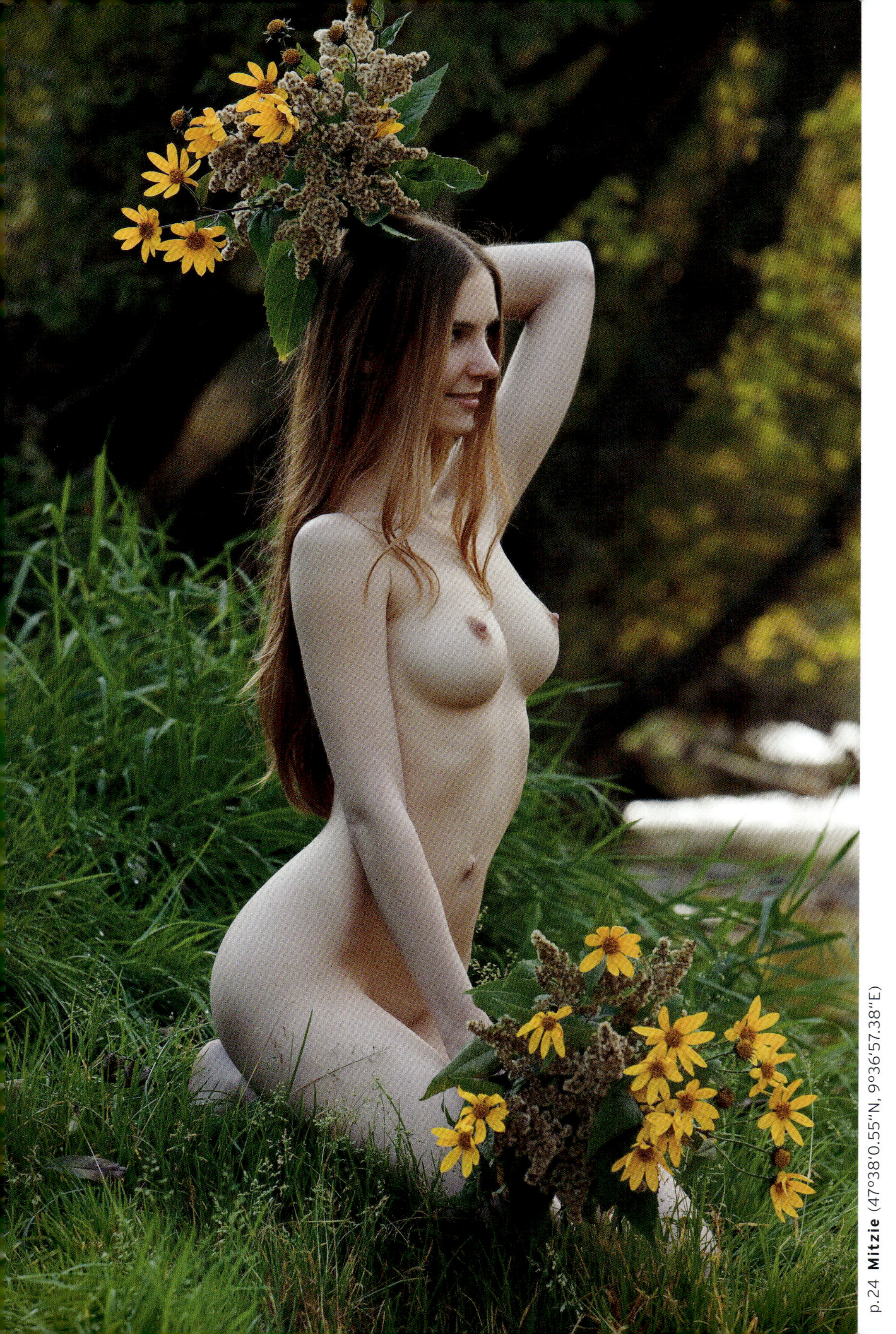

p.24 **Mitzie** (47°38'0.55"N, 9°36'57.38"E)

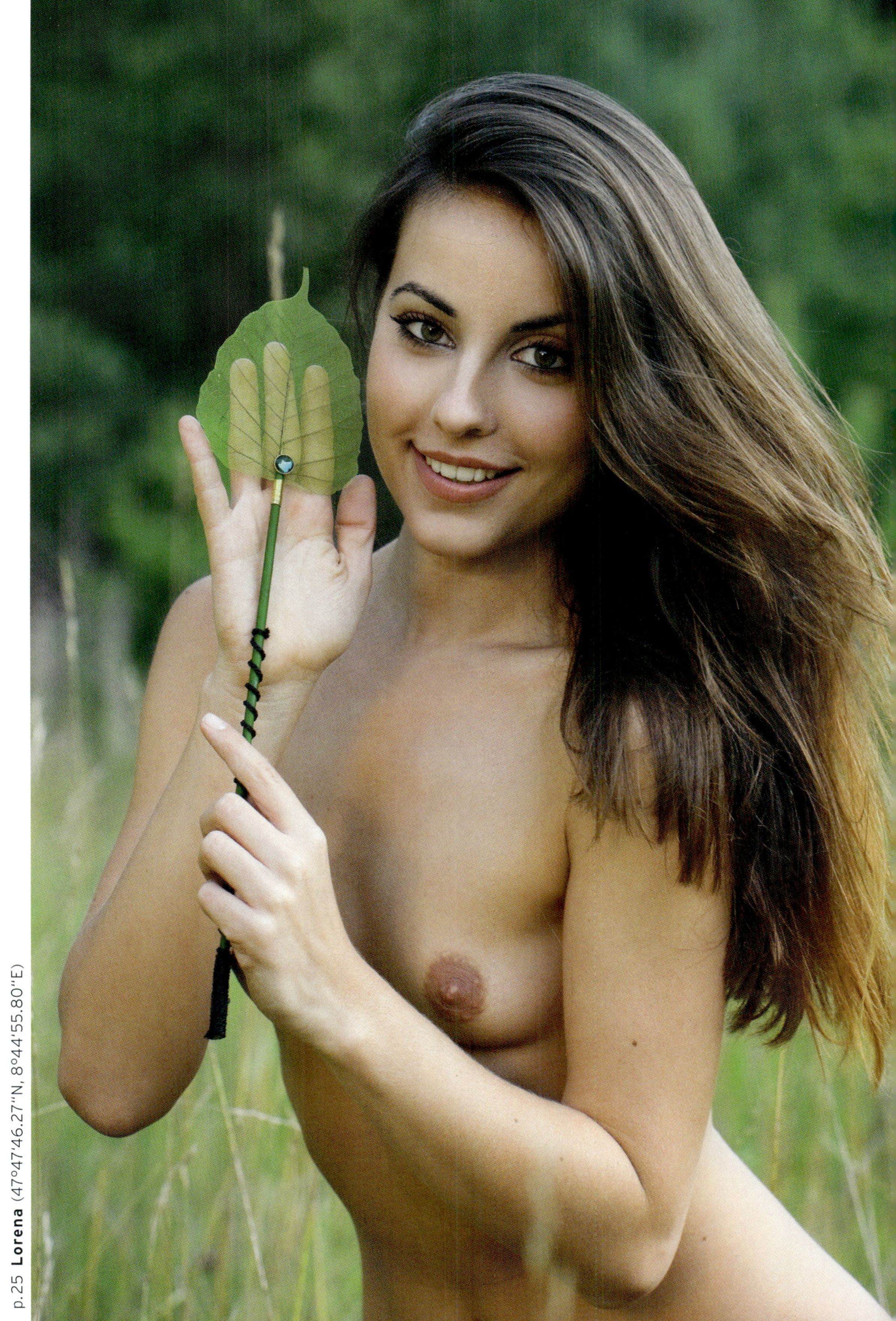

p.25 **Lorena** (47°47'46.27"N, 8°44'55.80"E)

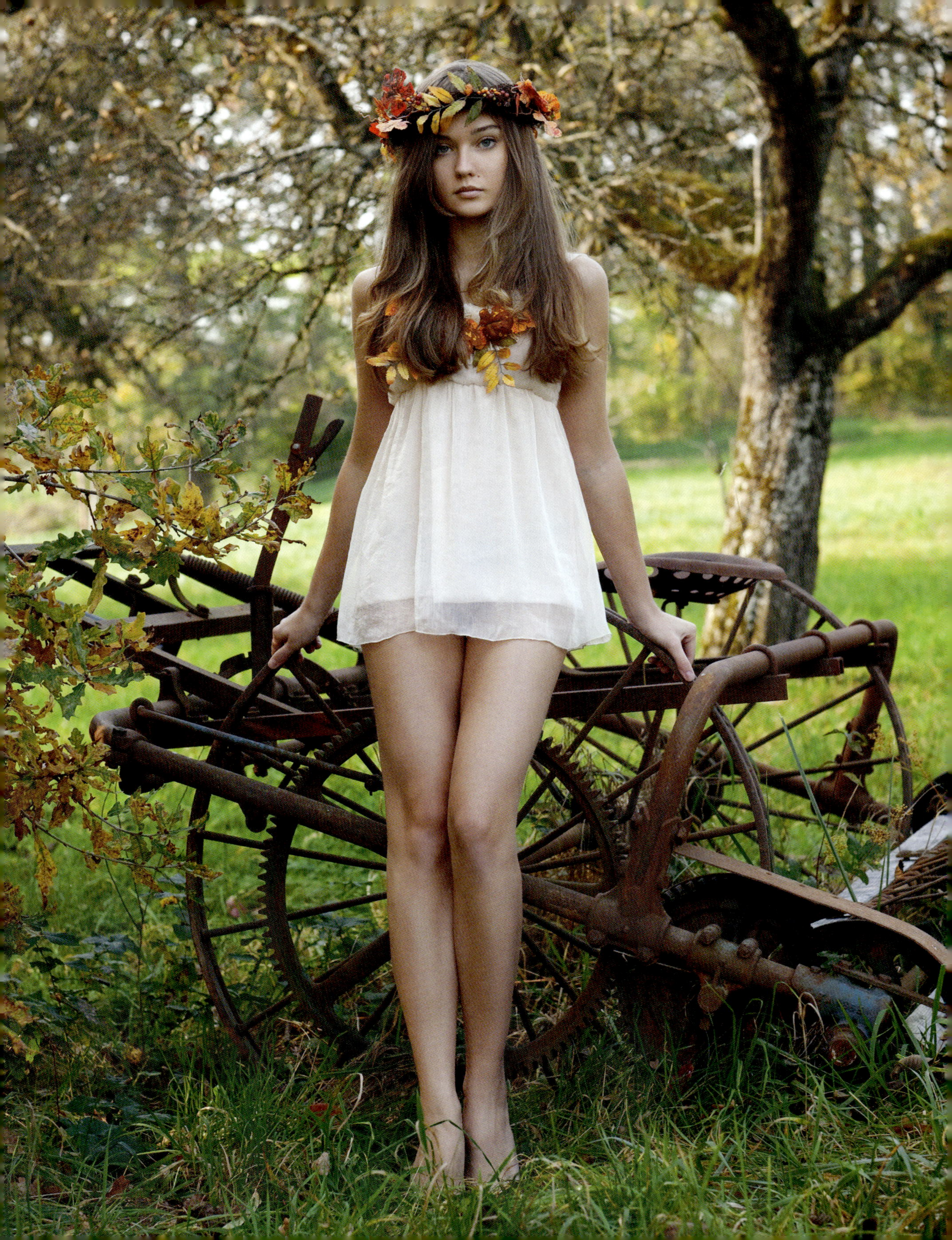

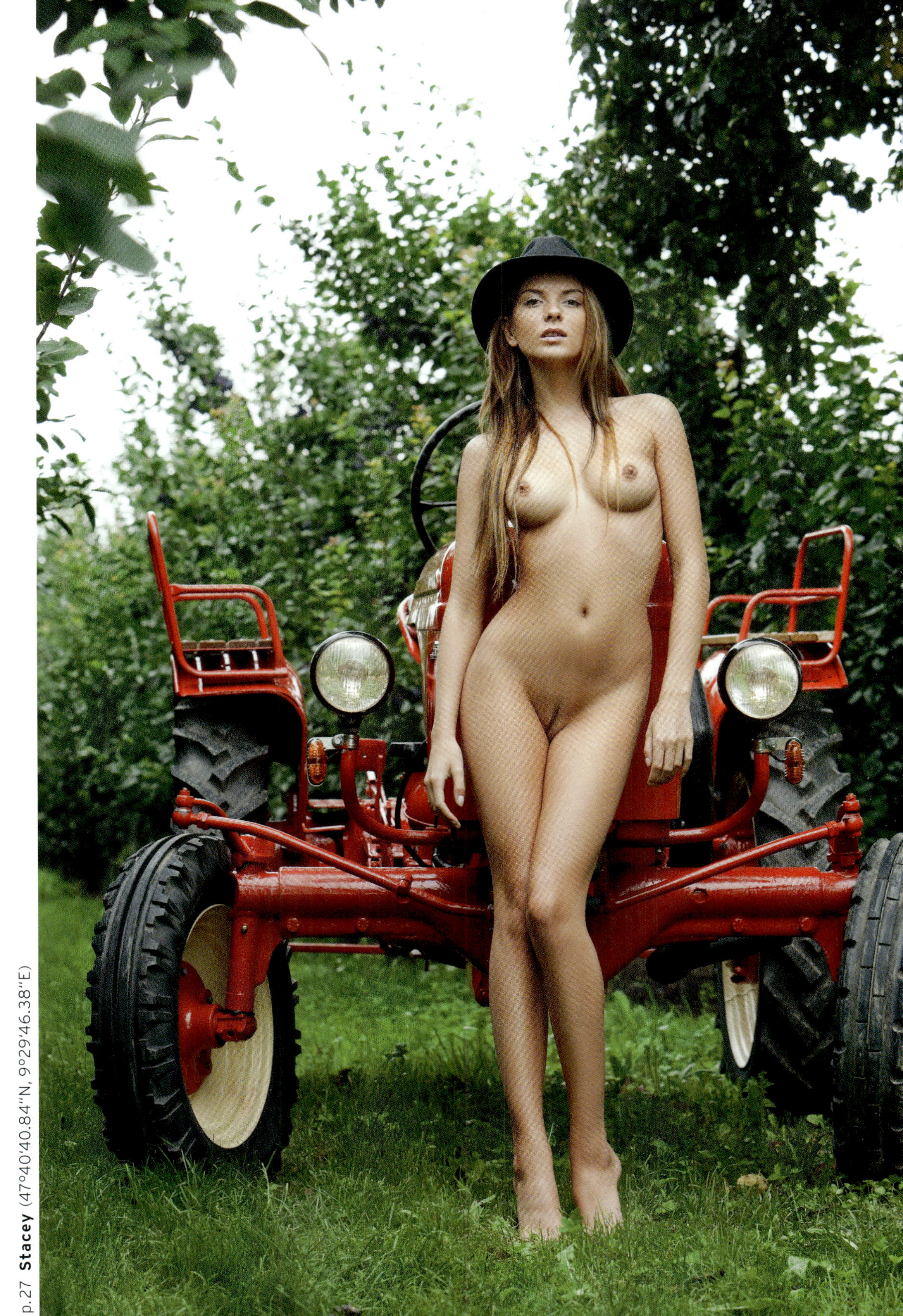

p.26 **Violetta** (47°41'32.08''N, 9°25'20.93''E)

p.27 **Stacey** (47°40'40.84''N, 9°29'46.38''E)

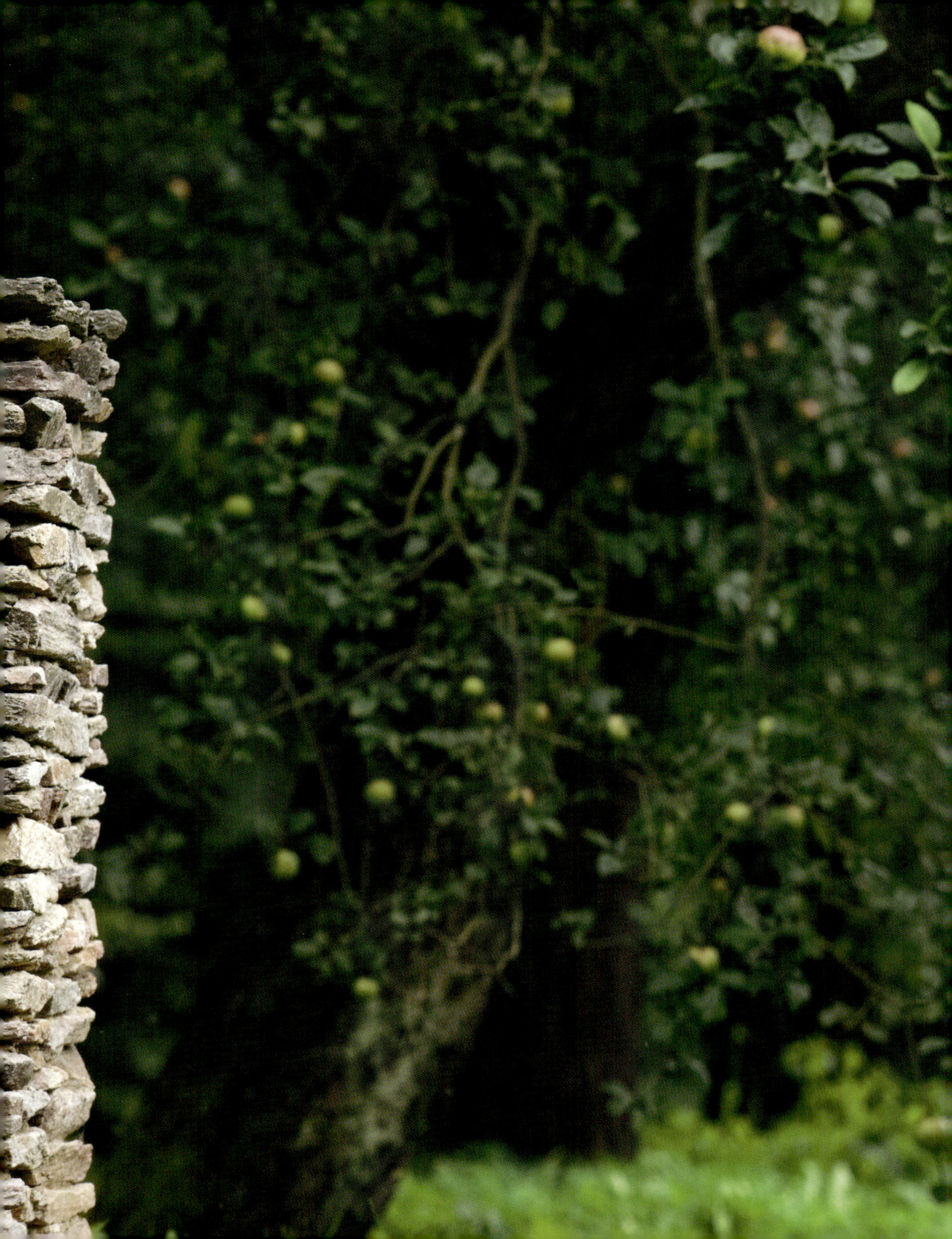

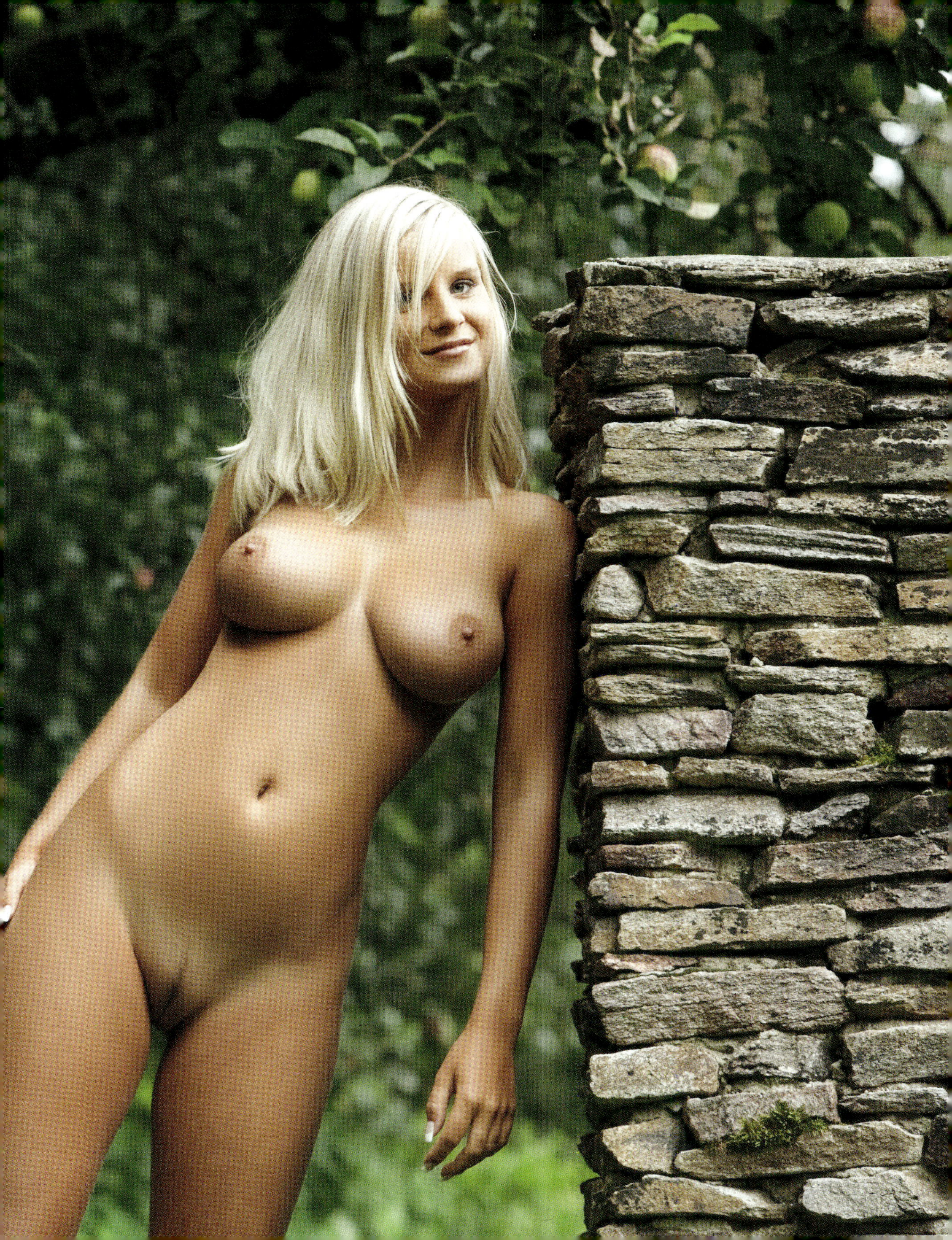

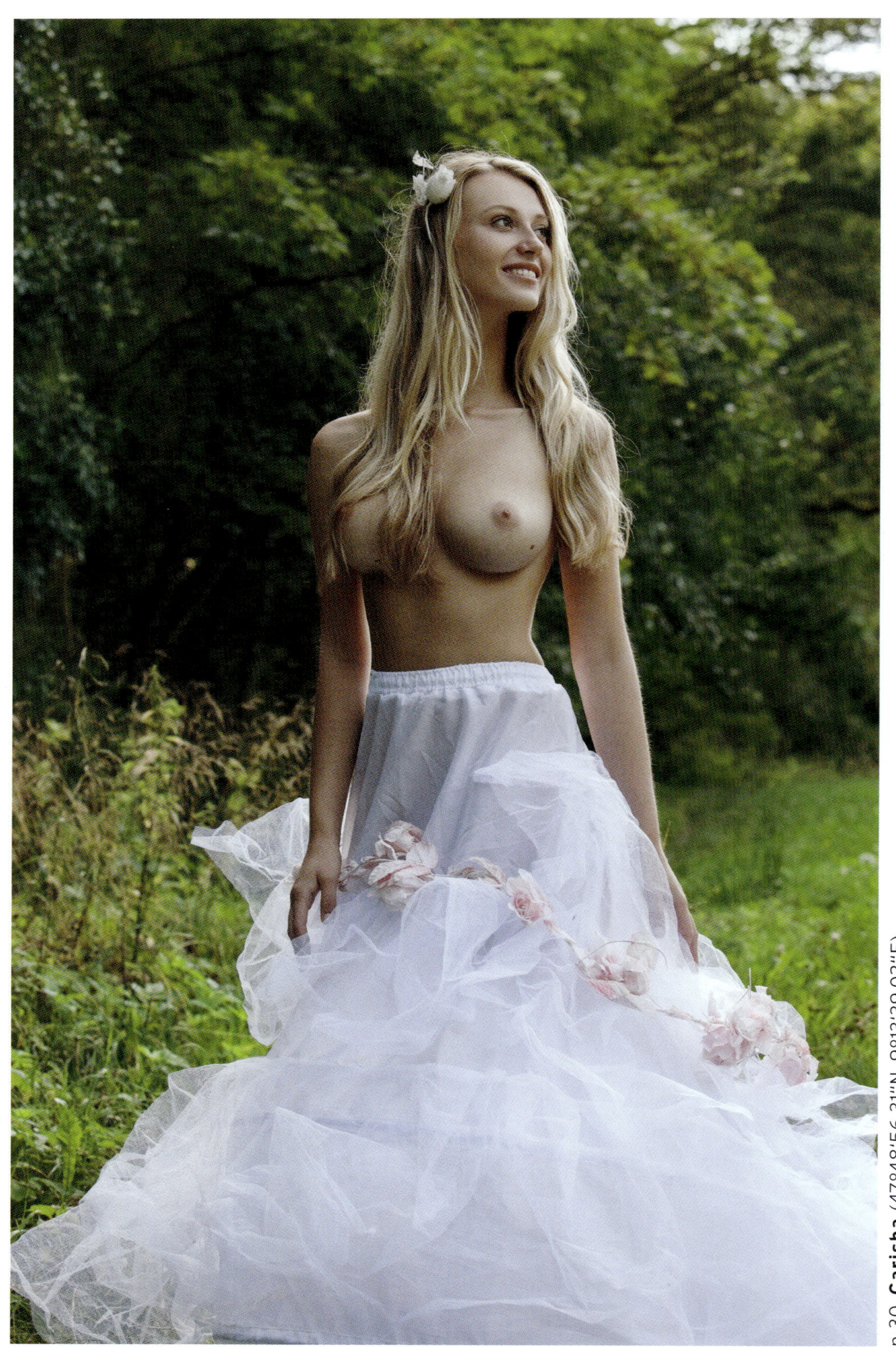

p.28–29 **Miela** (49°16'9.93"N, 16°20'14.90"E)

p.30 **Carisha** (47°48'56.31"N, 9°13'39.02"E)

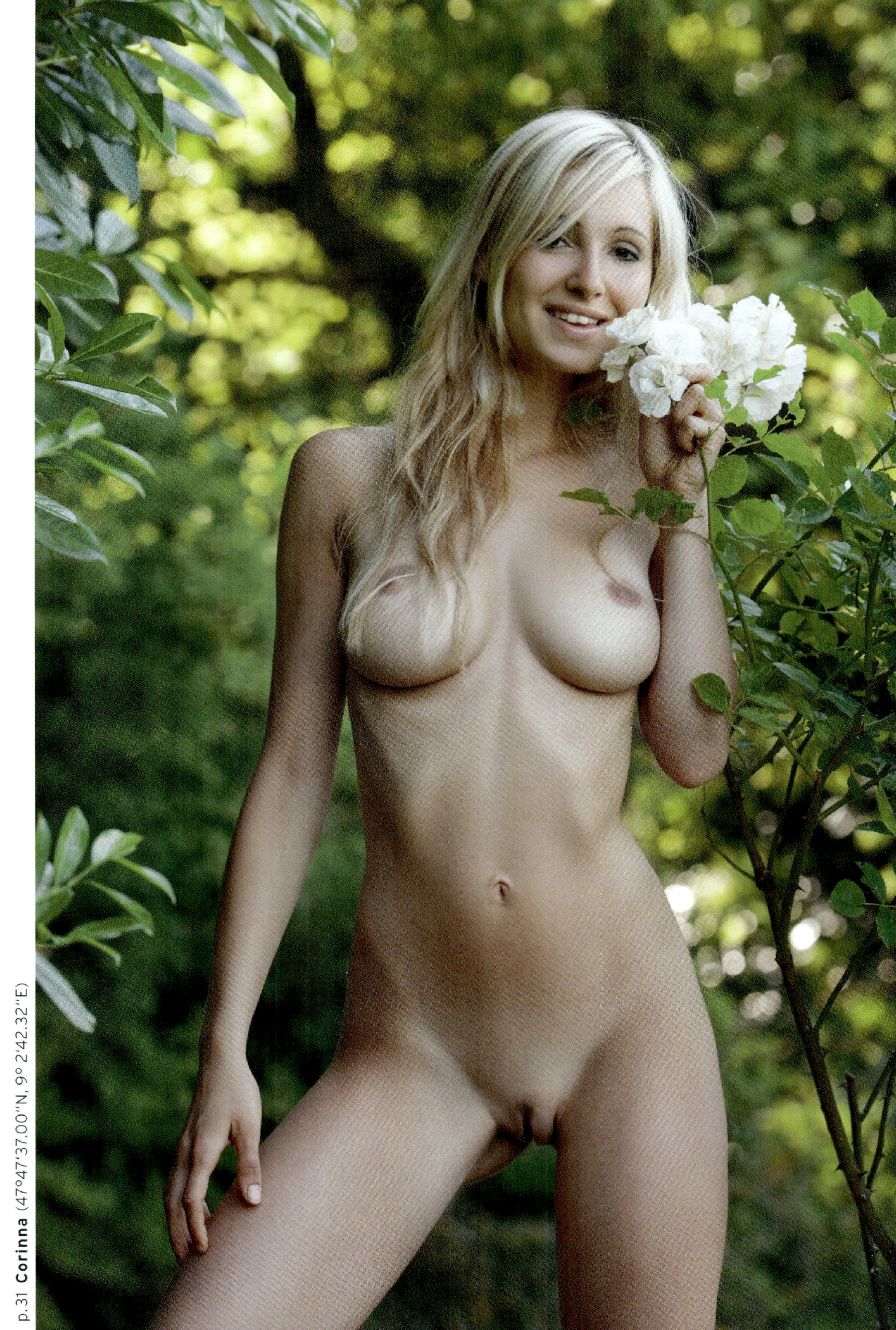

p.31 **Corinna** (47°47'37.00"N, 9° 2'42.32"E)

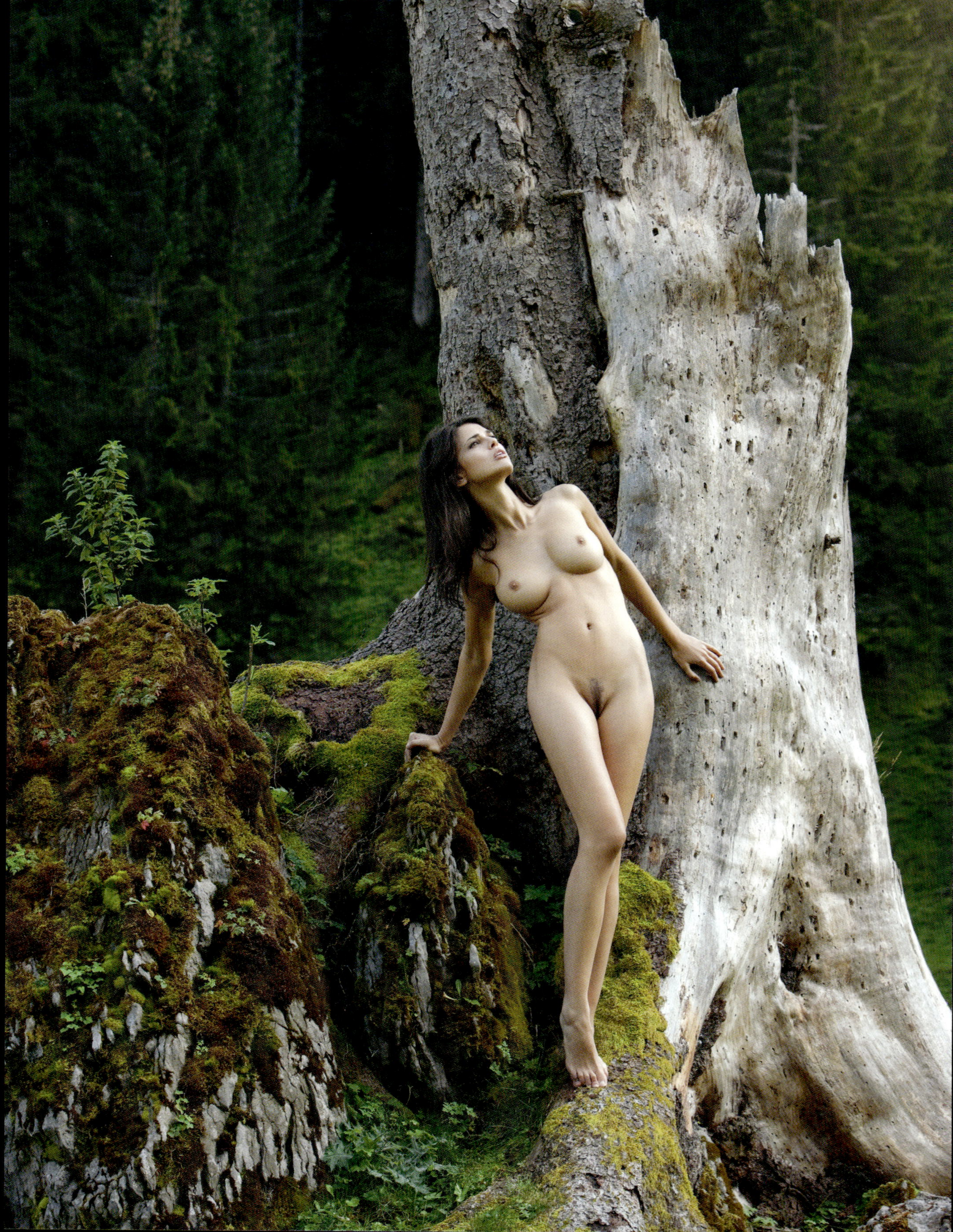

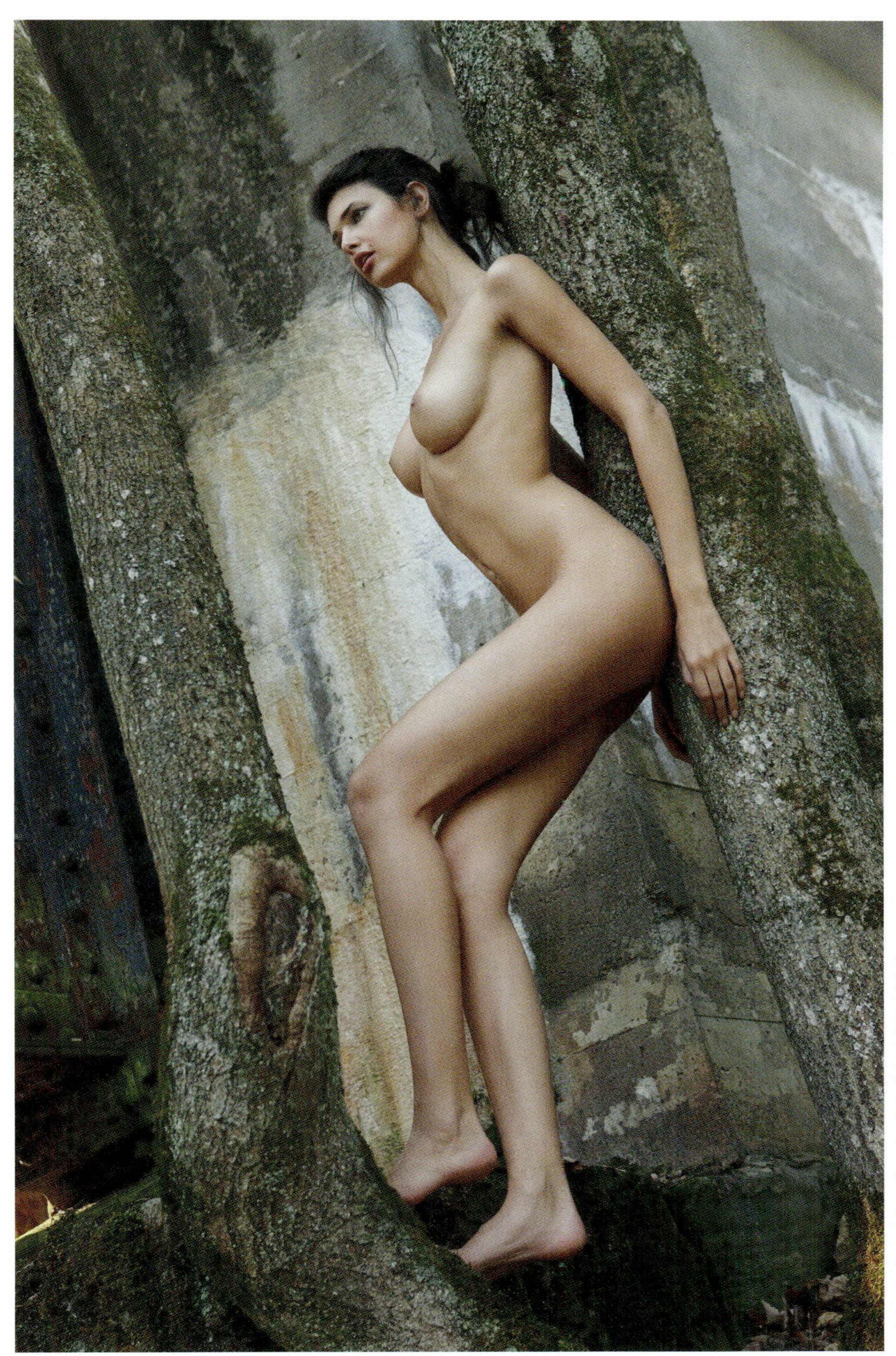

p.32 **Zoi** (47° 9'19.44"N, 9°22'0.03"E)

p.33 **Zoi** (48° 4'26.94"N, 9°14'10.01"E)

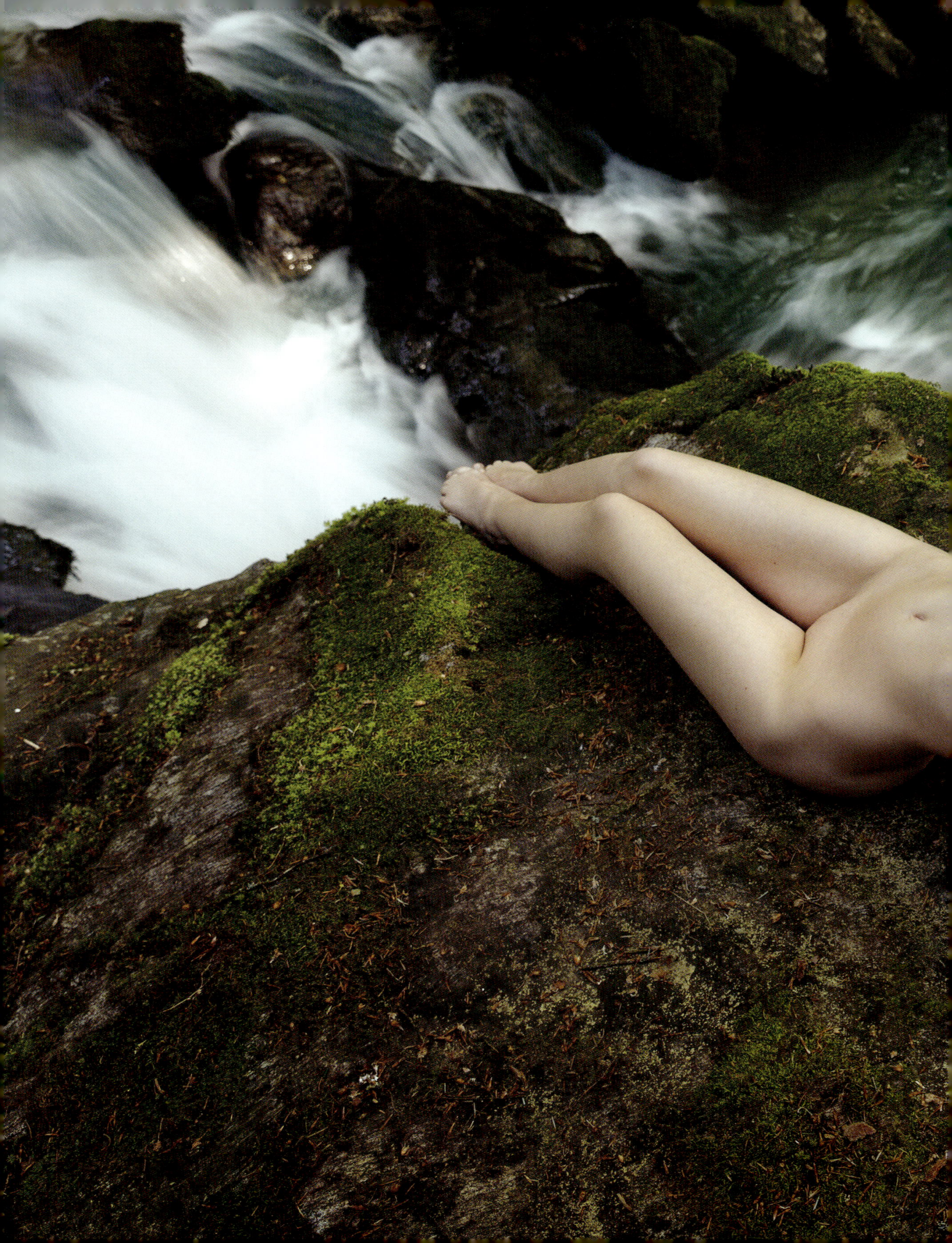

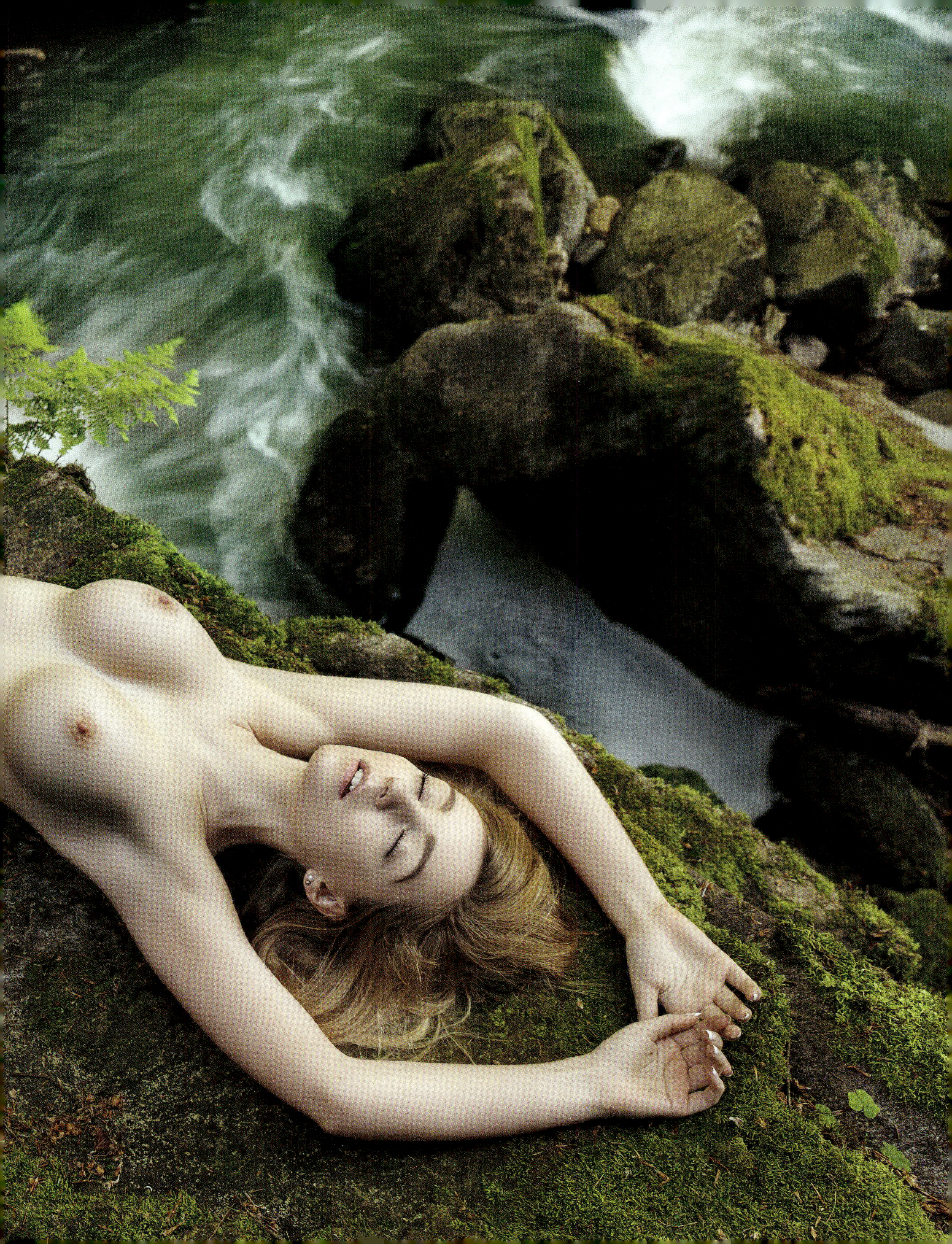

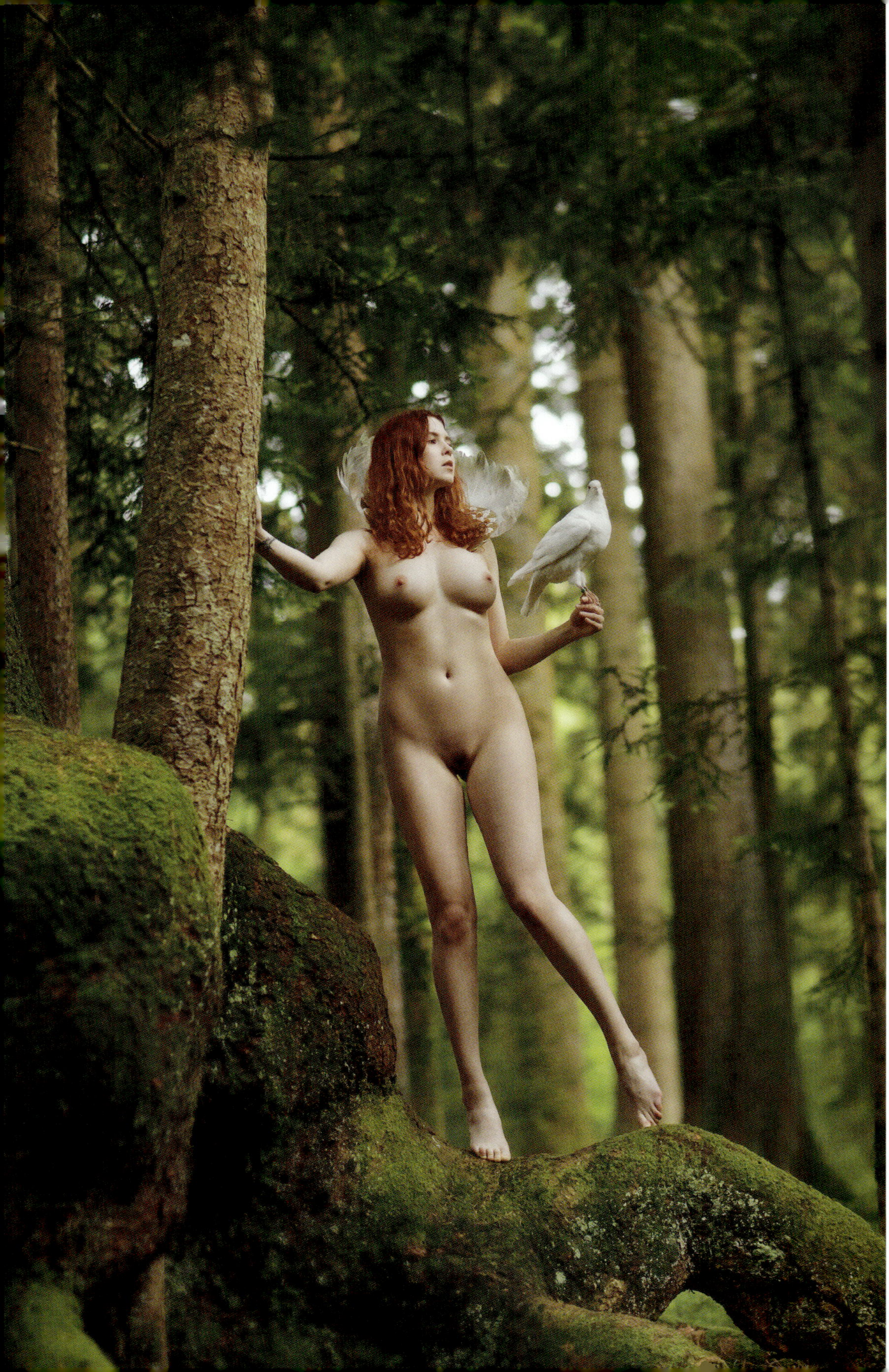

p. 34–35 **Acacia** (48°02'21.6"N 8°07'28.4"E)

p. 36 **Johannsdottir** (47°34'09.6"N 9°50'10.9"E)

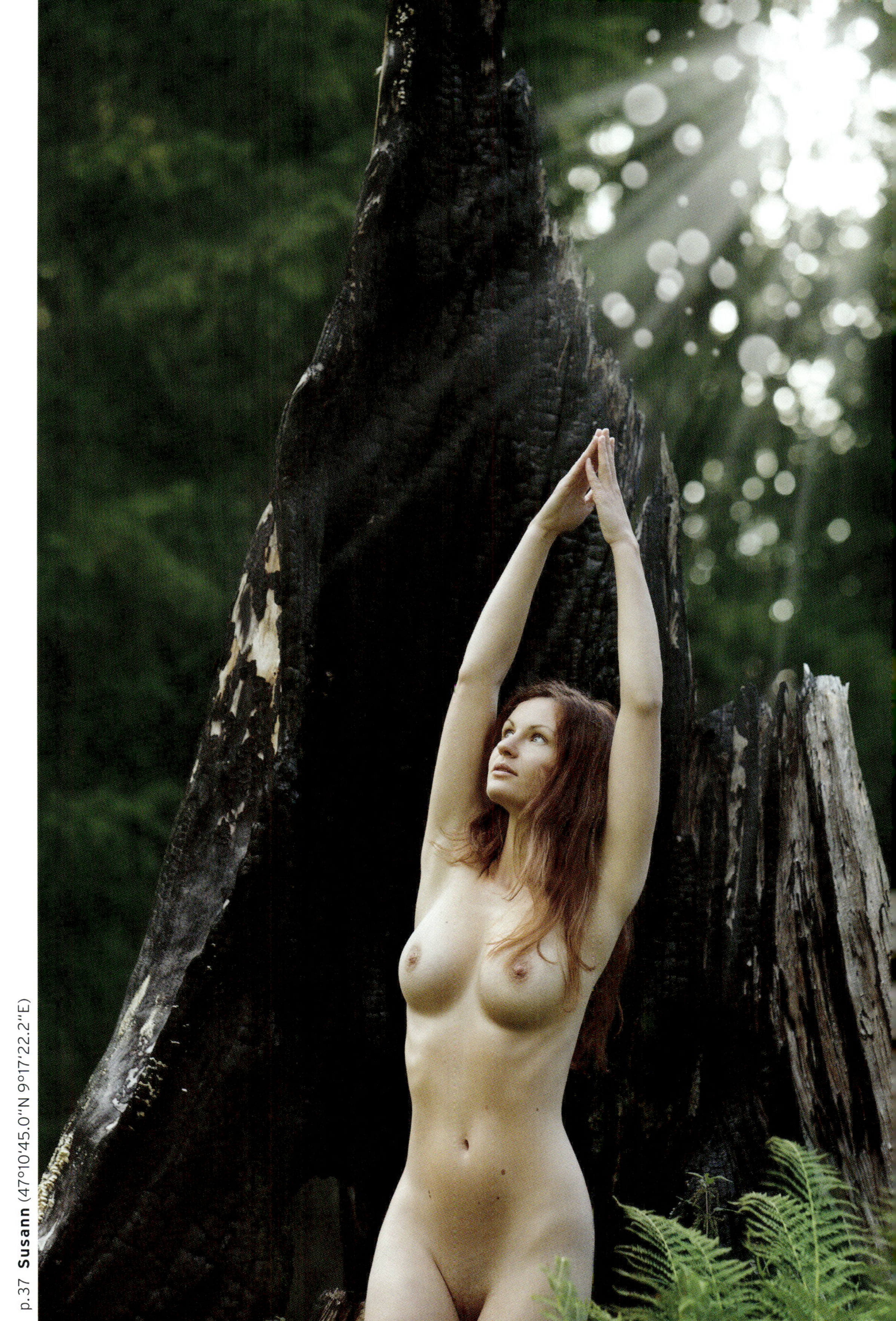

p. 37 **Susann** (47°10'45.0"N 9°17'22.2"E)

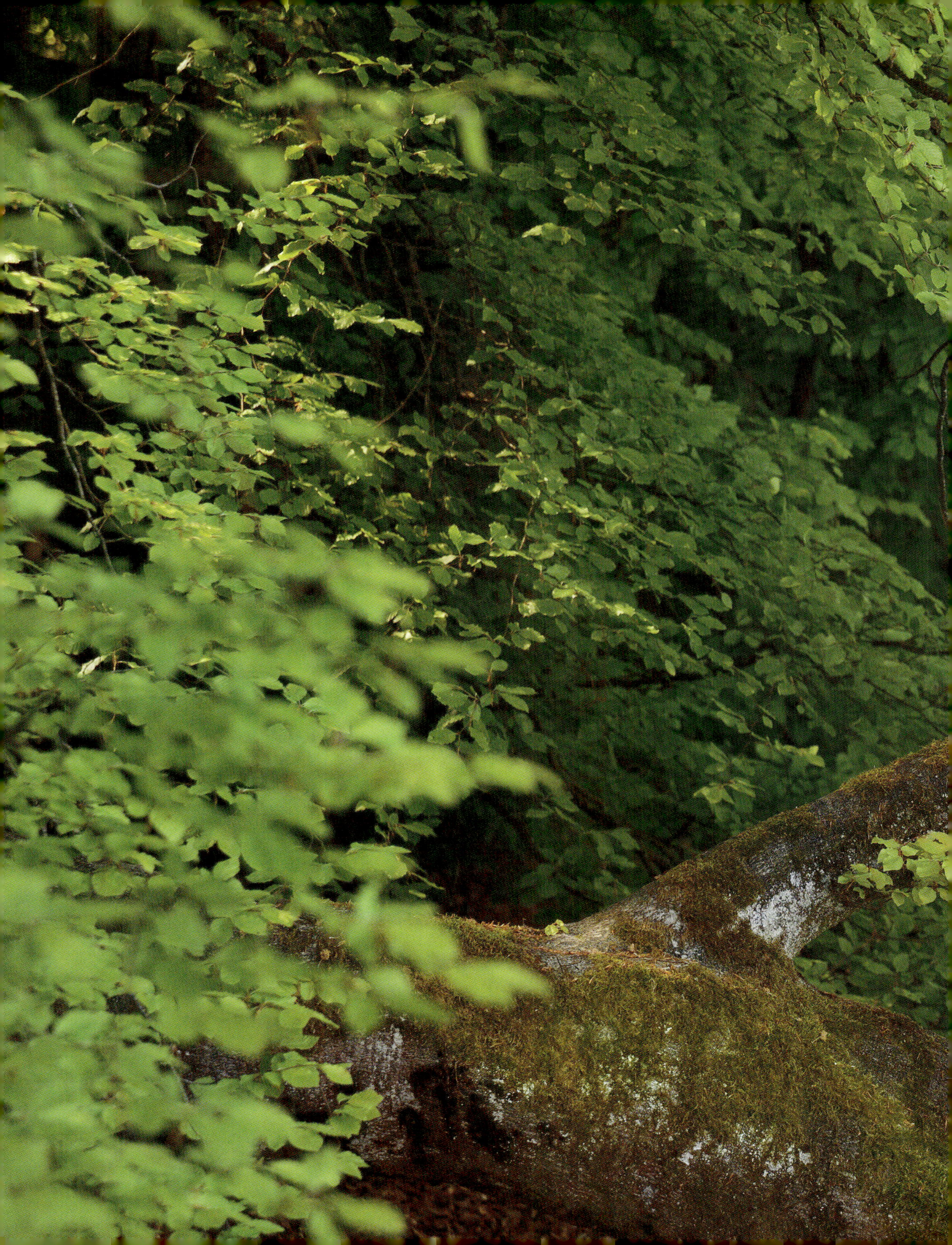

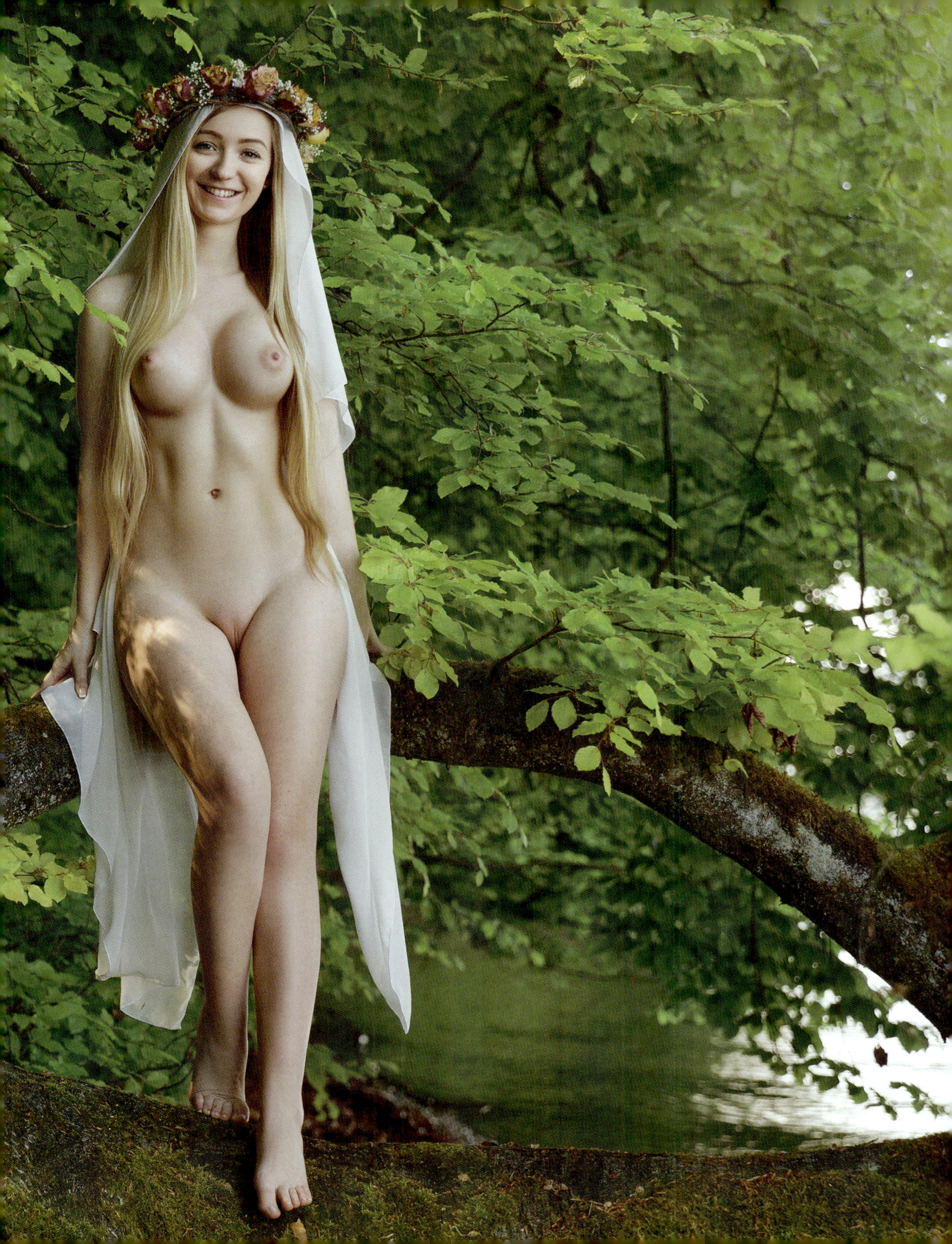

p. 38–39 **Acacia** (47°45'40.3"N 9°06'41.9"E)

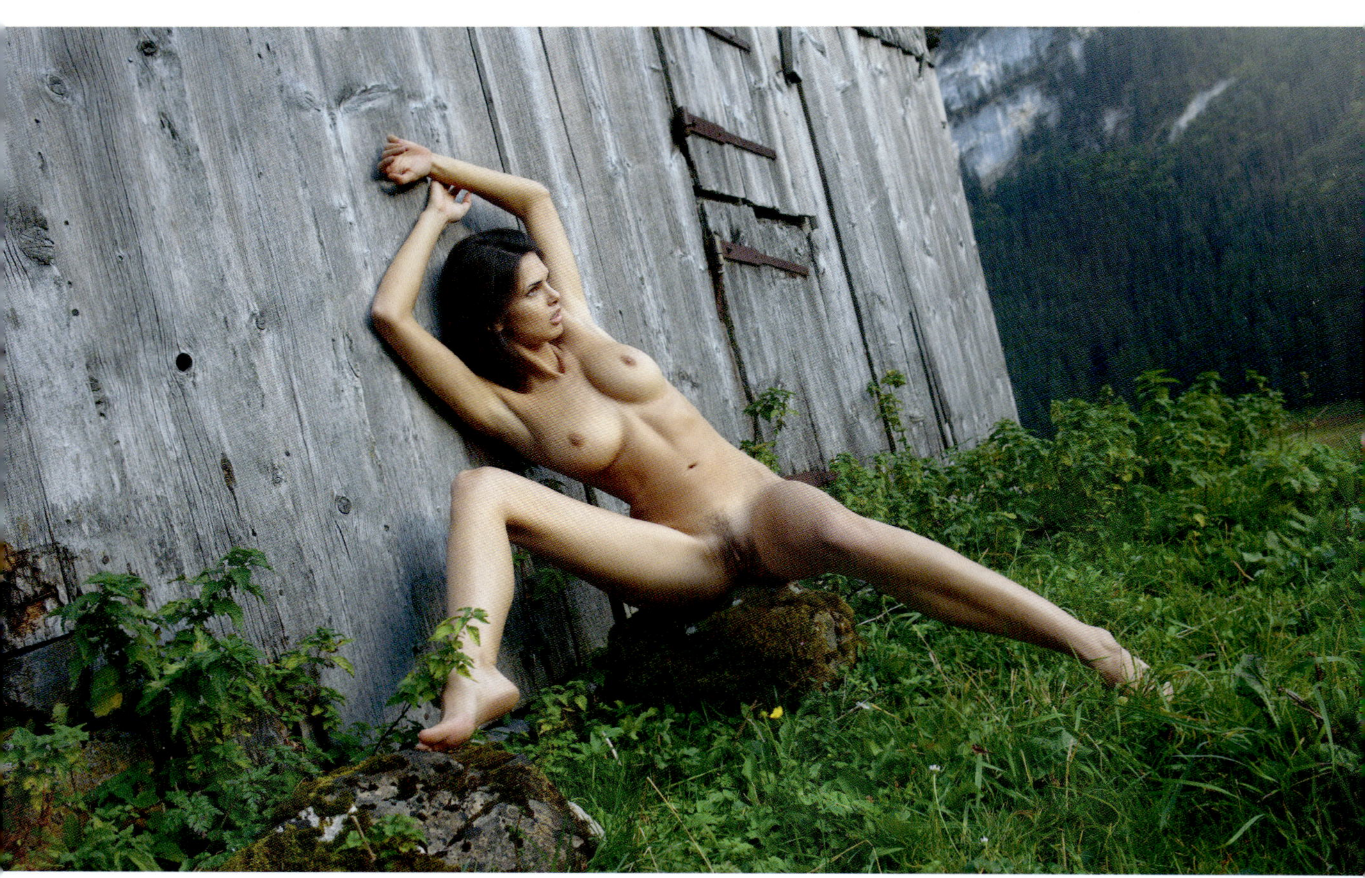

p. 40 **Zoi** (47° 9'27.28"N, 9°22'15.88"E)

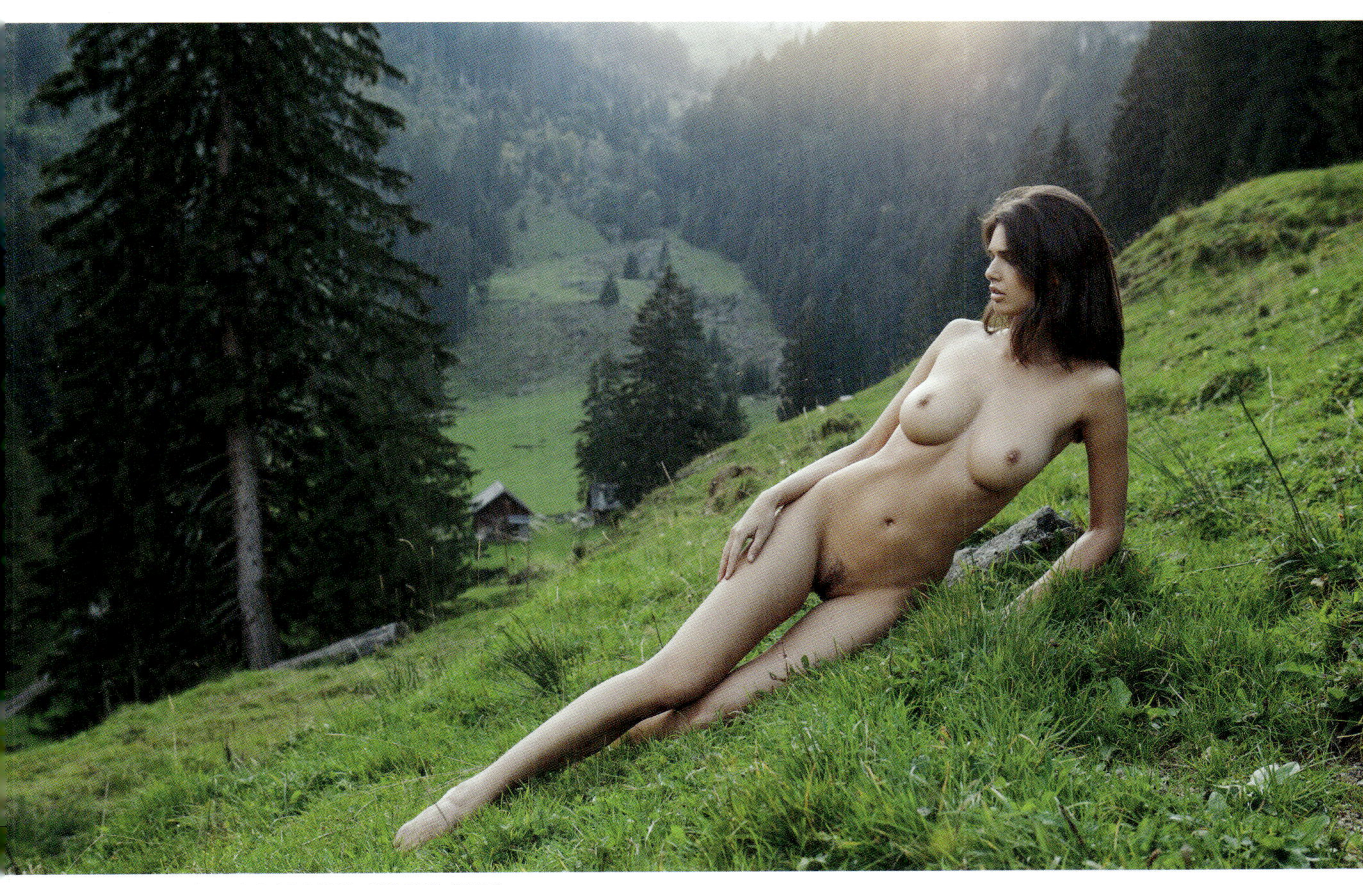

p. 41 **Zoi** (47° 9'27.30"N, 9°22'15.07"E)

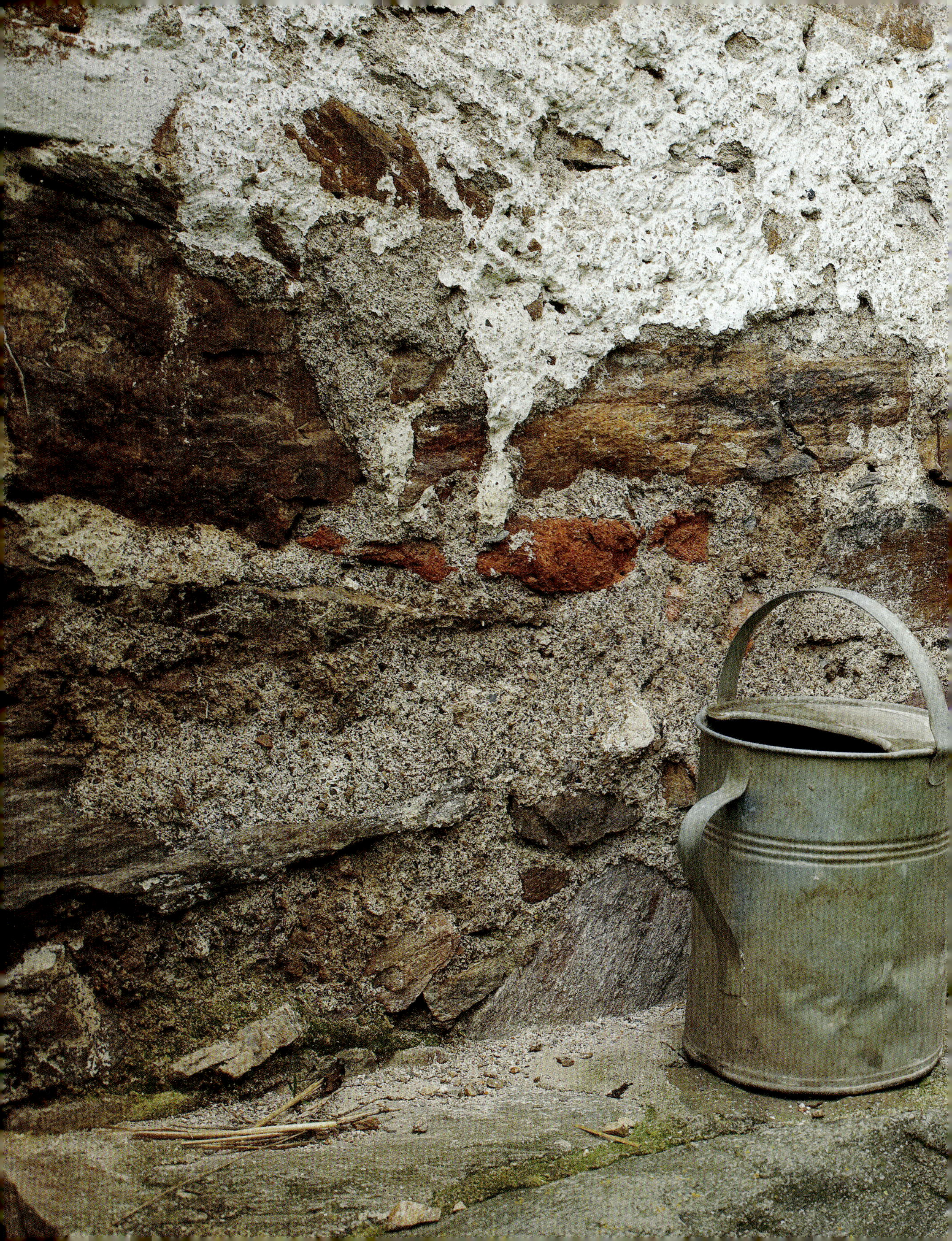

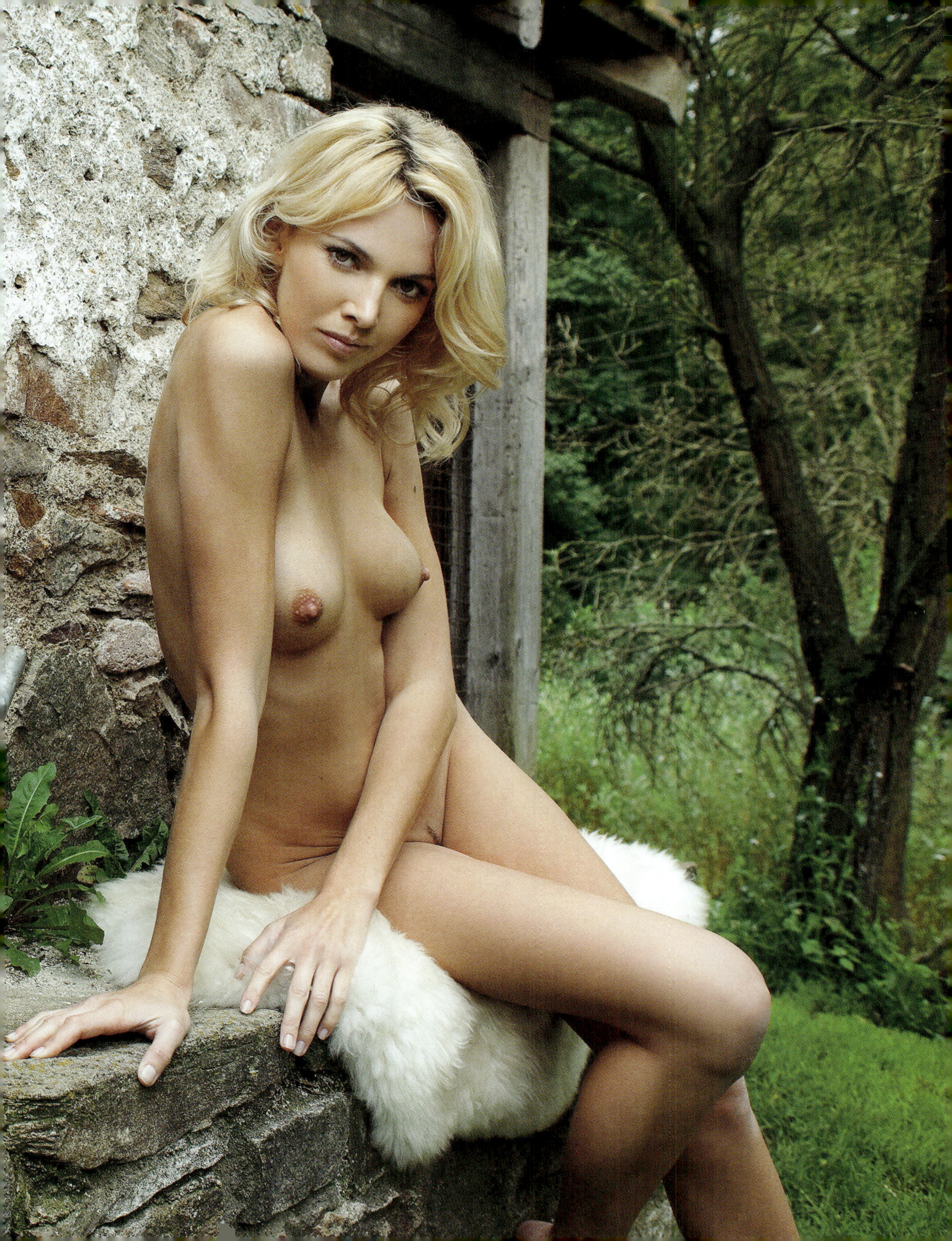

p.42–43 **Lilly** (49°16'6.76"N, 16°20'18.22"E)

p.44–45 **Stacey** (47°36'39.41"N, 9°37'47.15"E)

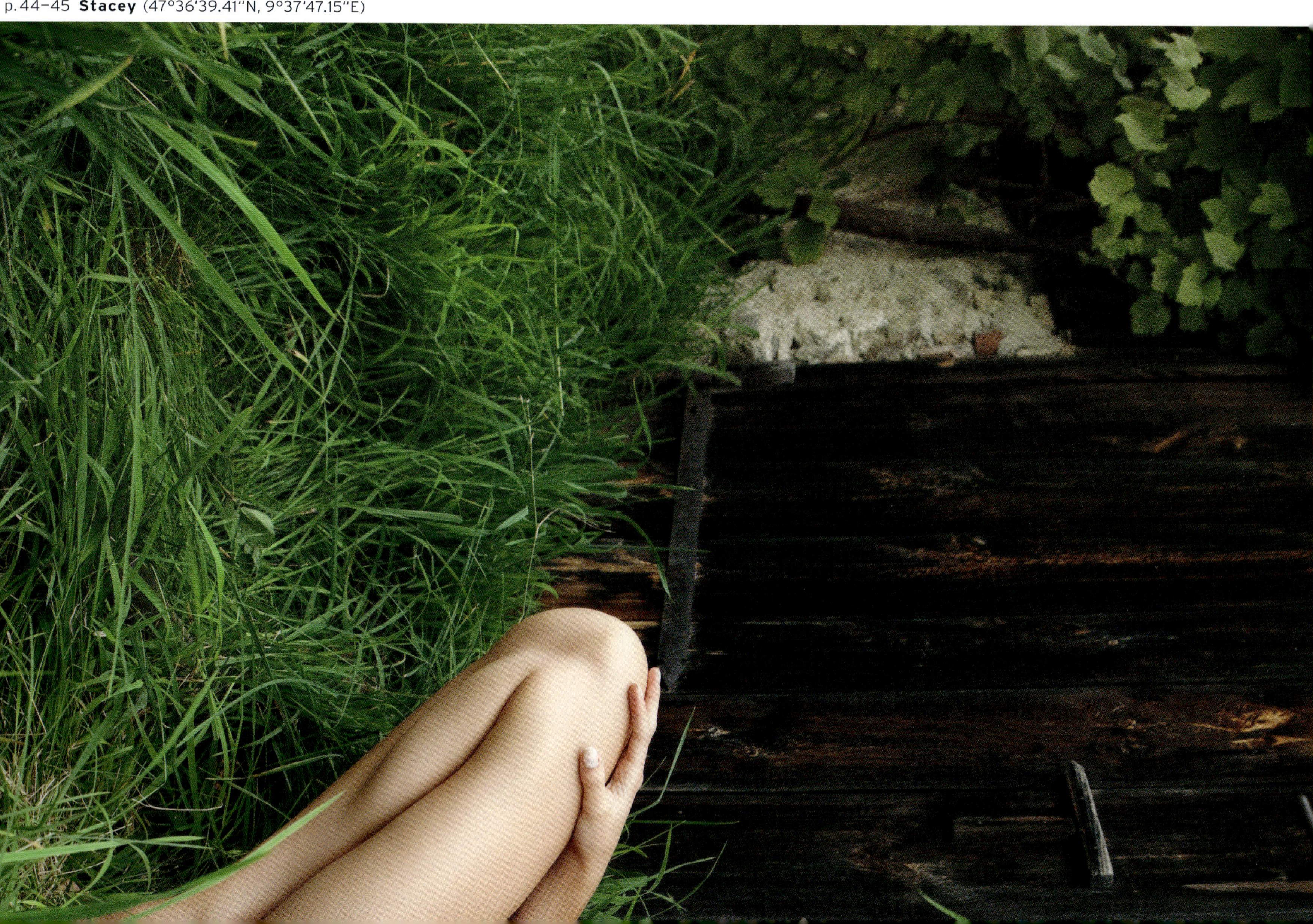

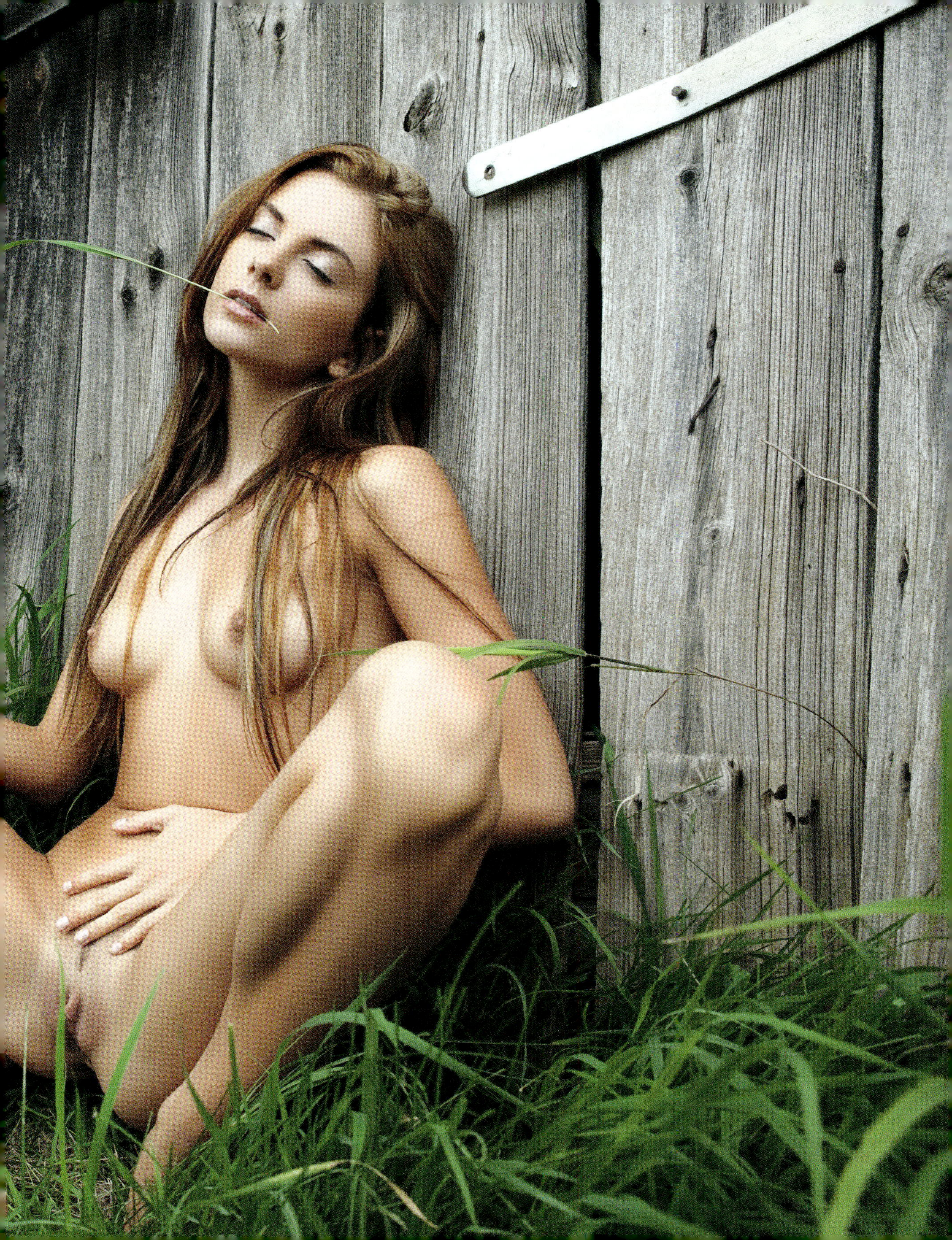

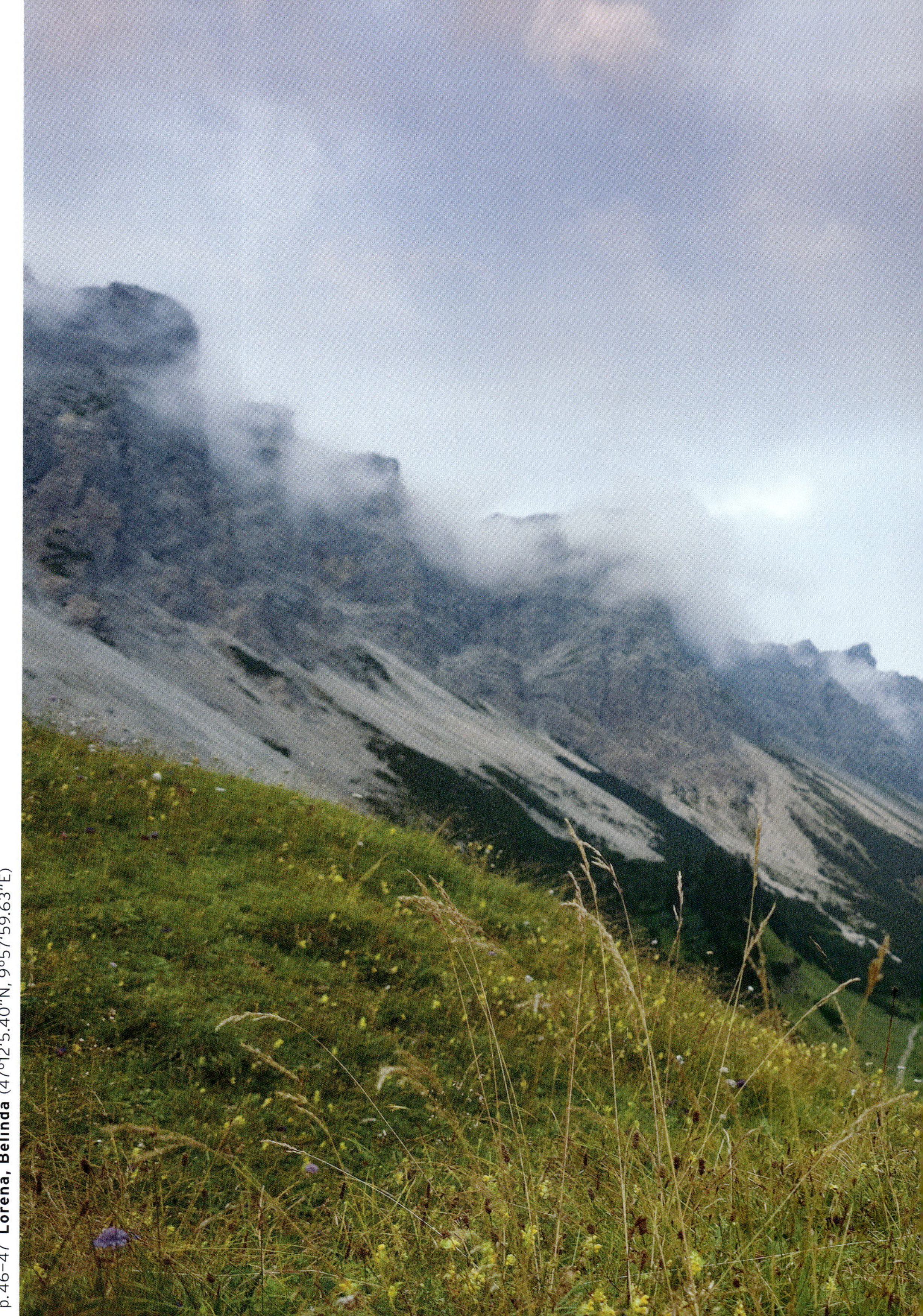

p. 46–47 **Lorena, Belinda** (47°12′5.40″N, 9°57′59.63″E)

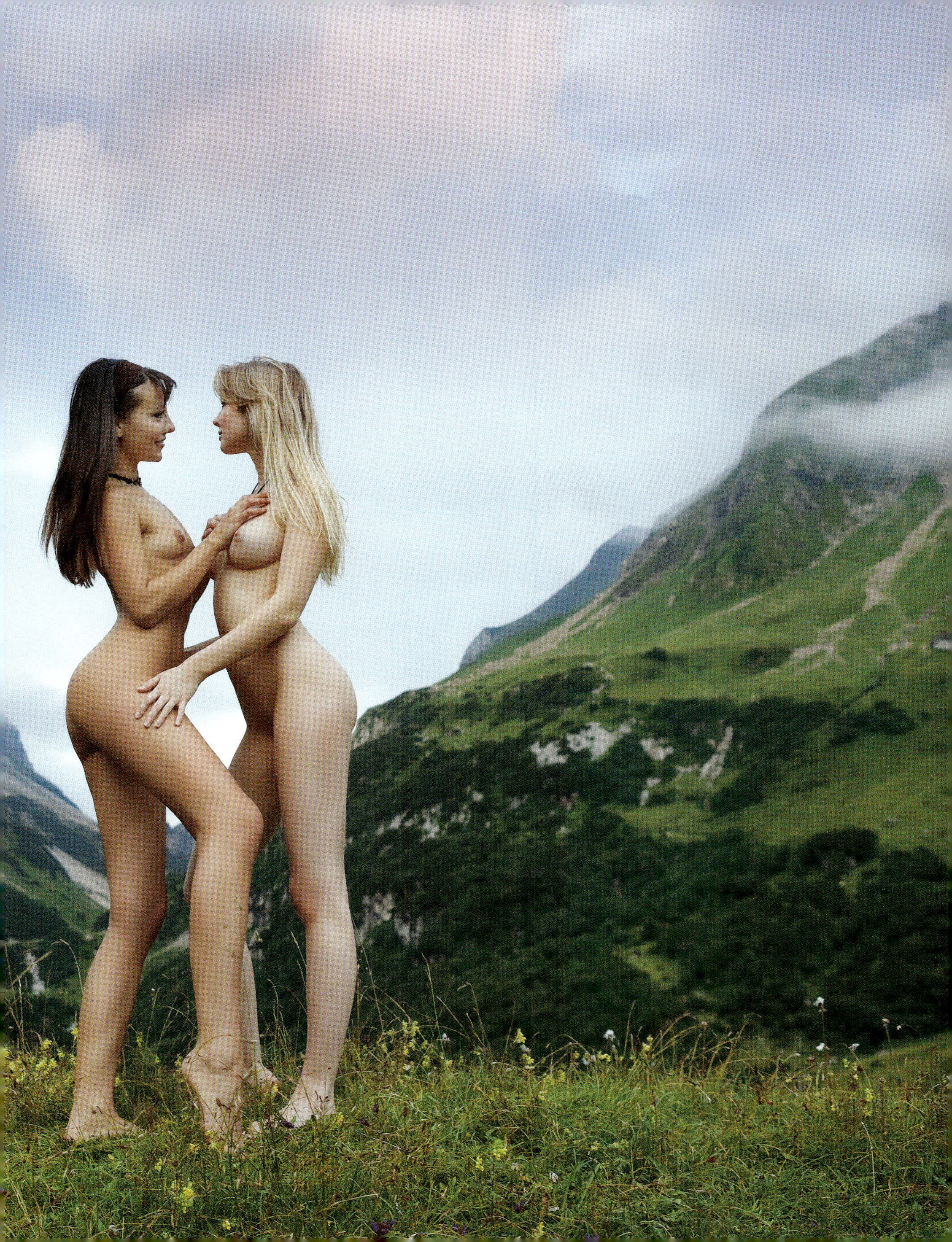

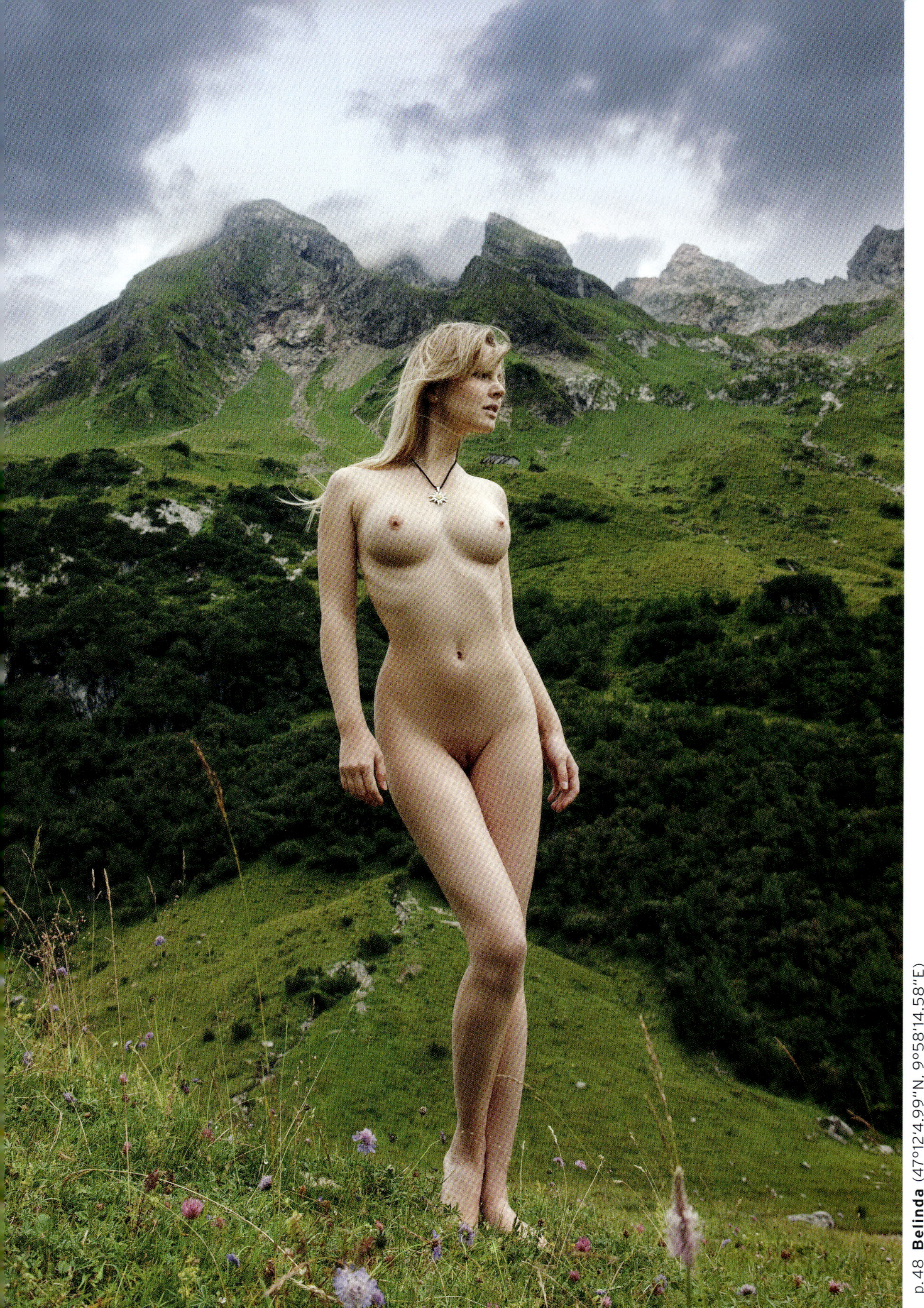

p. 48 **Belinda** (47°12'4.99"N, 9°58'14.58"E)

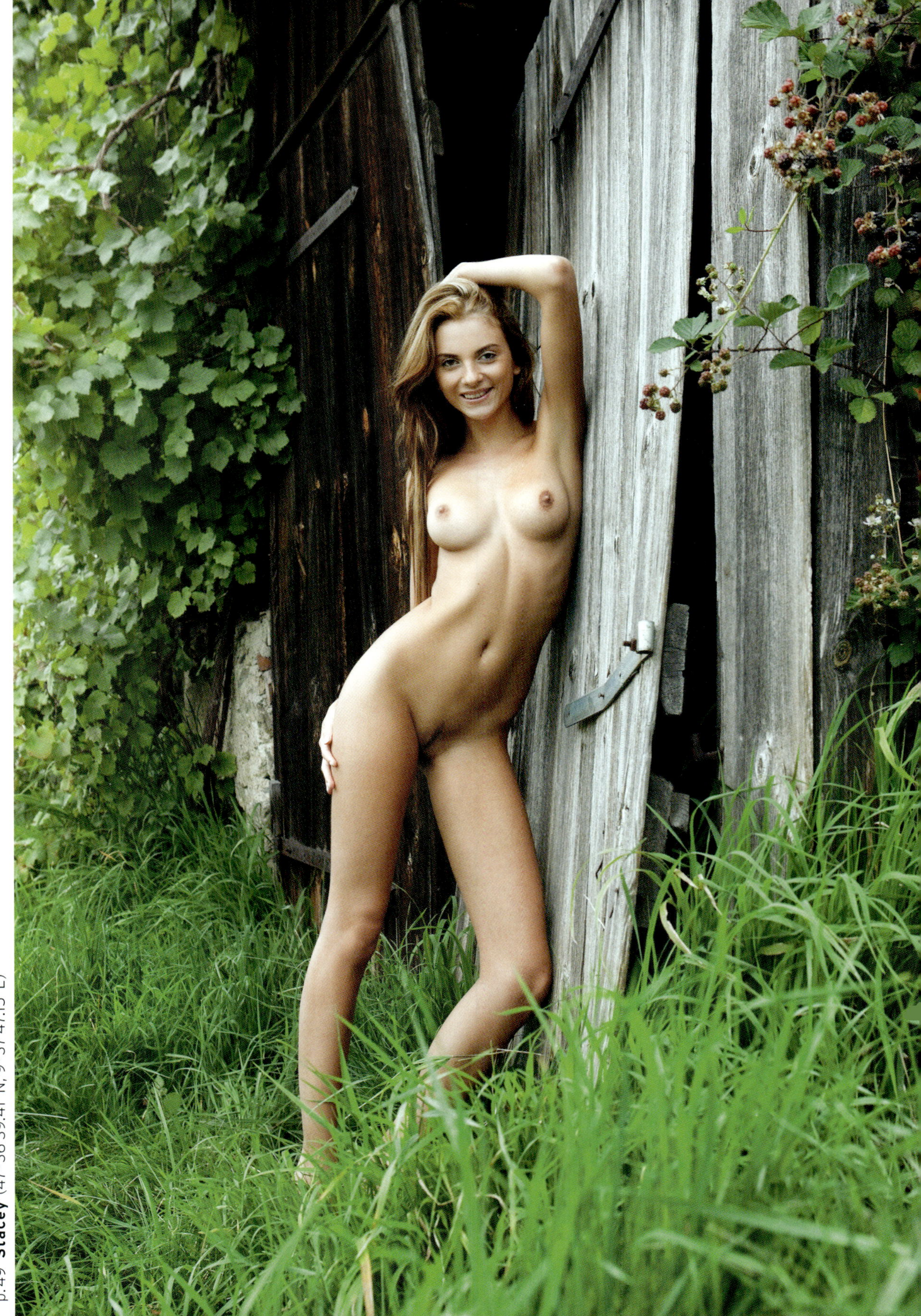

p. 49 **Stacey** (47°36'39.41''N, 9°37'47.15''E)

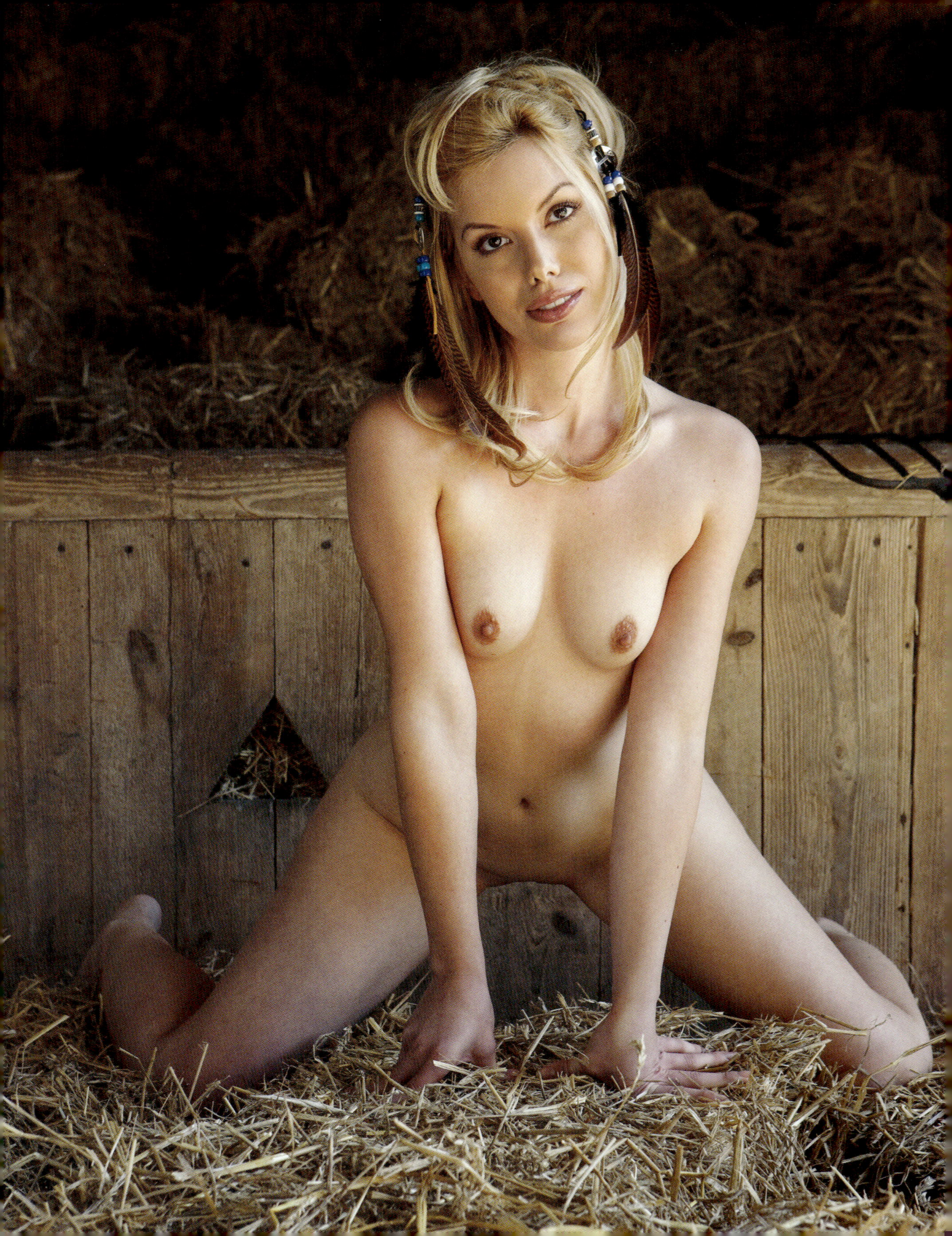

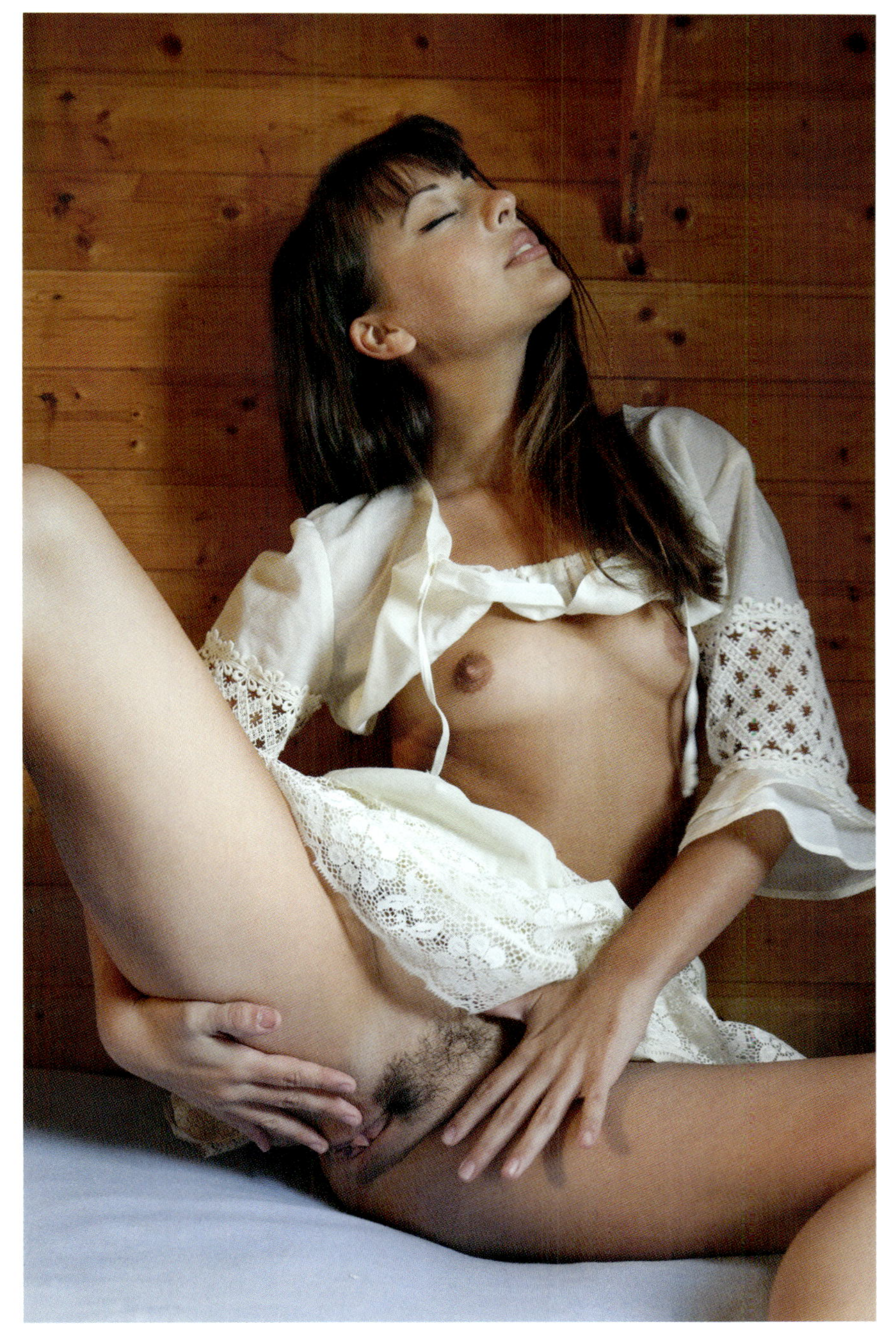

p.51 **Lorena** (47°12'8.13''N, 9°58'5.96''E)

p.50 **Kala** (49°16'7.30''N, 16°20'18.51''E)

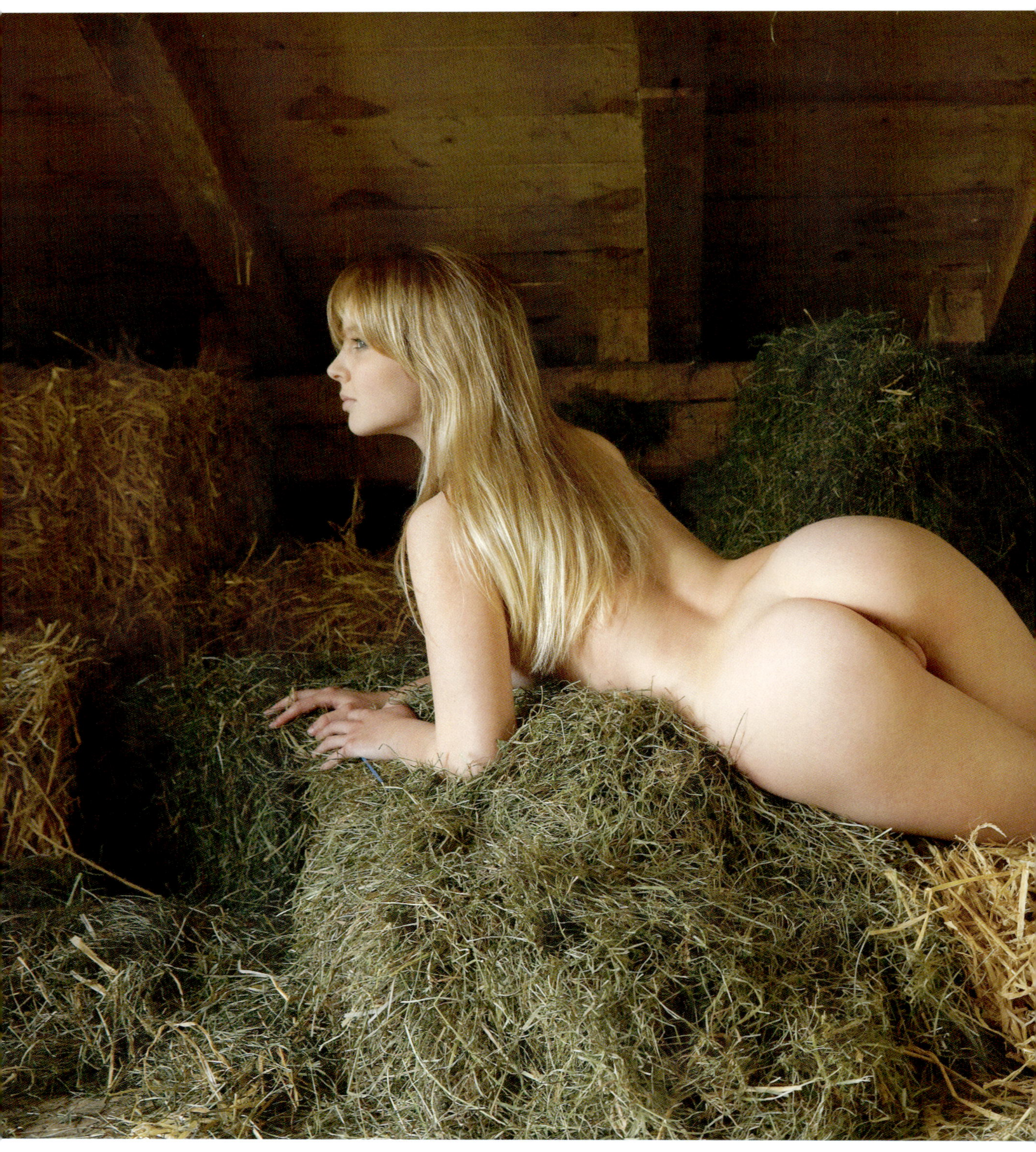

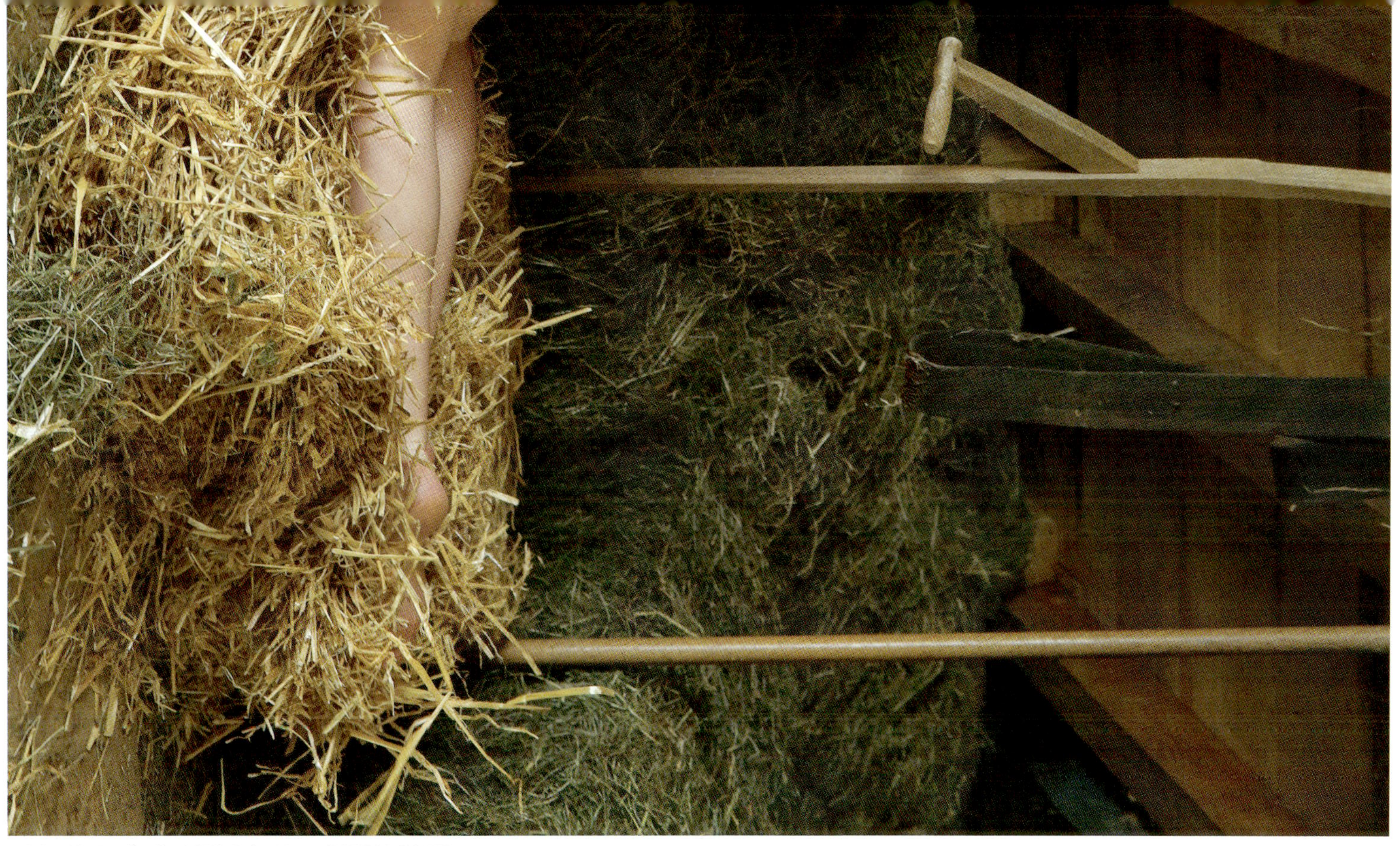

p. 52–53 **Belinda** (47°12'8.47"N, 9°58'6.38"E)

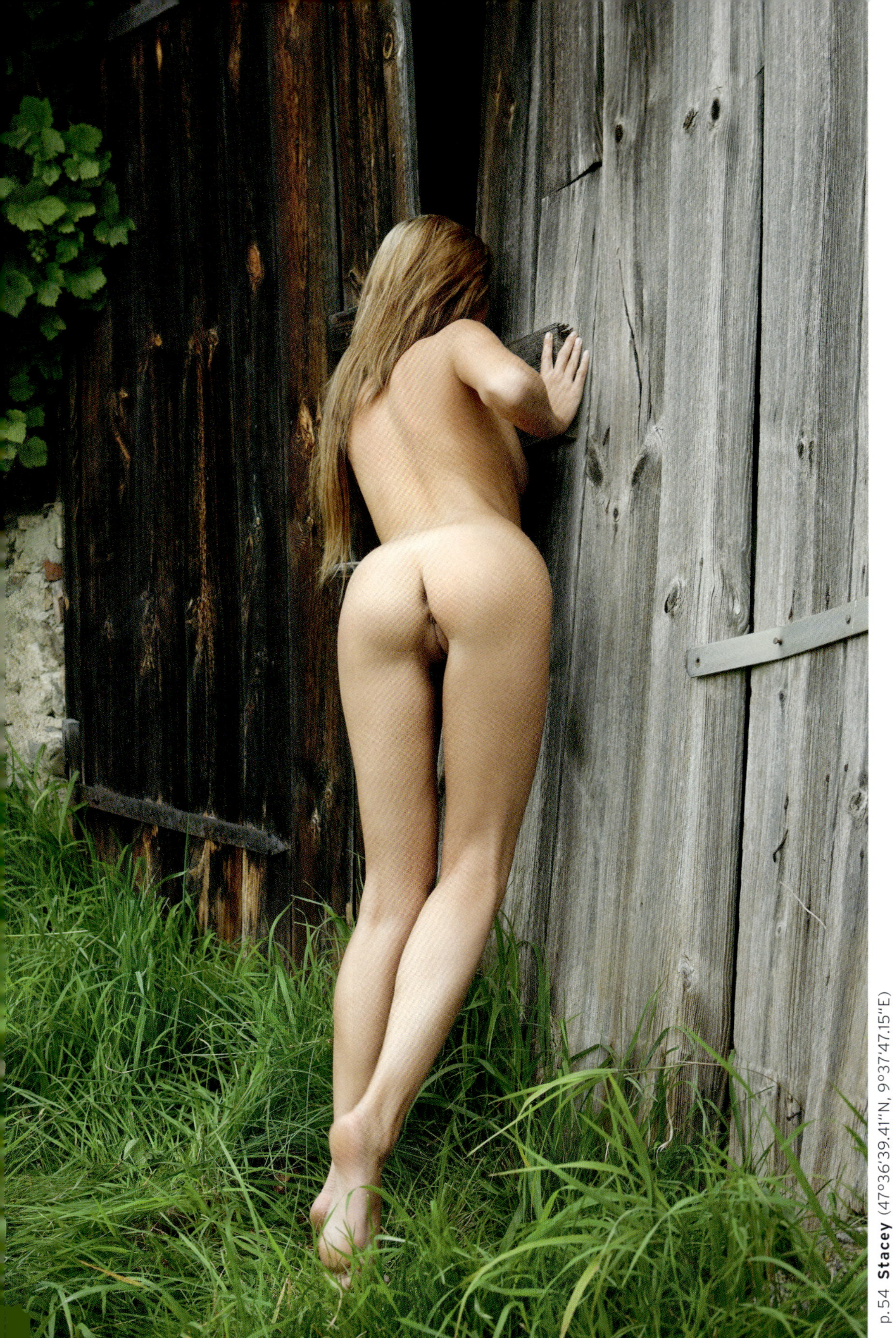

p.54 **Stacey** (47°36'39.41"N, 9°37'47.15"E)

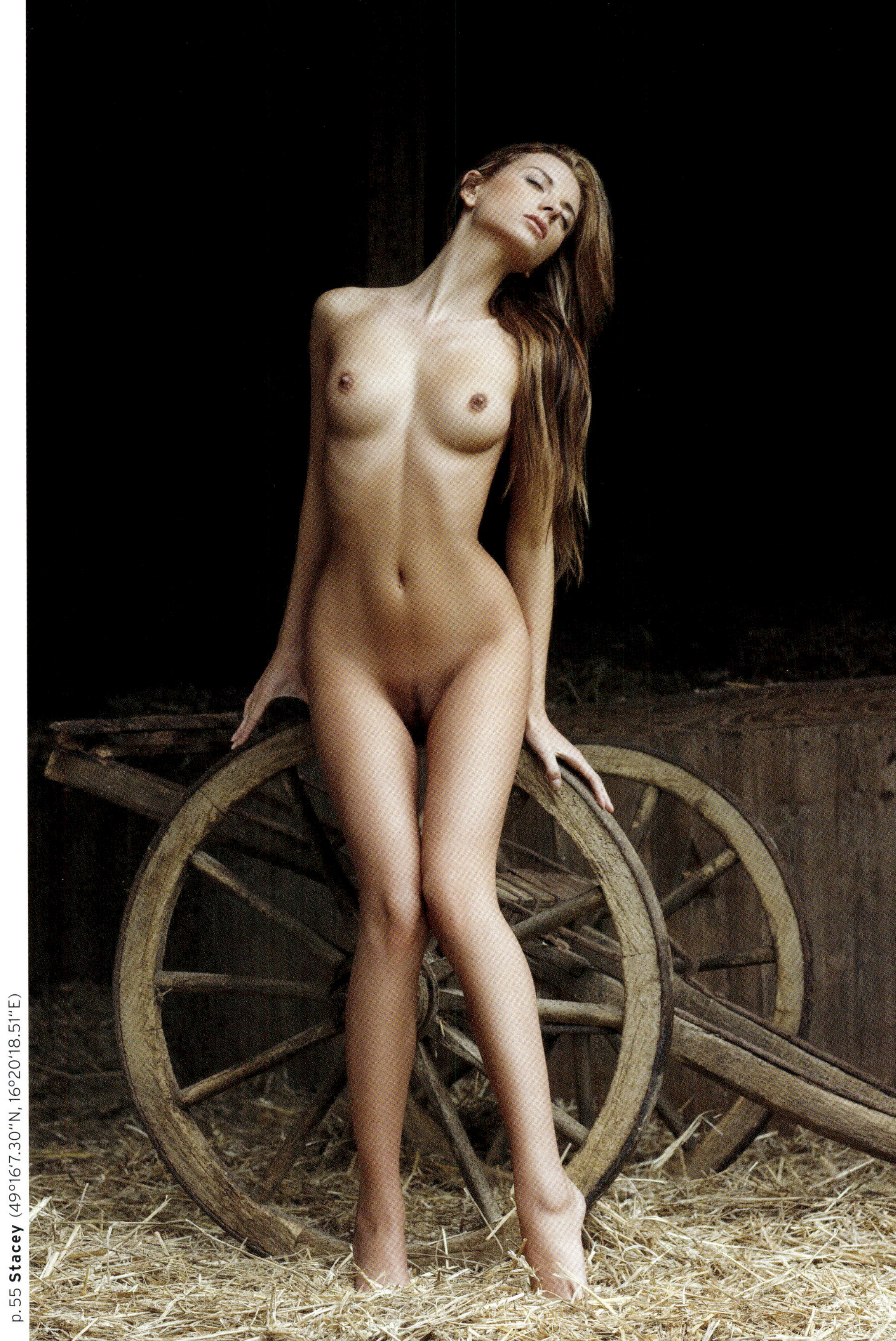

p. 55 **Stacey** (49°16'7.30''N, 16°20'18.51''E)

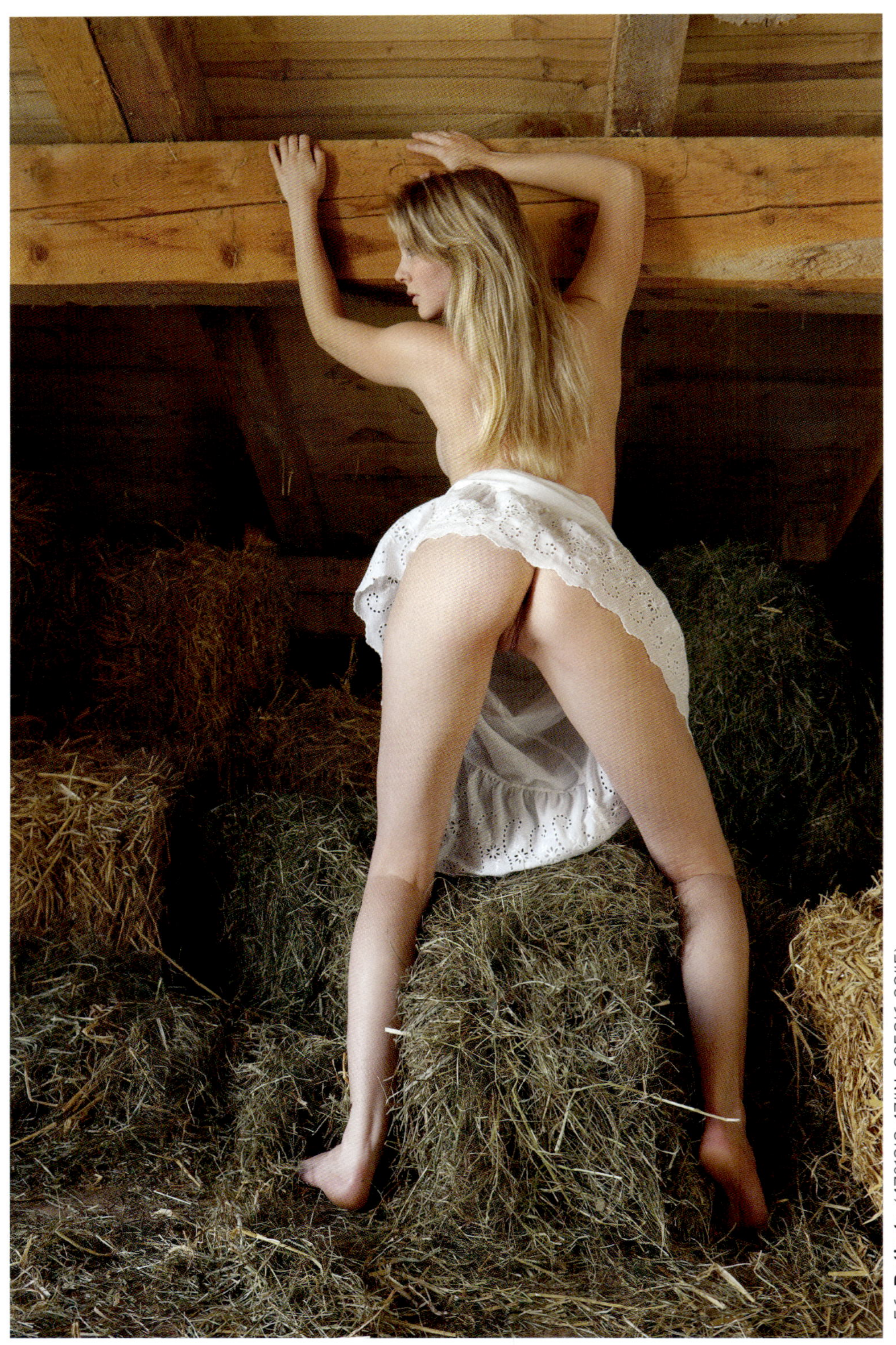

p.56 **Belinda** (47°12'8.47"N, 9°58'6.38"E)

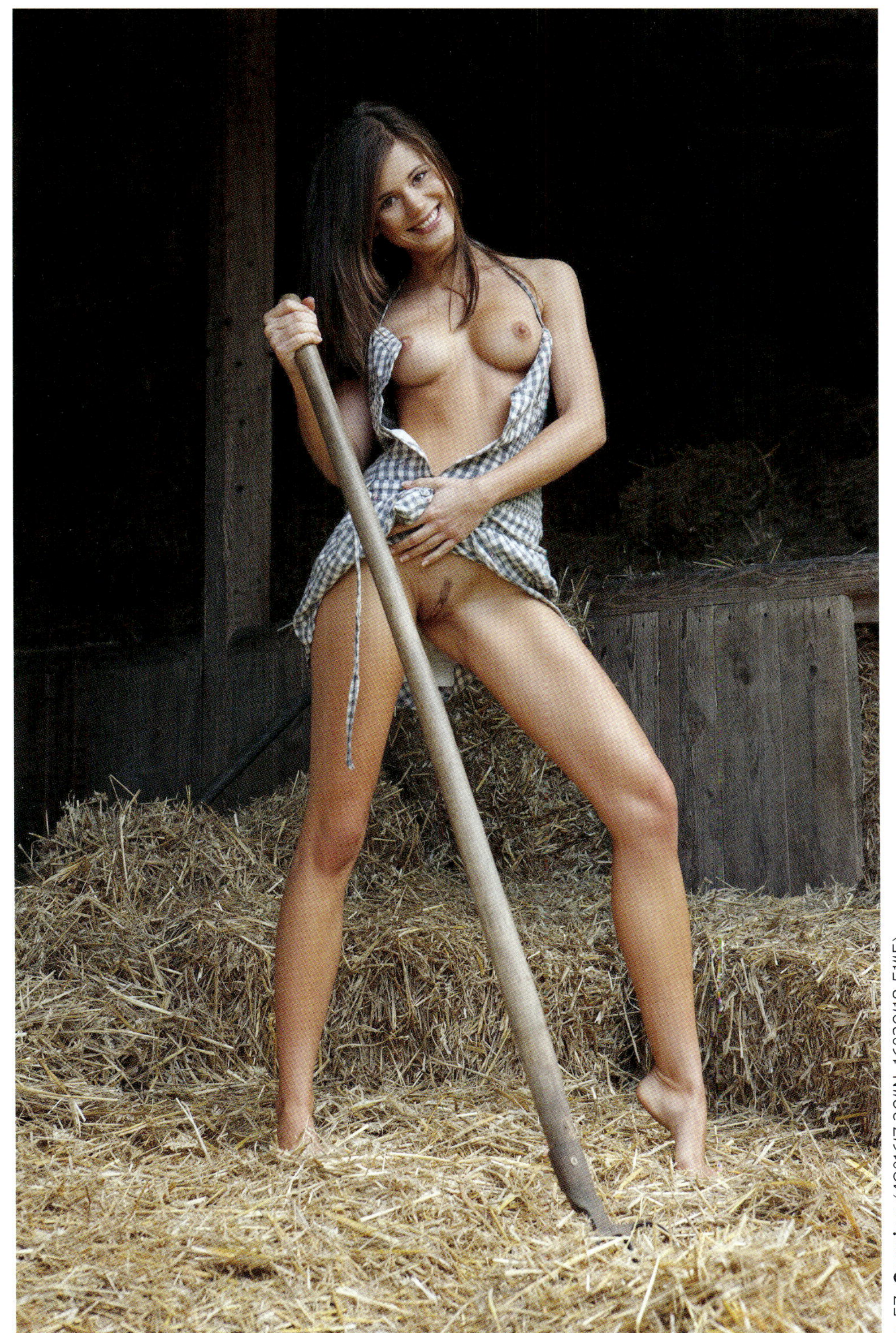

p.57 **Caprice** (49°16'7.30"N, 16°20'18.51"E)

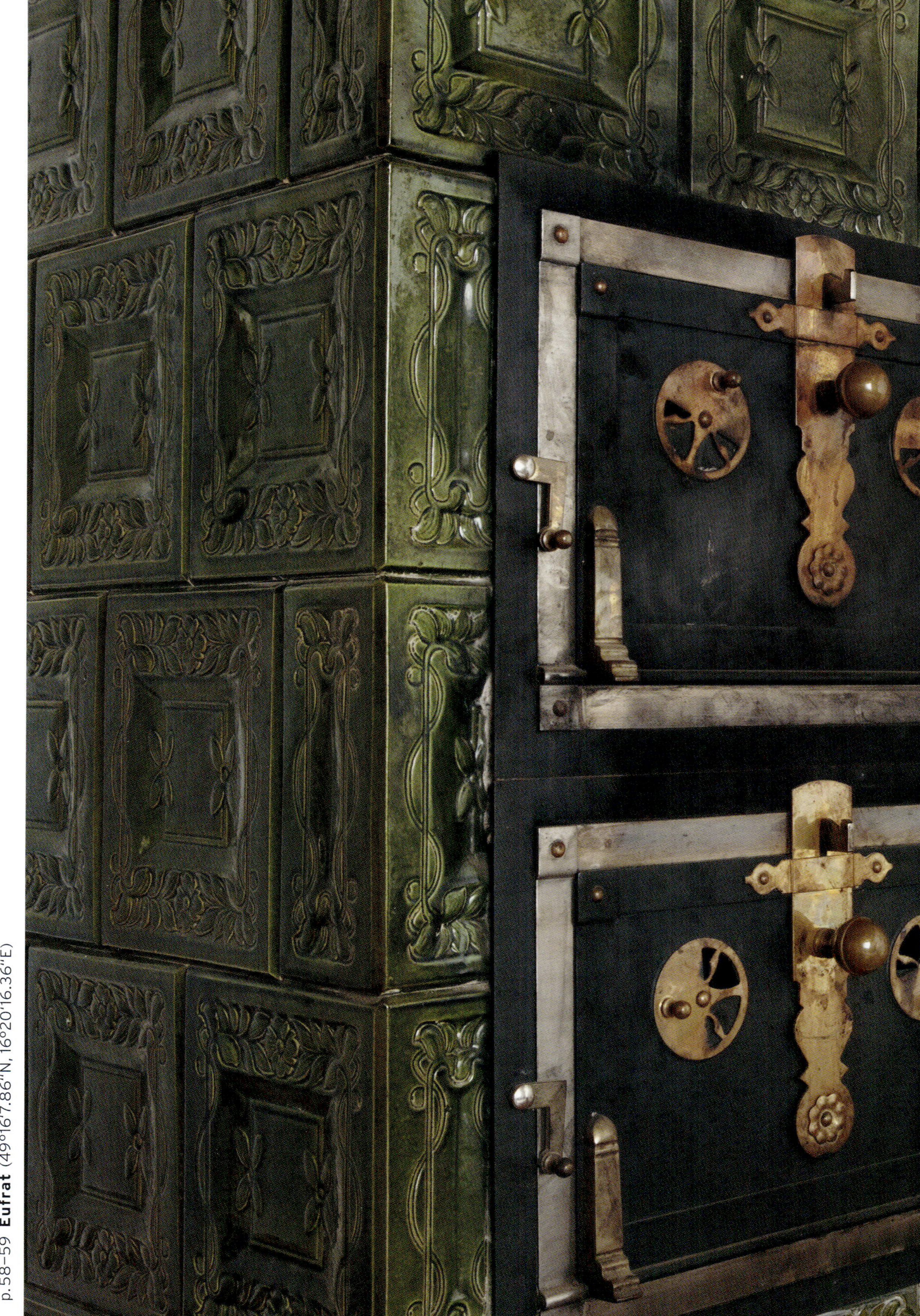

p.58–59 **Eufrat** (49°16′7.86″N, 16°20′16.36″E)

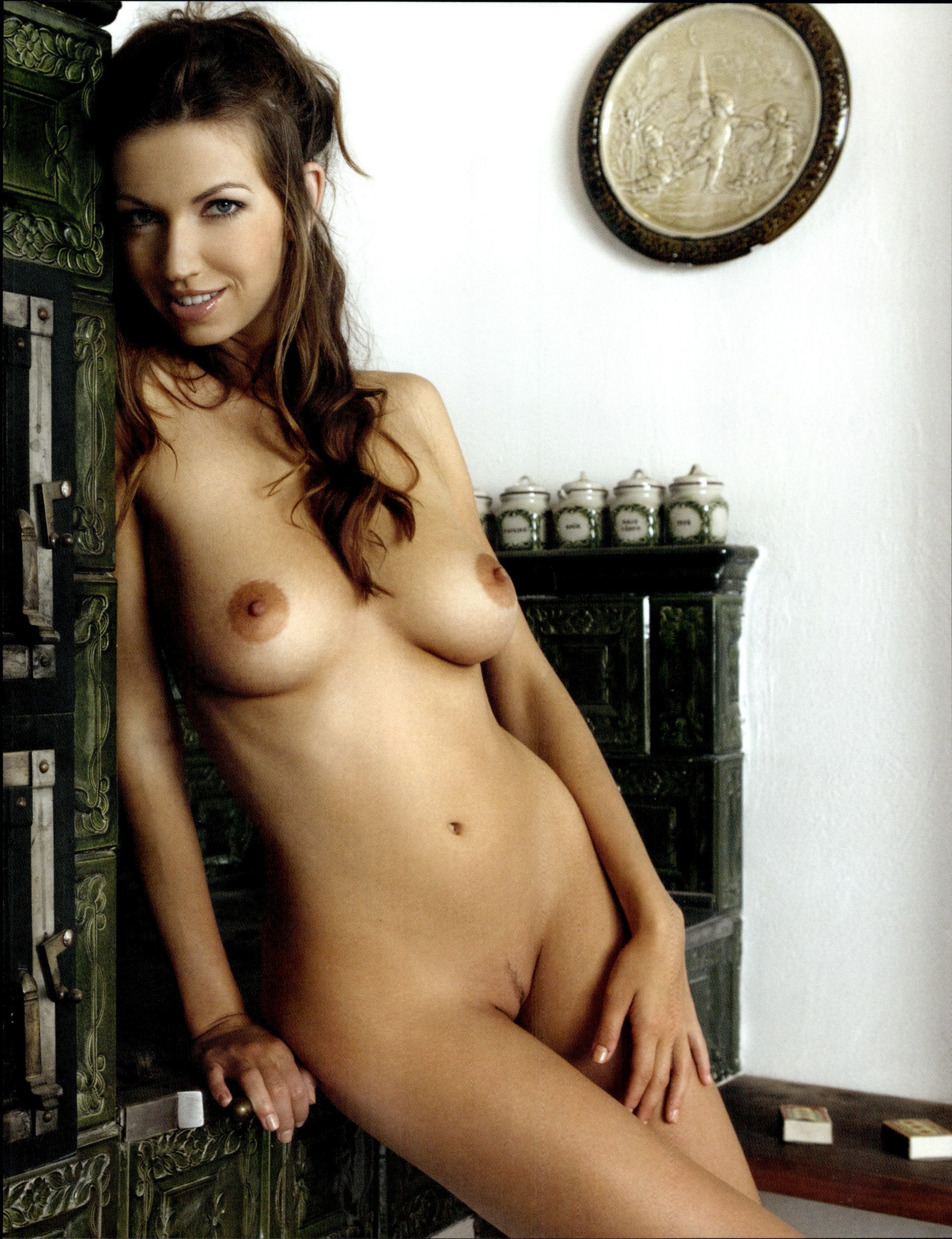

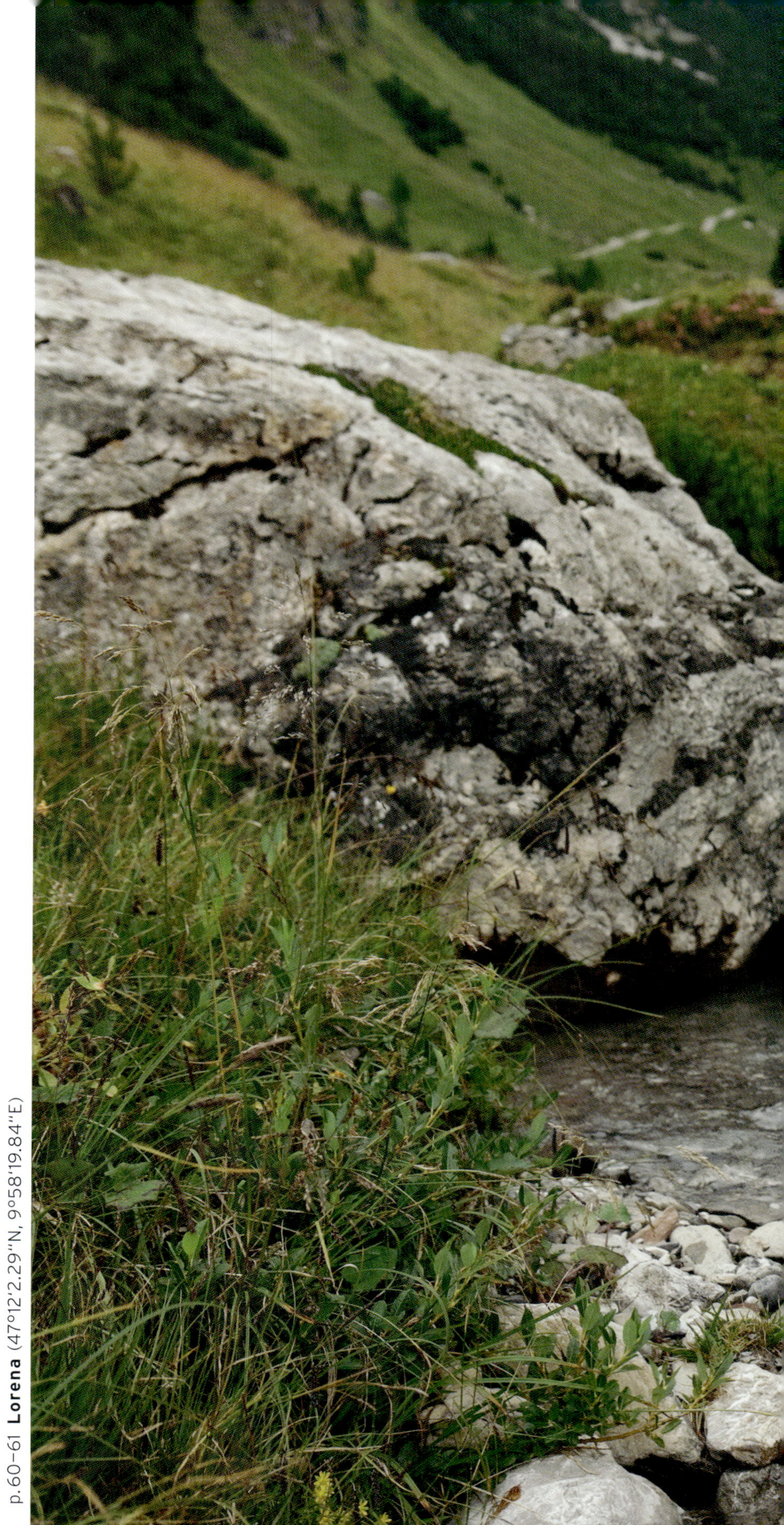

p.60–61 **Lorena** (47°12'2.29"N, 9°58'19.84"E)

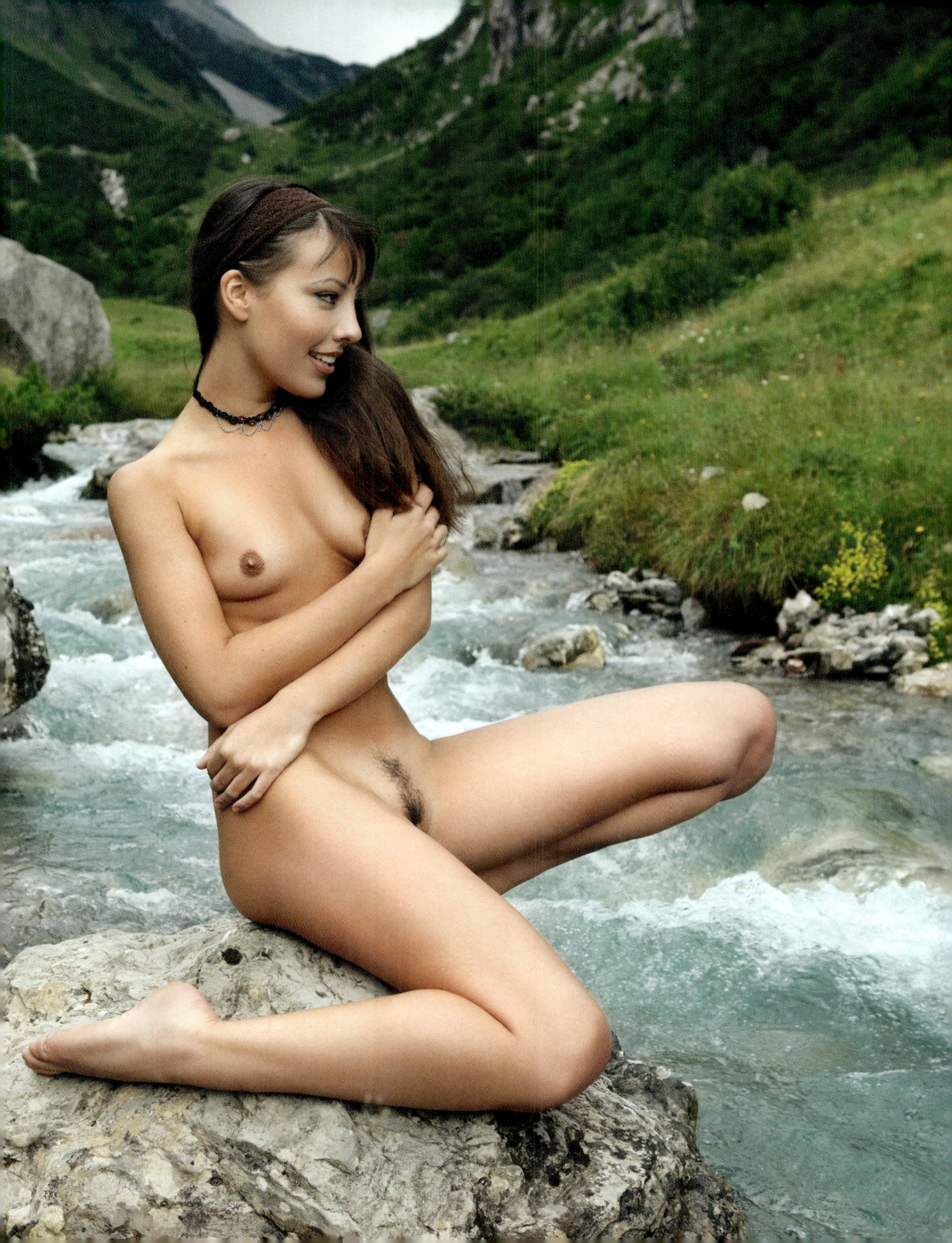

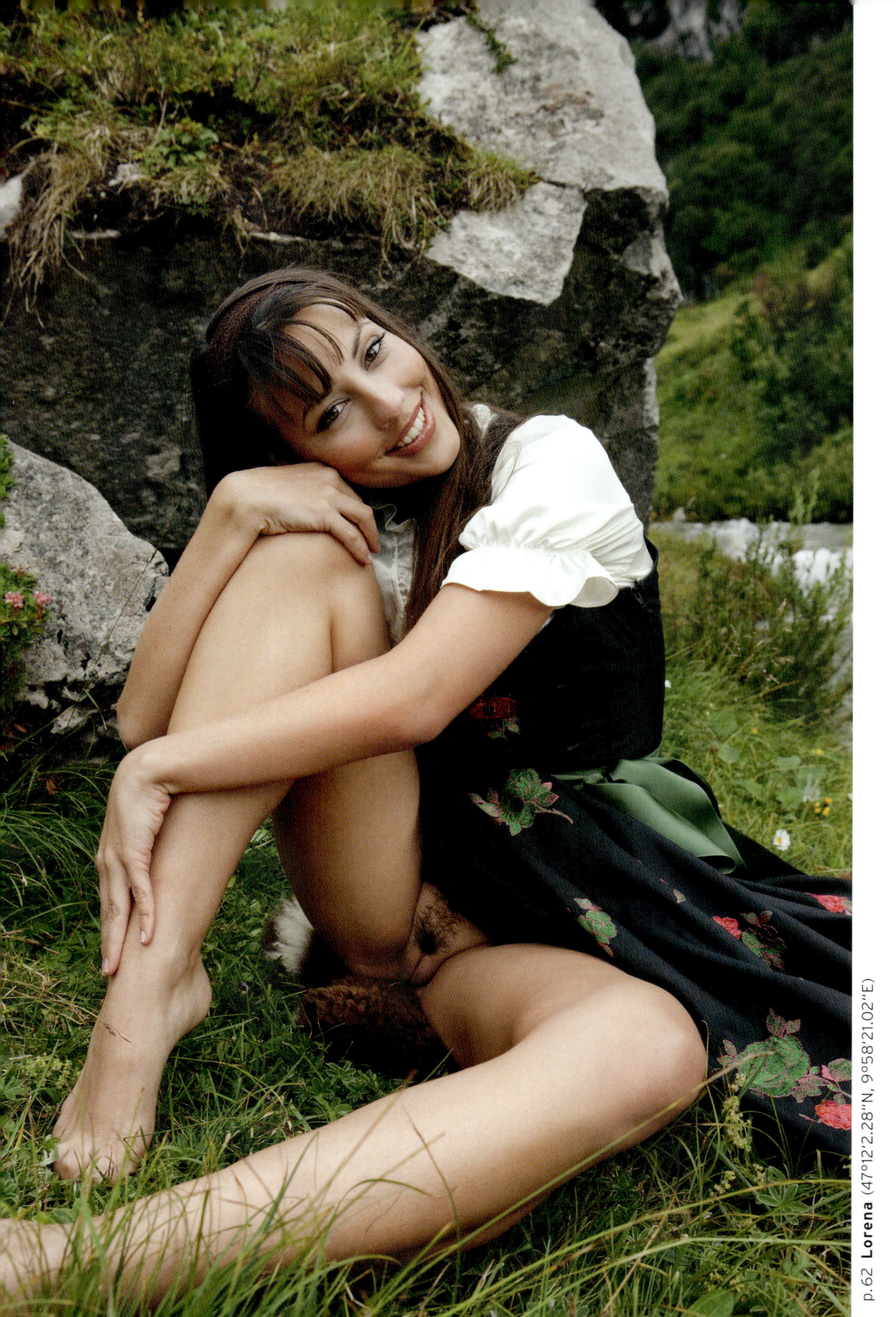

p.62 **Lorena** (47°12'2.28"N, 9°58'21.02"E)

p.63 **Lorena, Belinda** (47°12'8.45"N, 9°58'7.90"E)

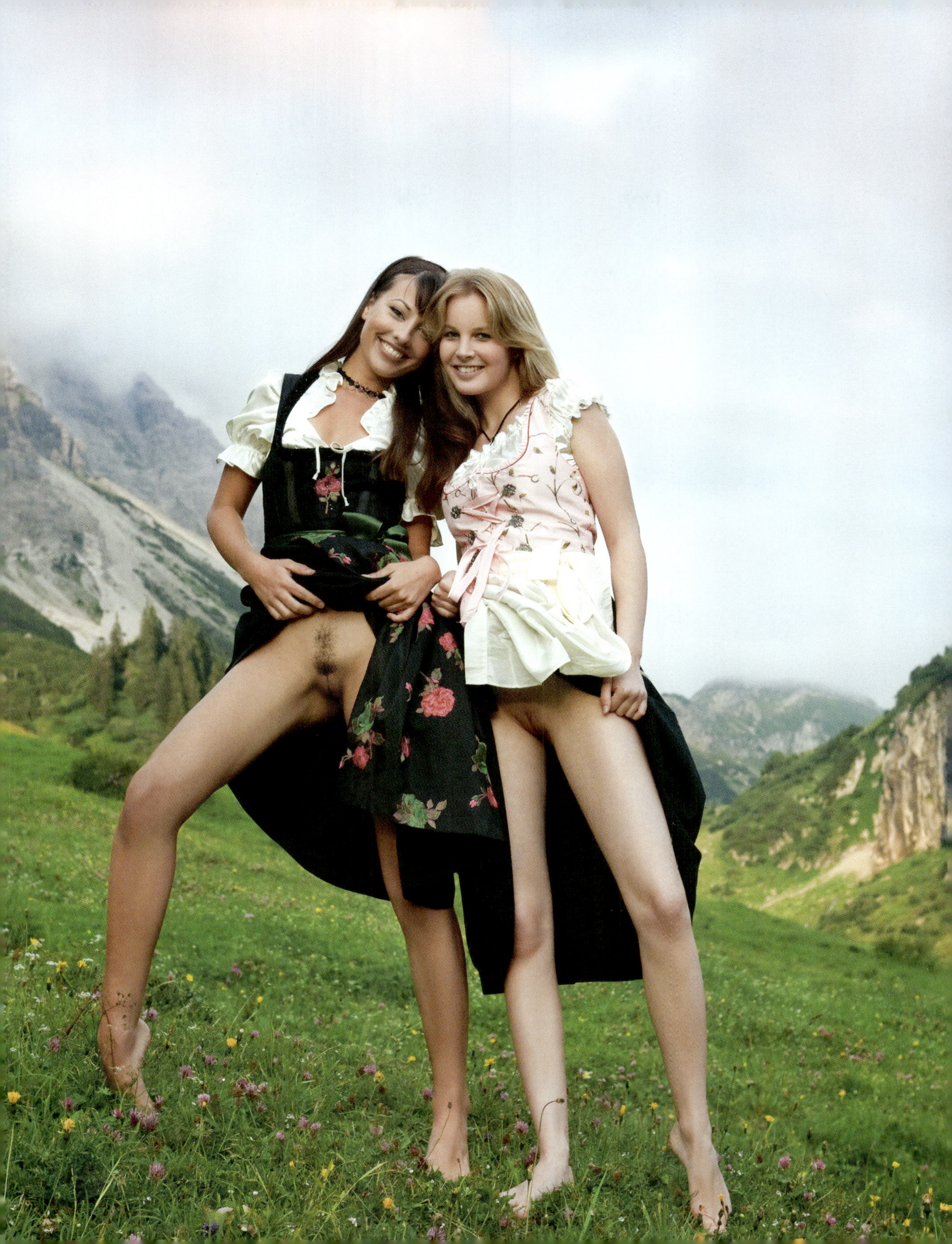

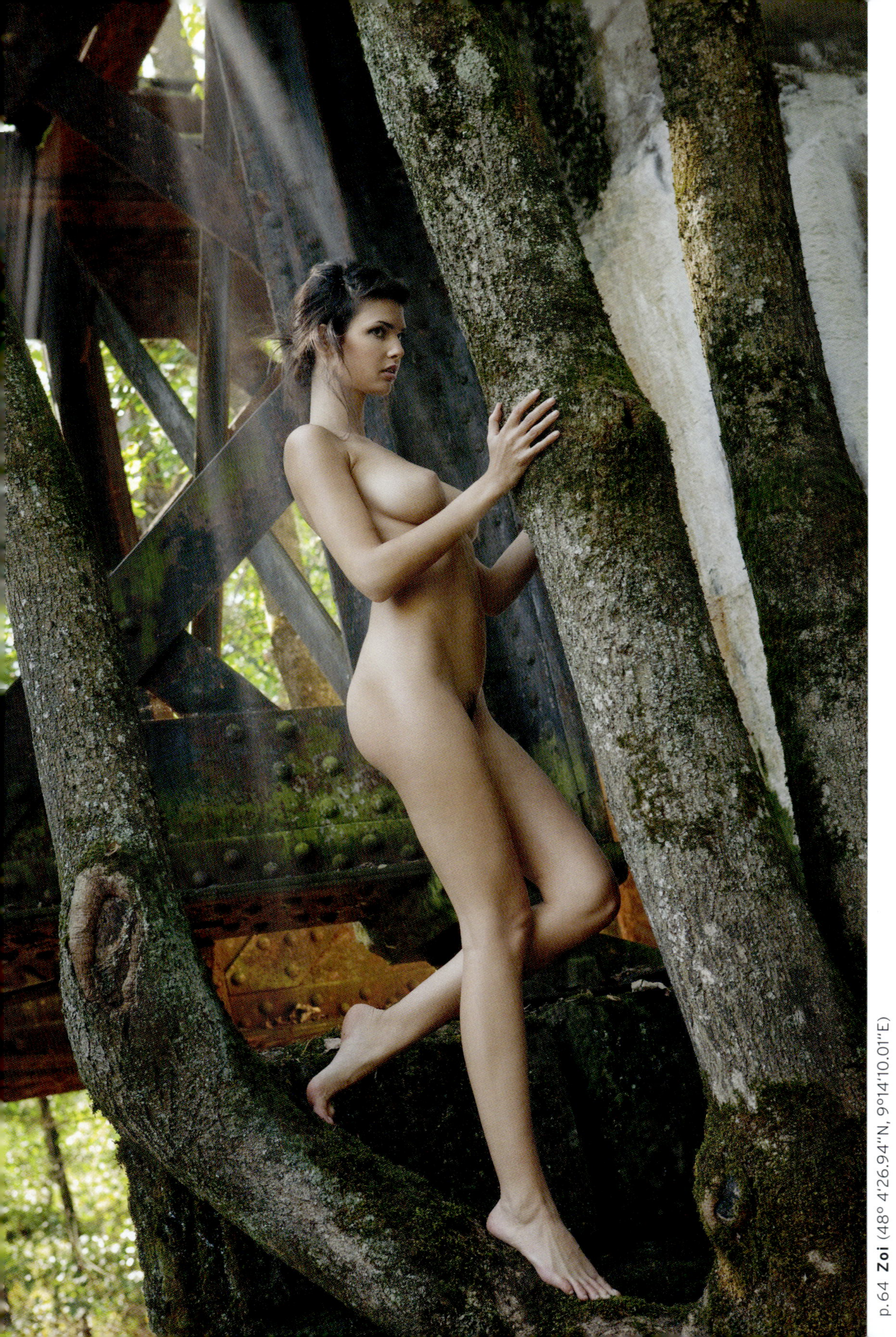

p. 64 **Zoi** (48° 4'26.94"N, 9°14'10.01"E)

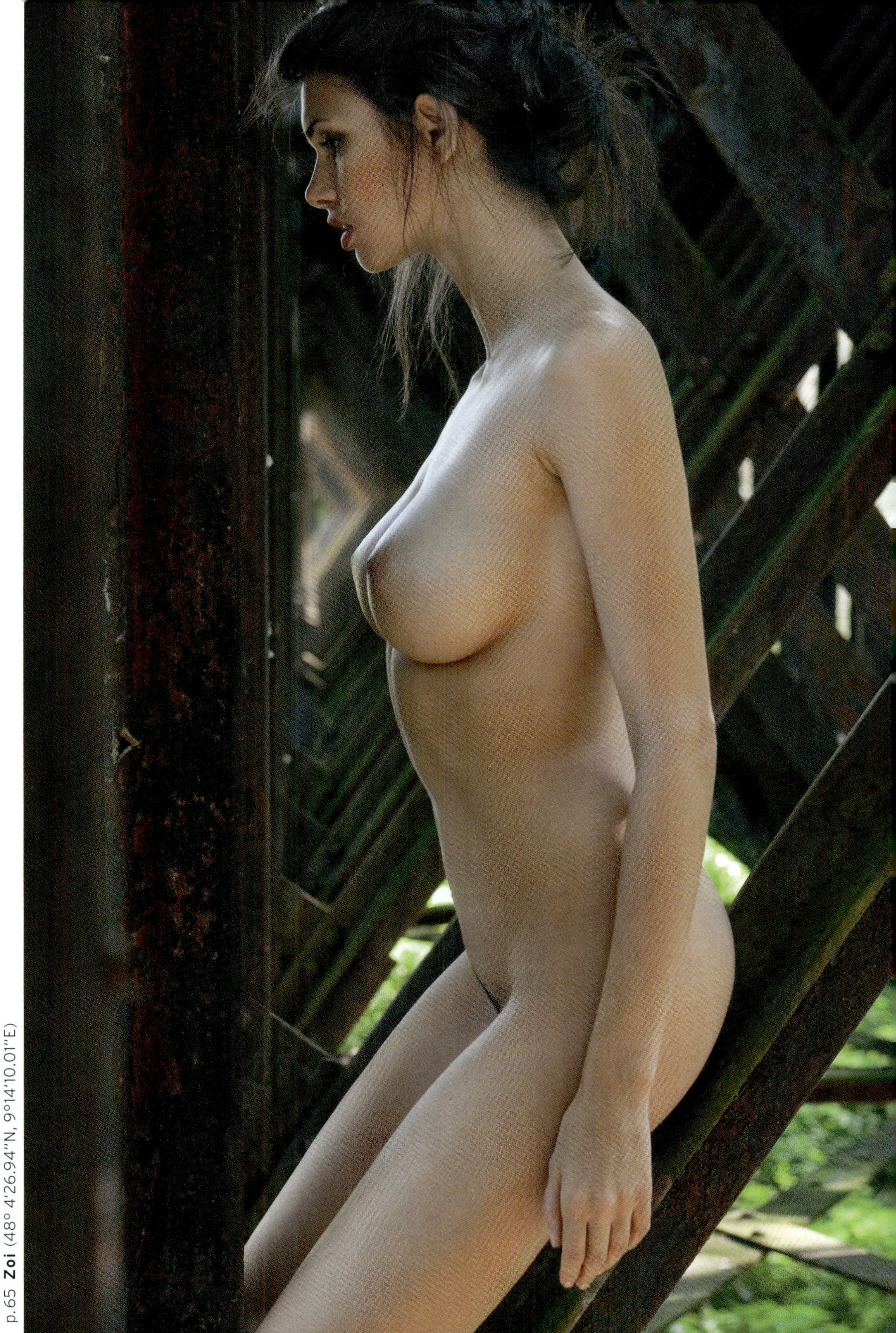

p. 65 **Zoi** (48° 4'26.94''N, 9°14'10.01''E)

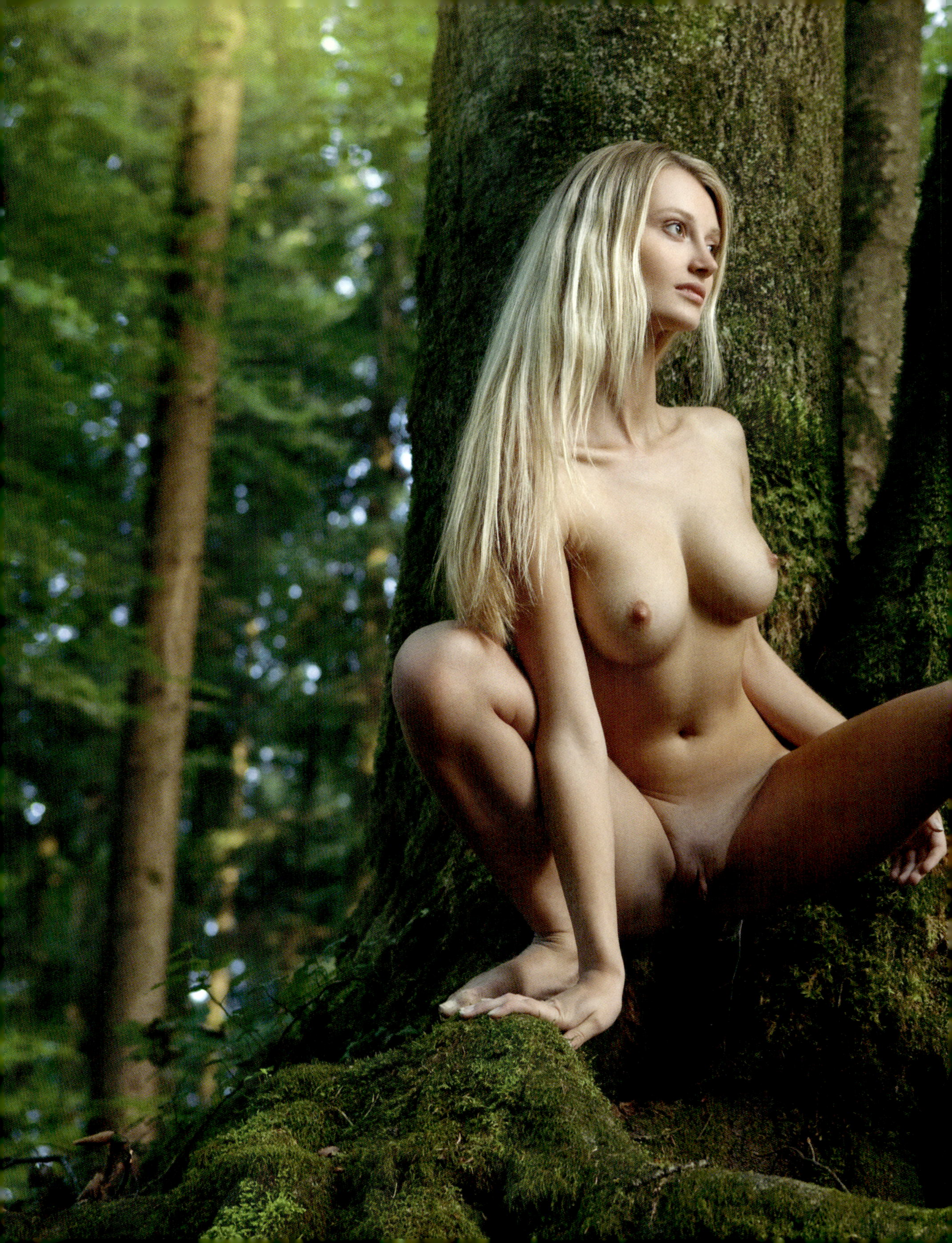

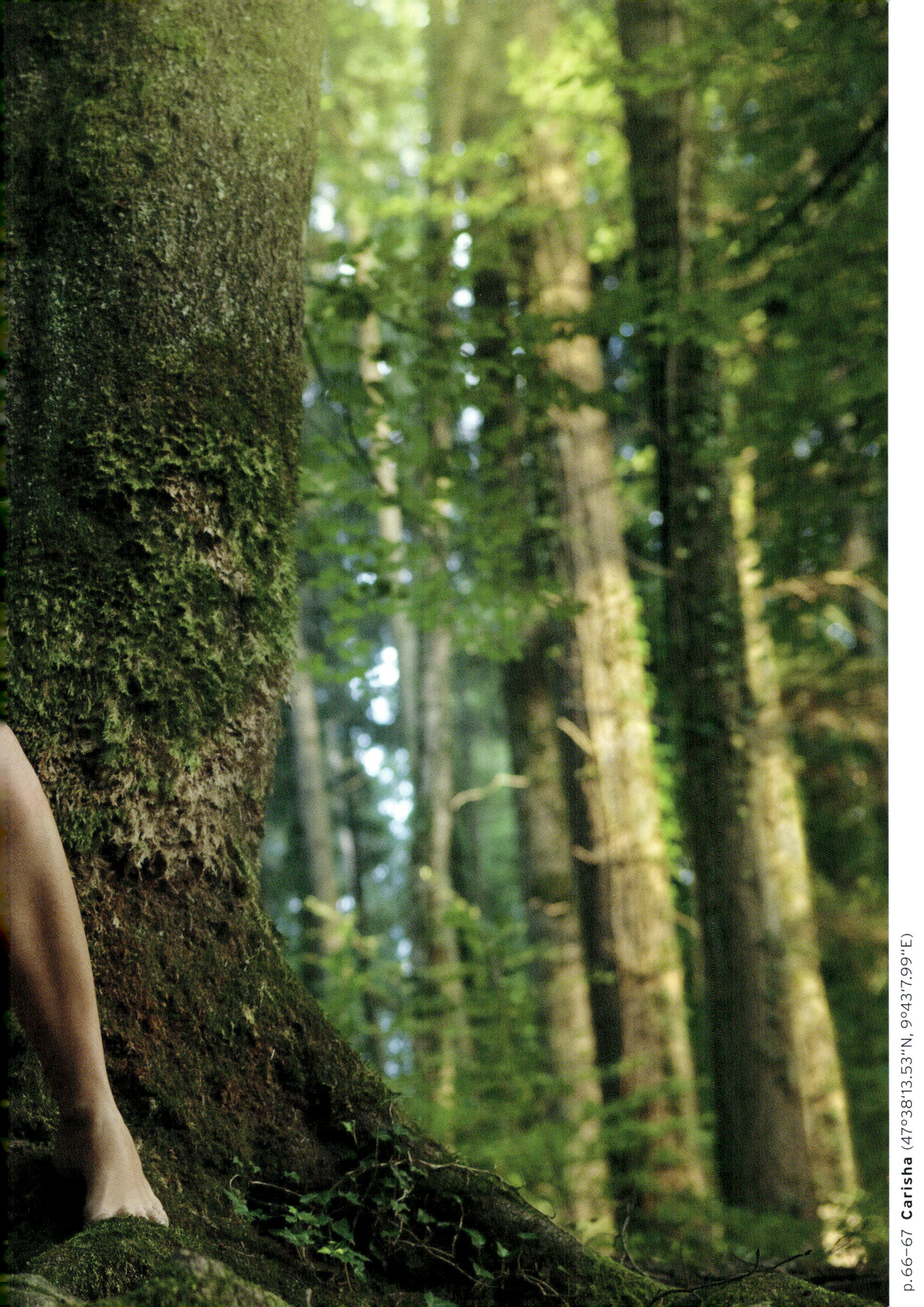

p. 66–67 **Carisha** (47°38′13.53″N, 9°43′7.99″E)

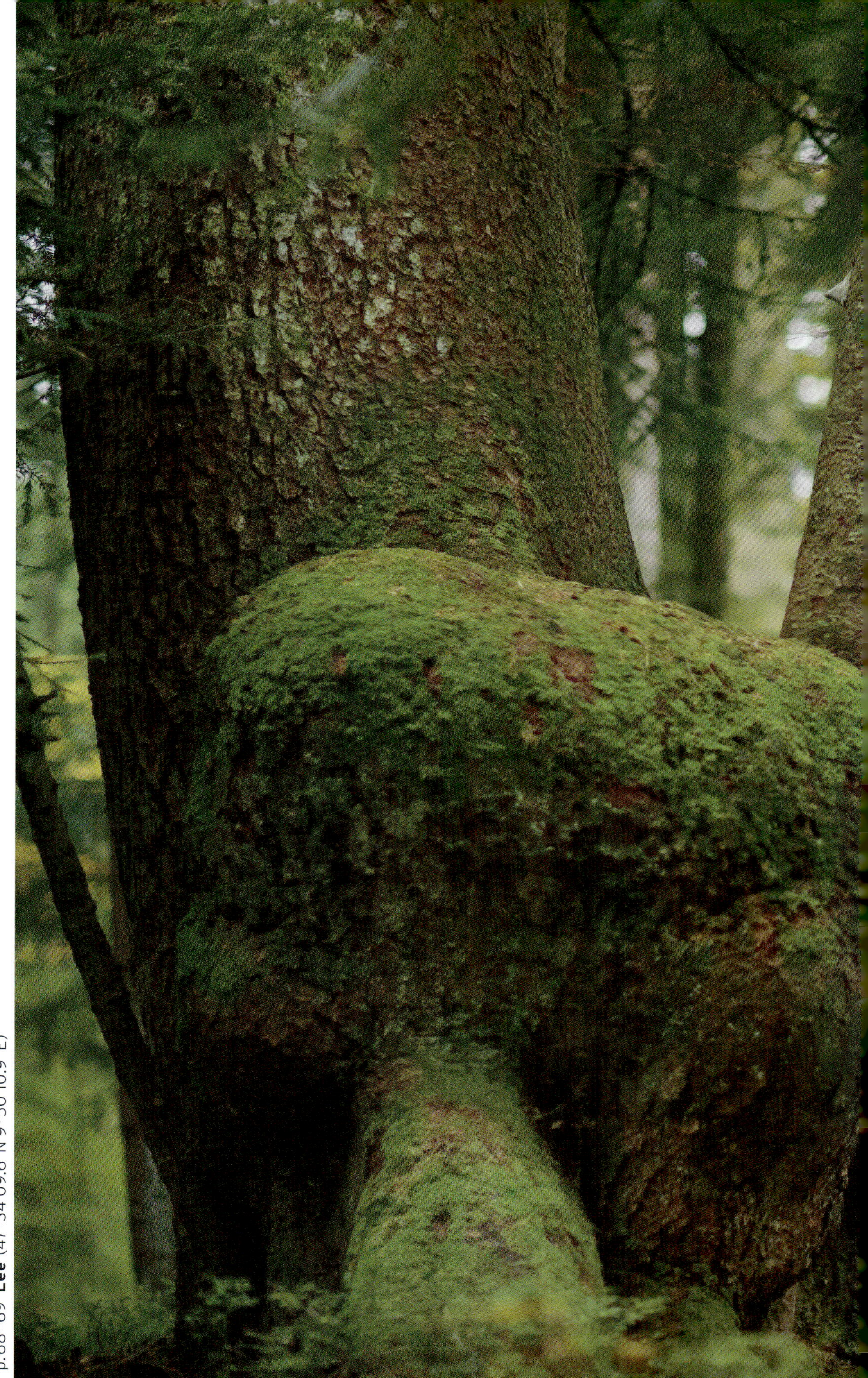

p. 68–69 **Lee** (47°34'09.6"N 9°50'10.9"E)

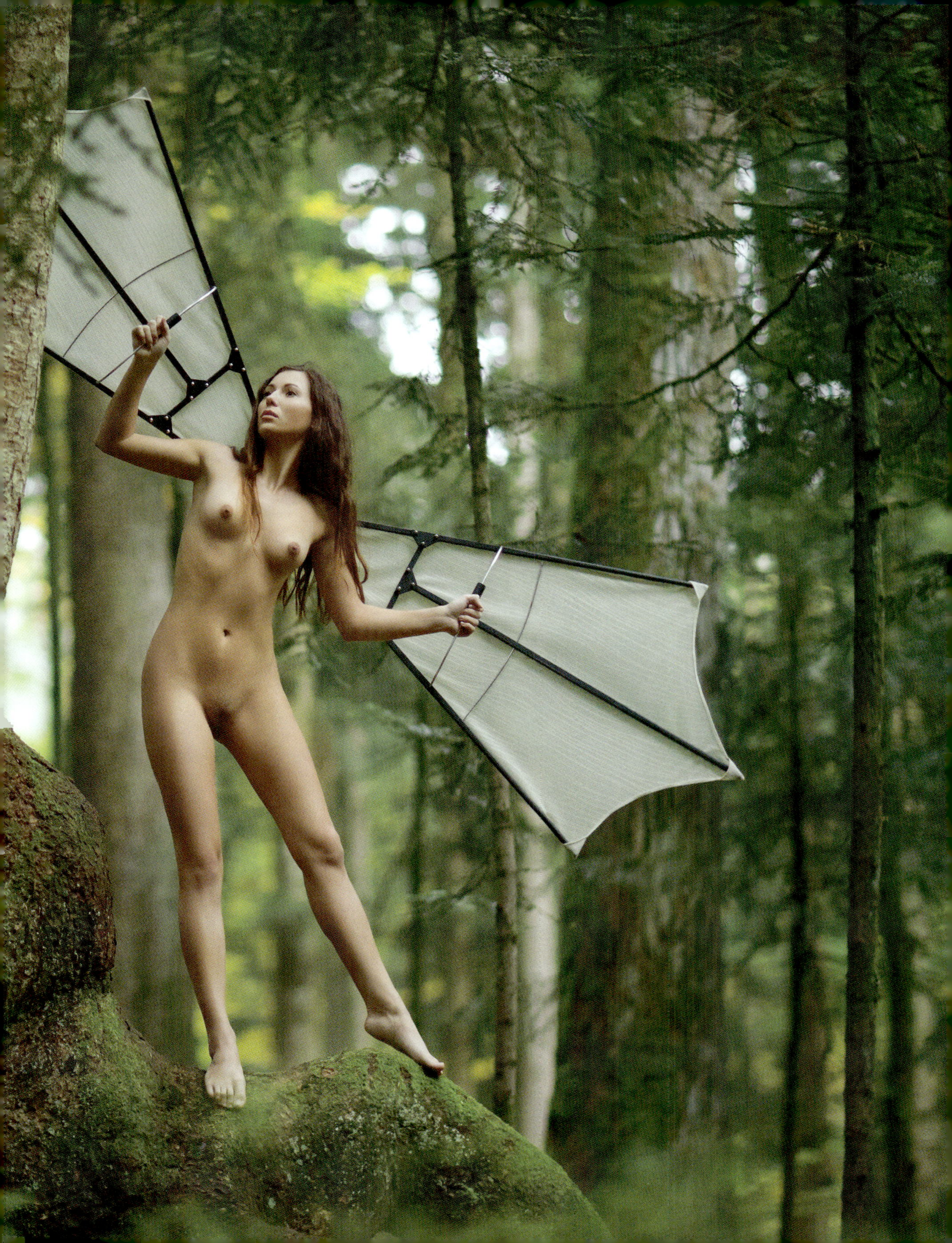

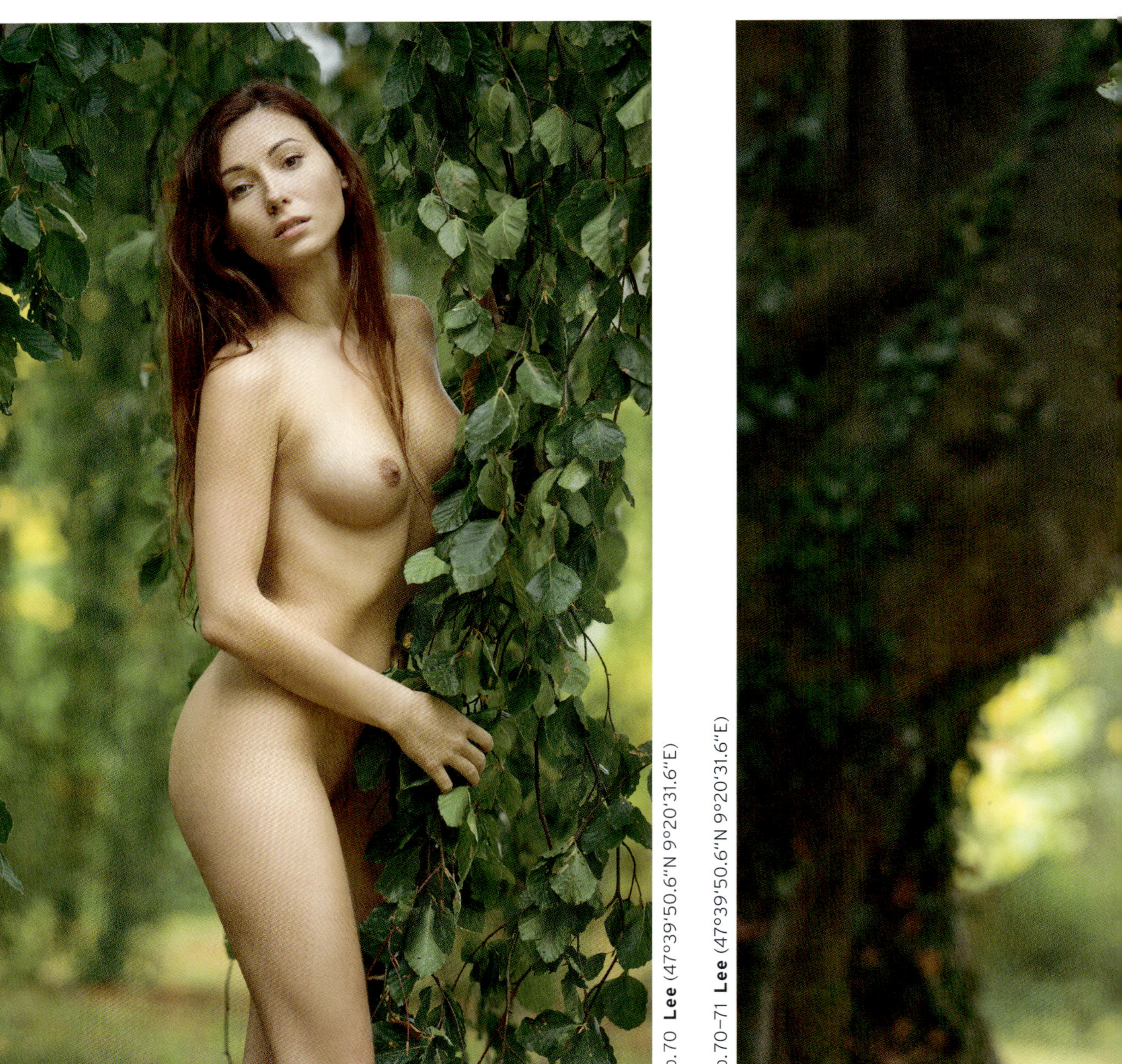

p.70 **Lee** (47°39'50.6"N 9°20'31.6"E)

p.70–71 **Lee** (47°39'50.6"N 9°20'31.6"E)

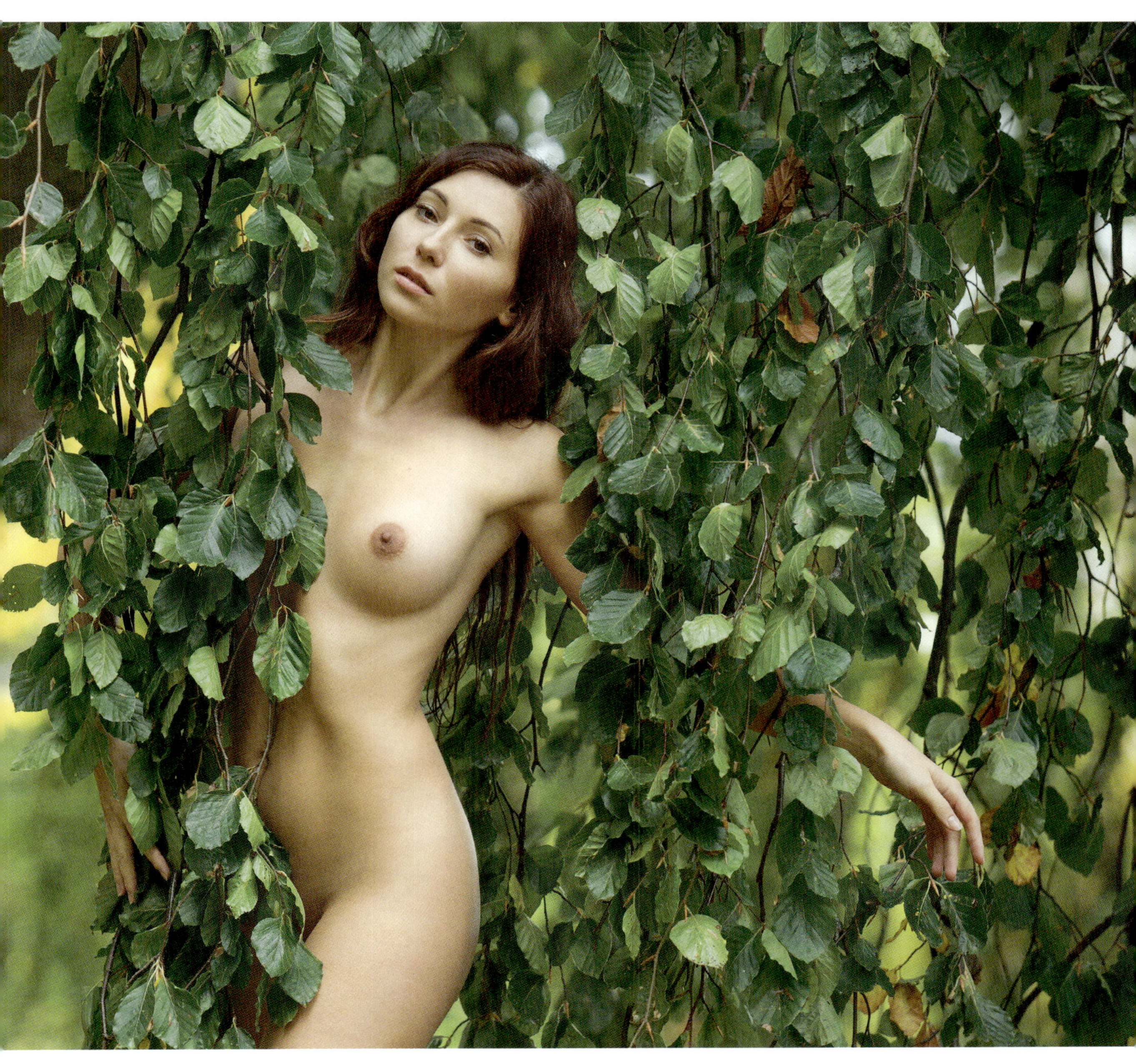

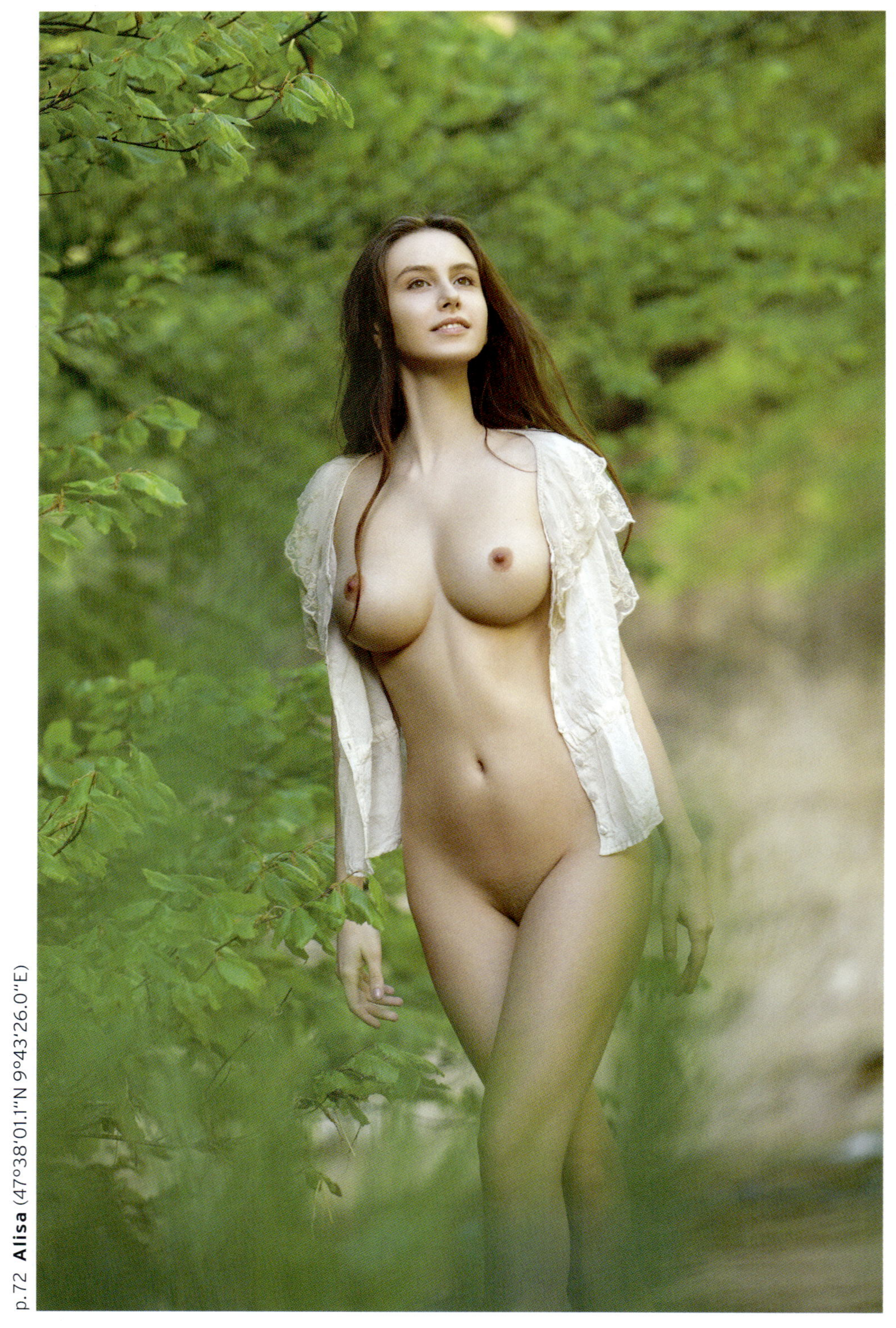

p.72 **Alisa** (47°38'01.1"N 9°43'26.0"E)

p.73 **Mariposa** (47°38'14.5"N 9°43'10.6"E)

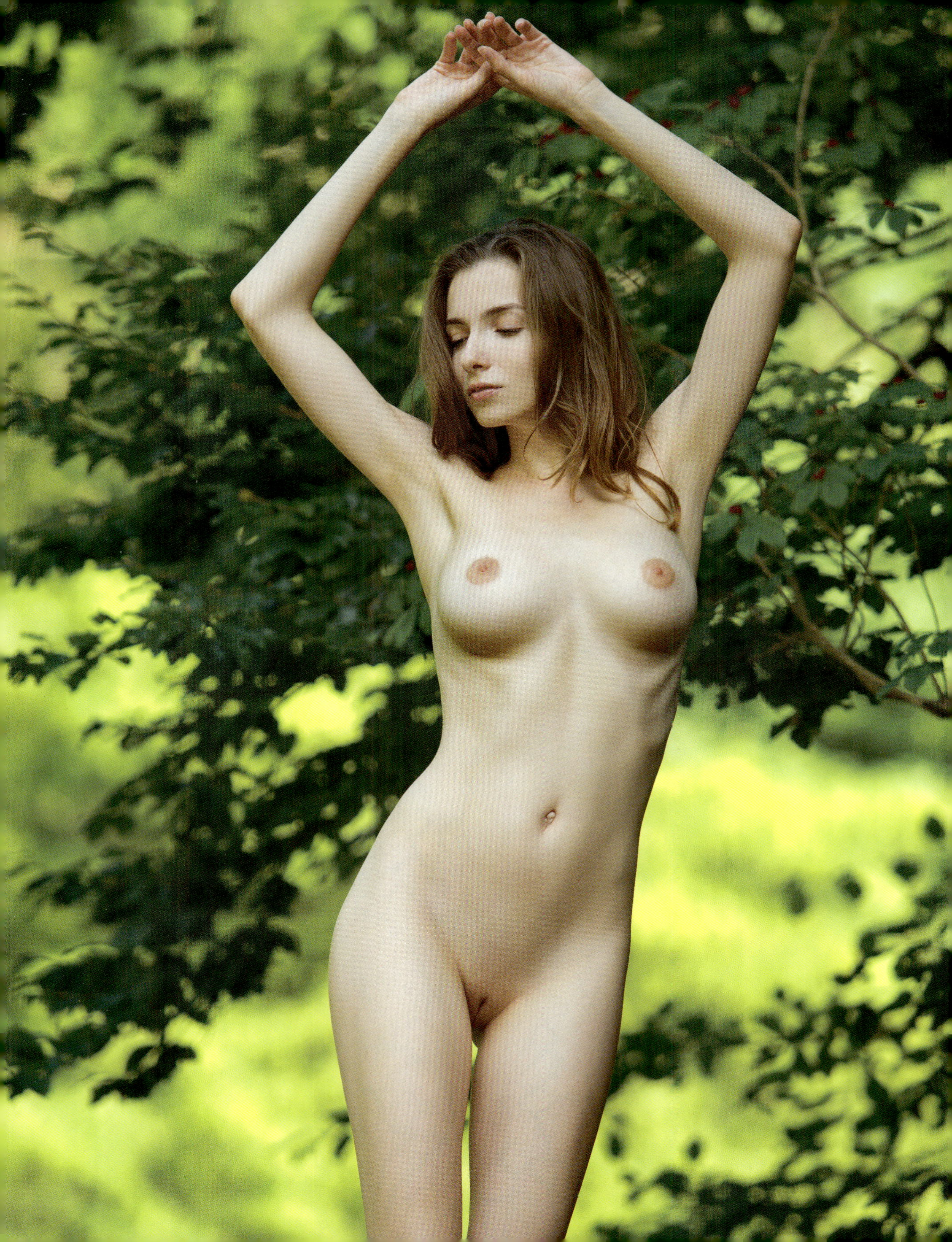

p. 74–75 **Tiana** (47°39'50.26"N, 9°20'31.62"E)

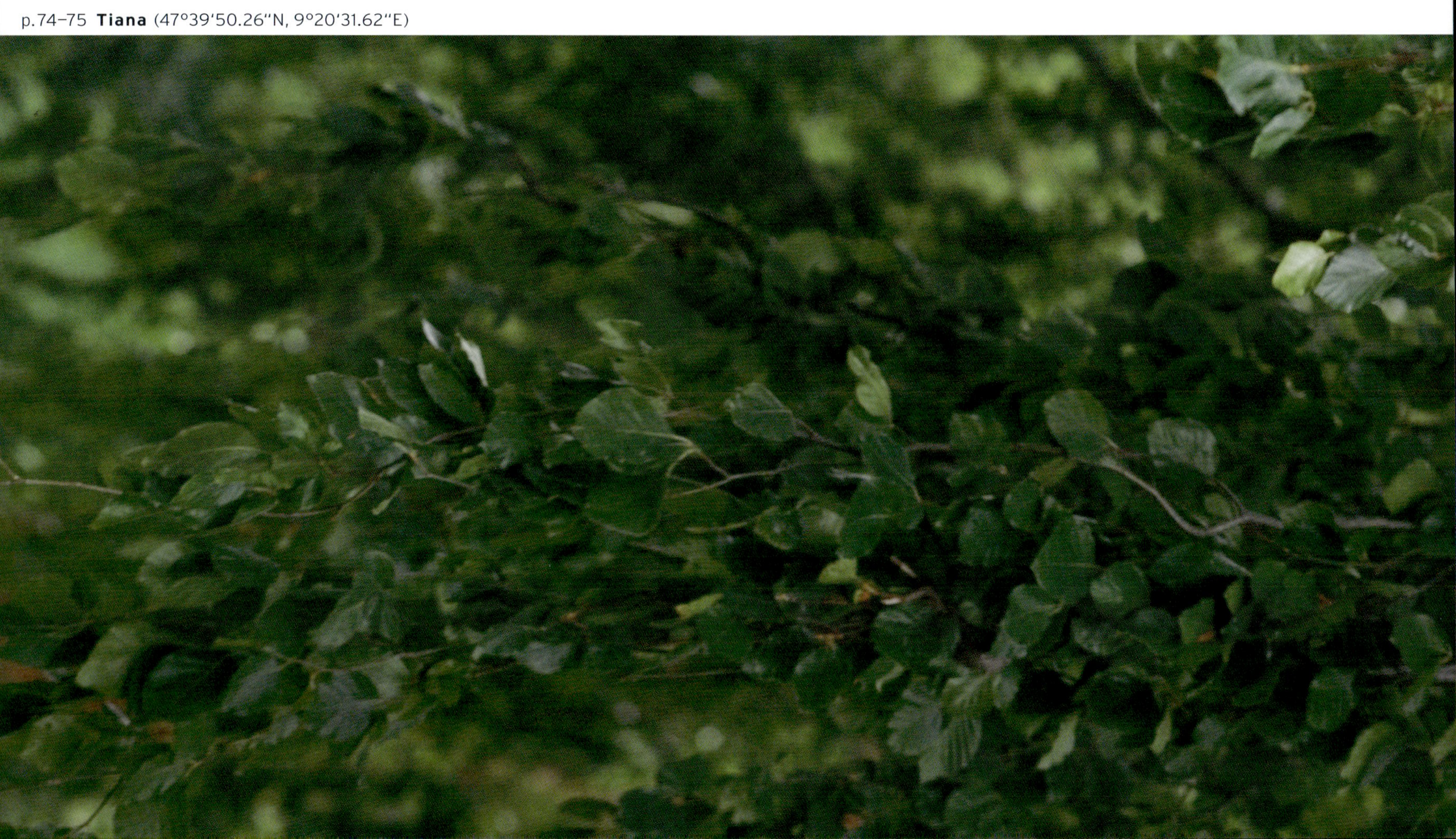

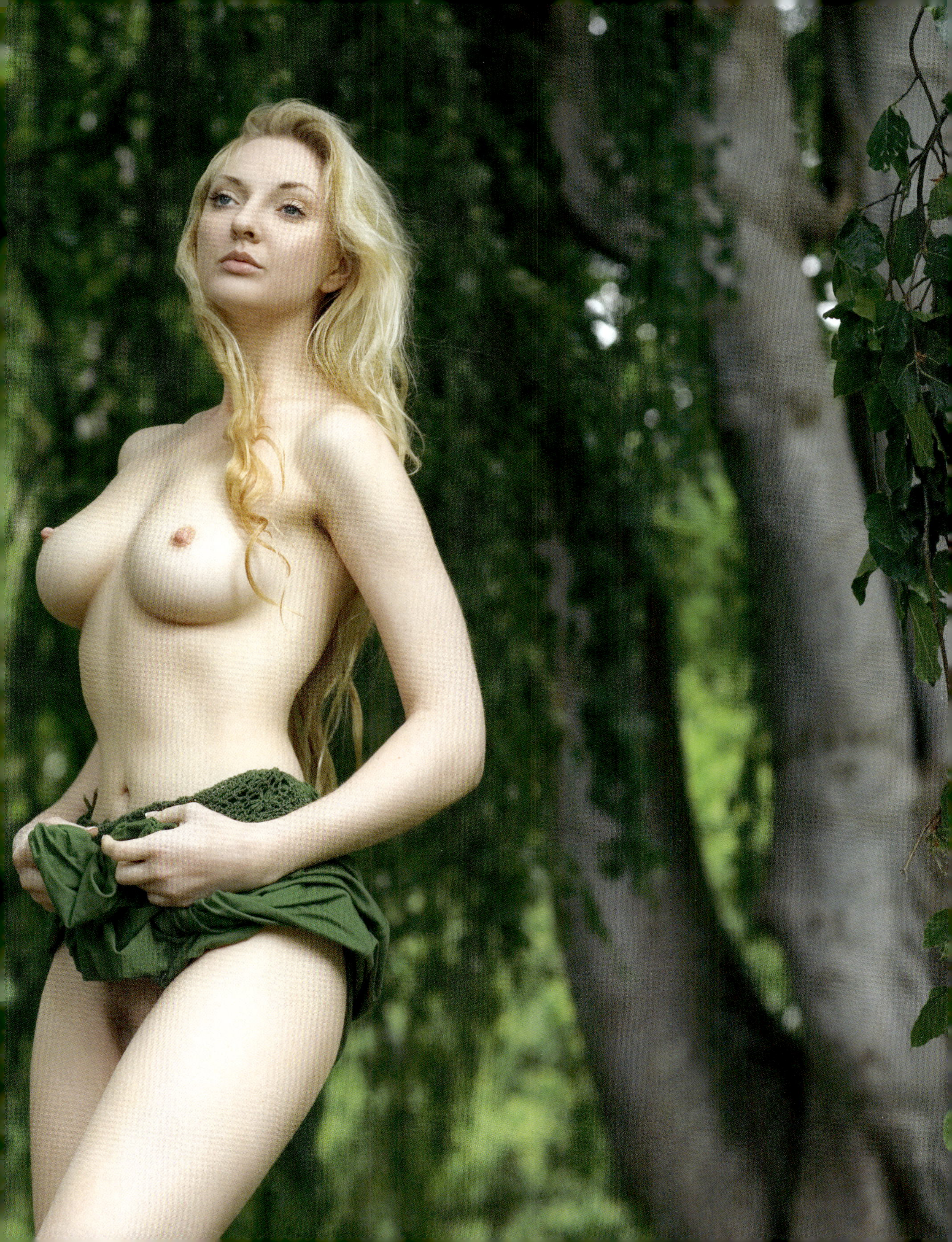

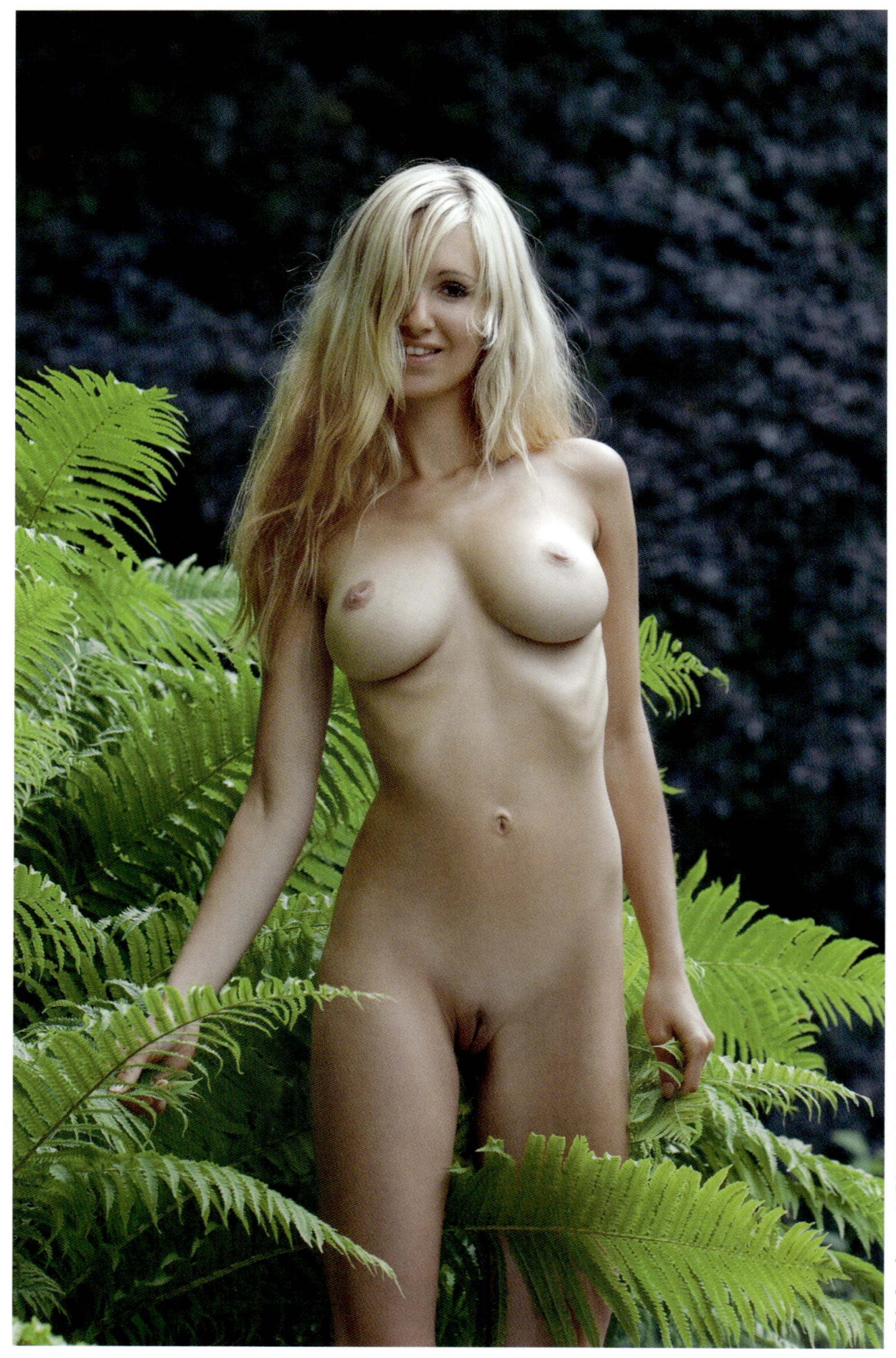

p. 76 **Corinna** (47°47'36.75"N, 9° 2'41.36"E)

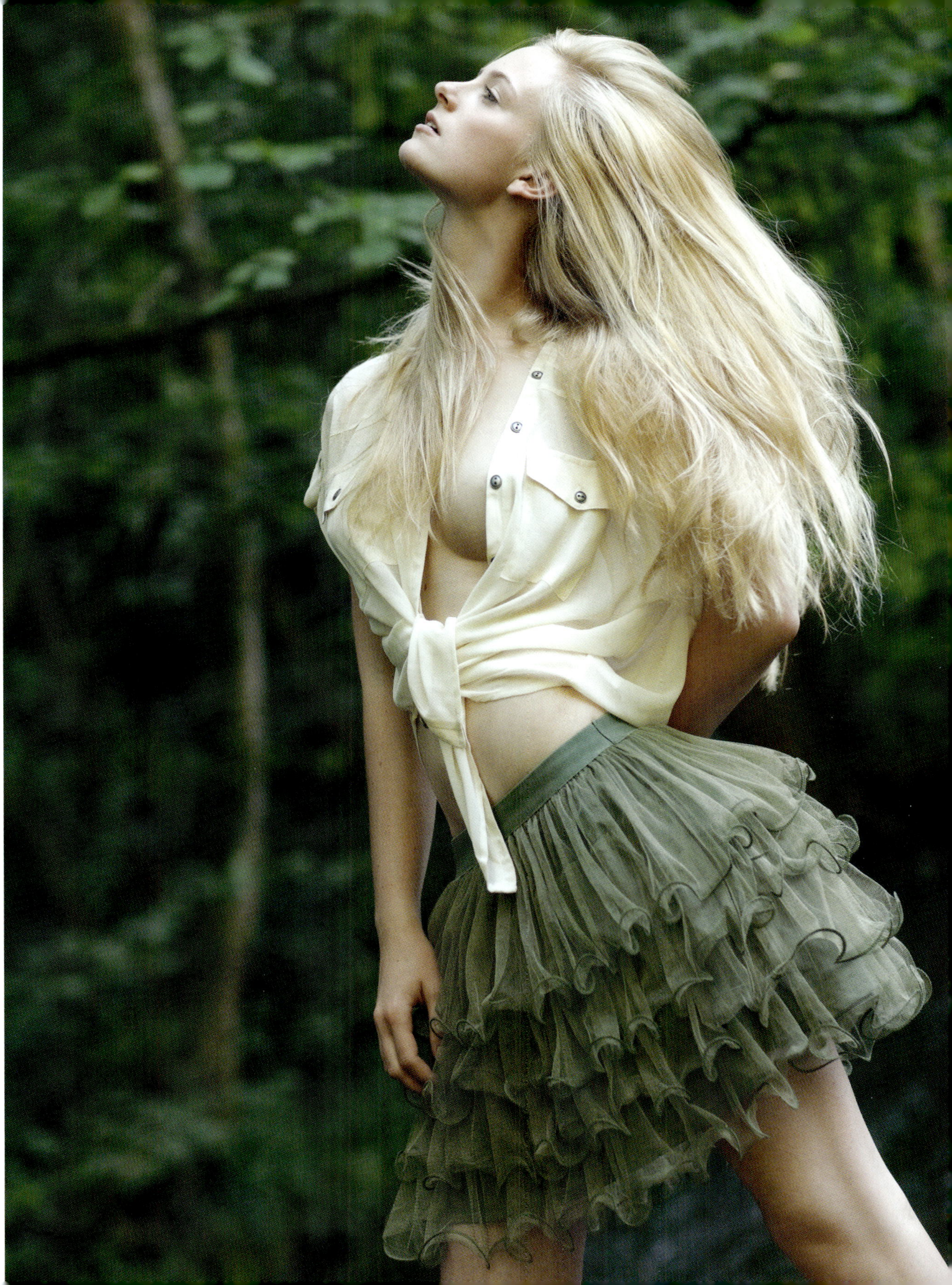

p.77 **Lauren** (47°48'54.93"N, 9°13'39.57"E)

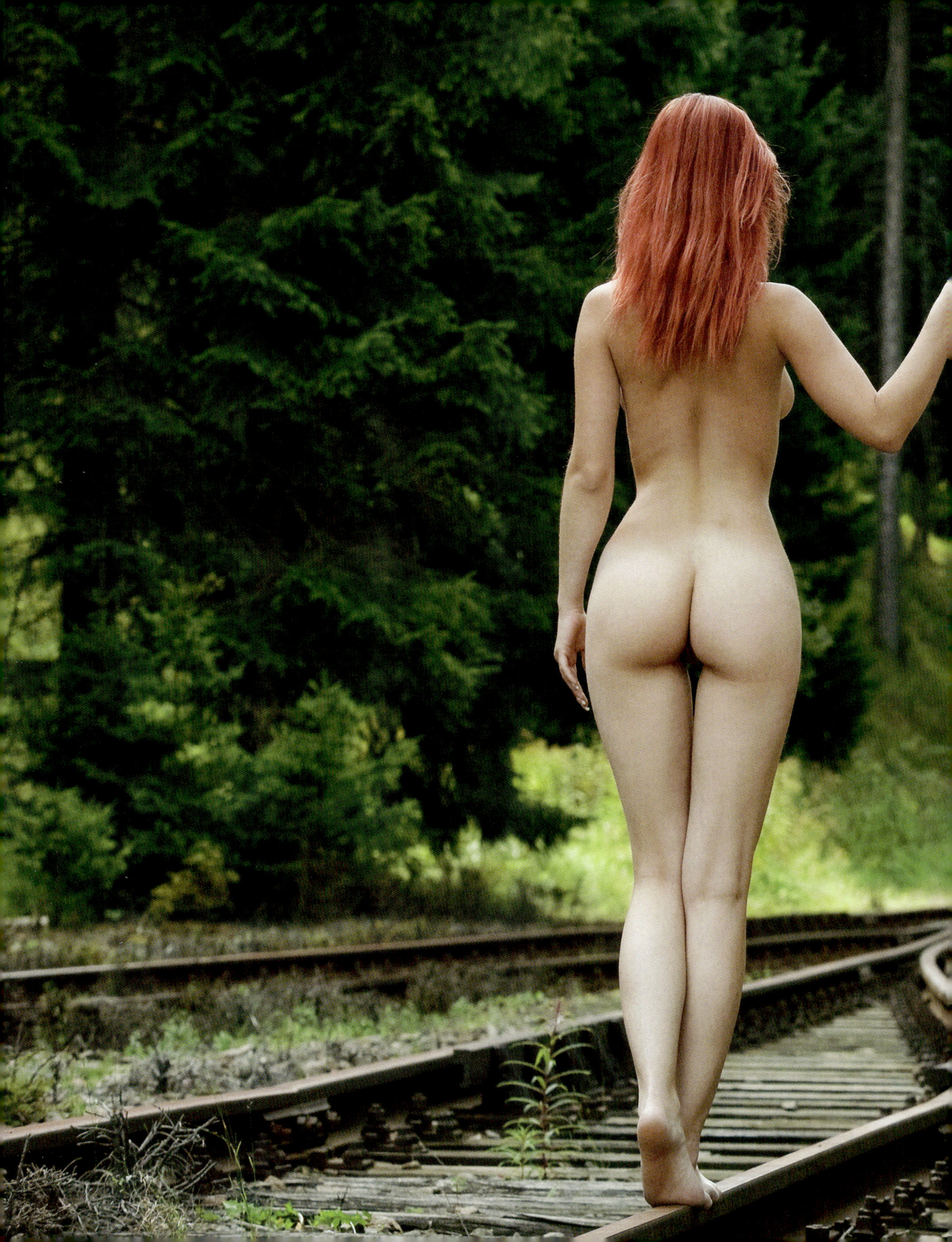

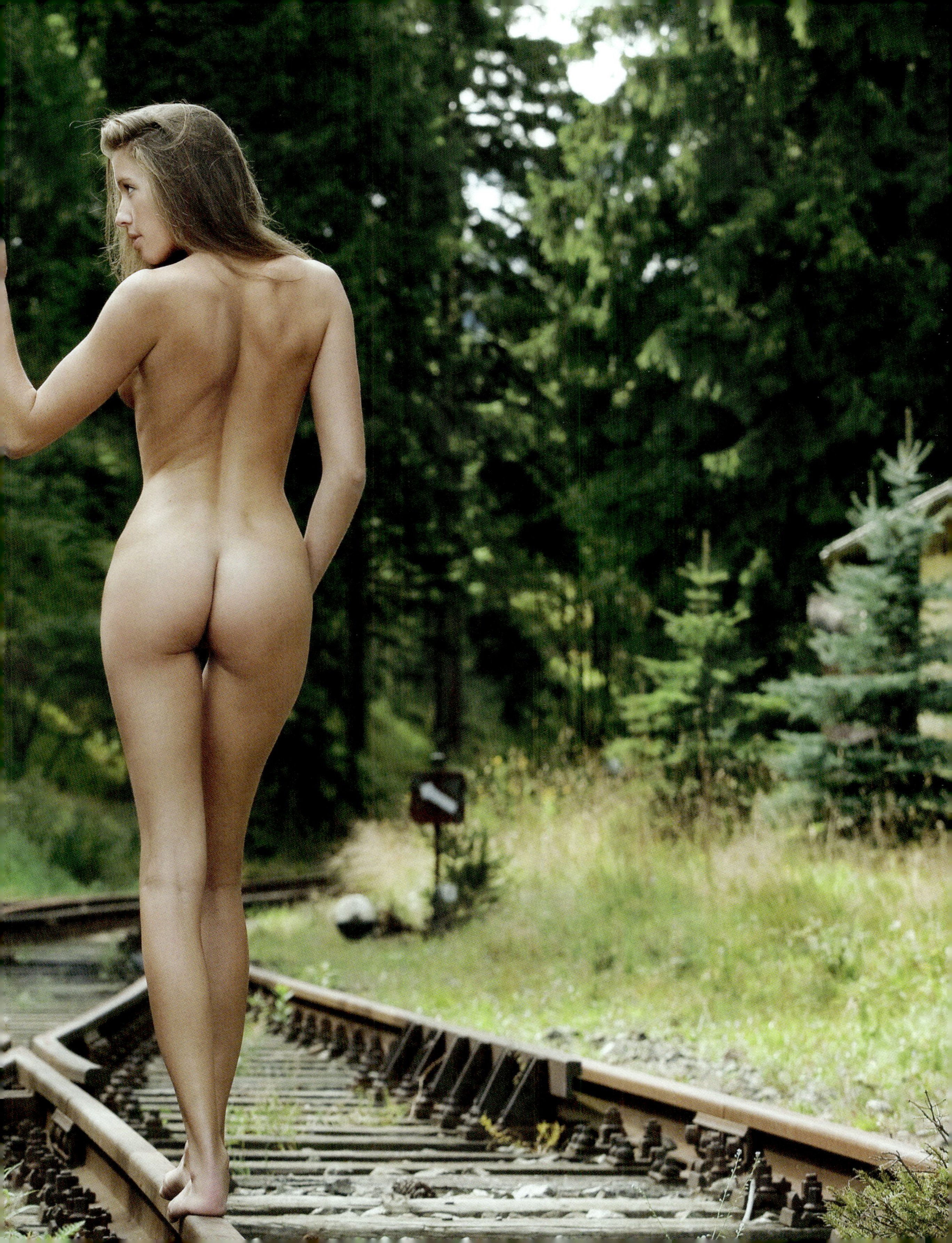

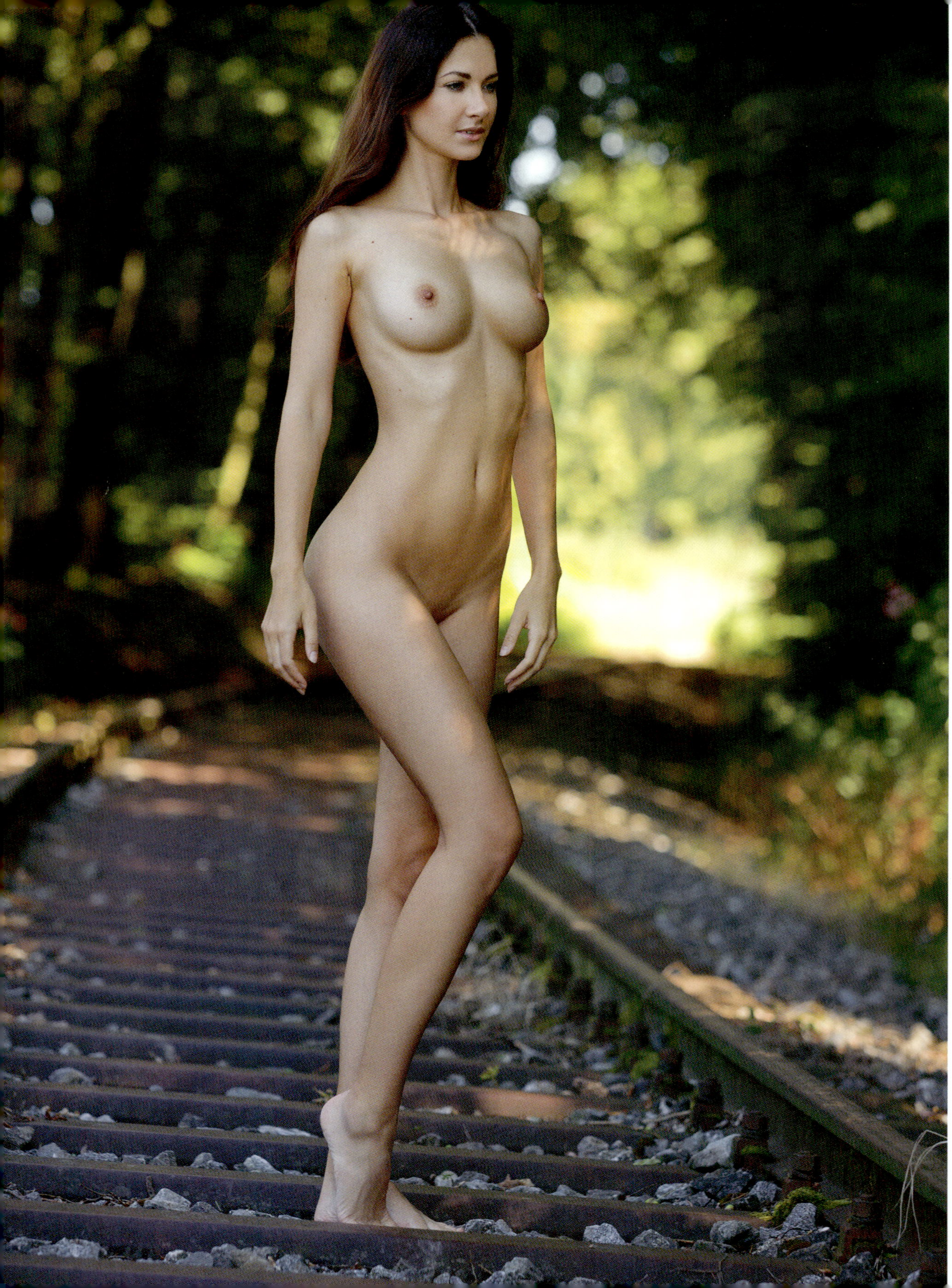

p. 78–79 **Ariel, Eliska** (50°25'46.79"N, 13°1'55.01"E)

p. 80 **Lauren** (47°40'37.1"N 9°24'25.0"E)

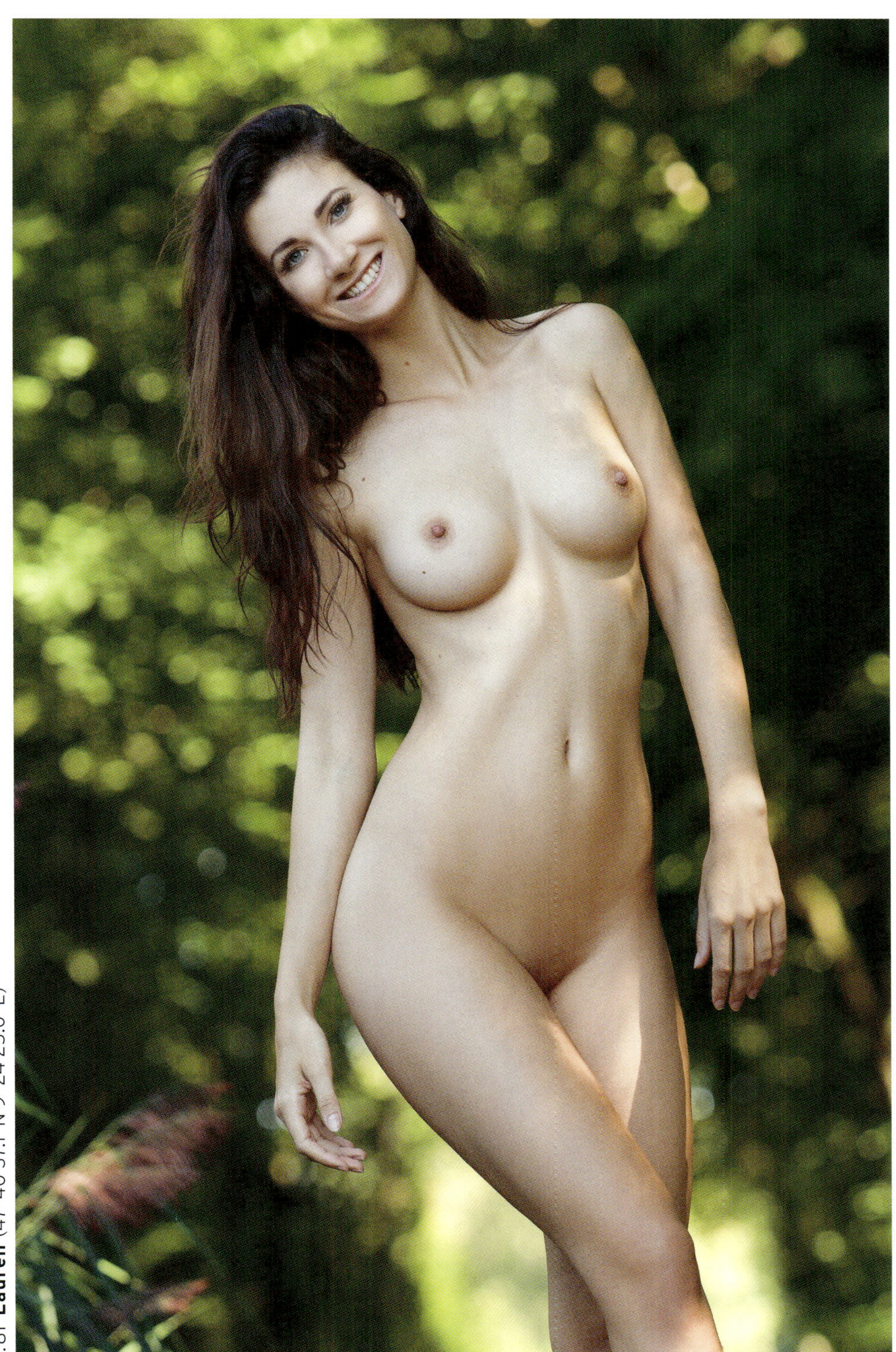

p.81 **Lauren** (47°40'37.1"N 9°24'25.0"E)

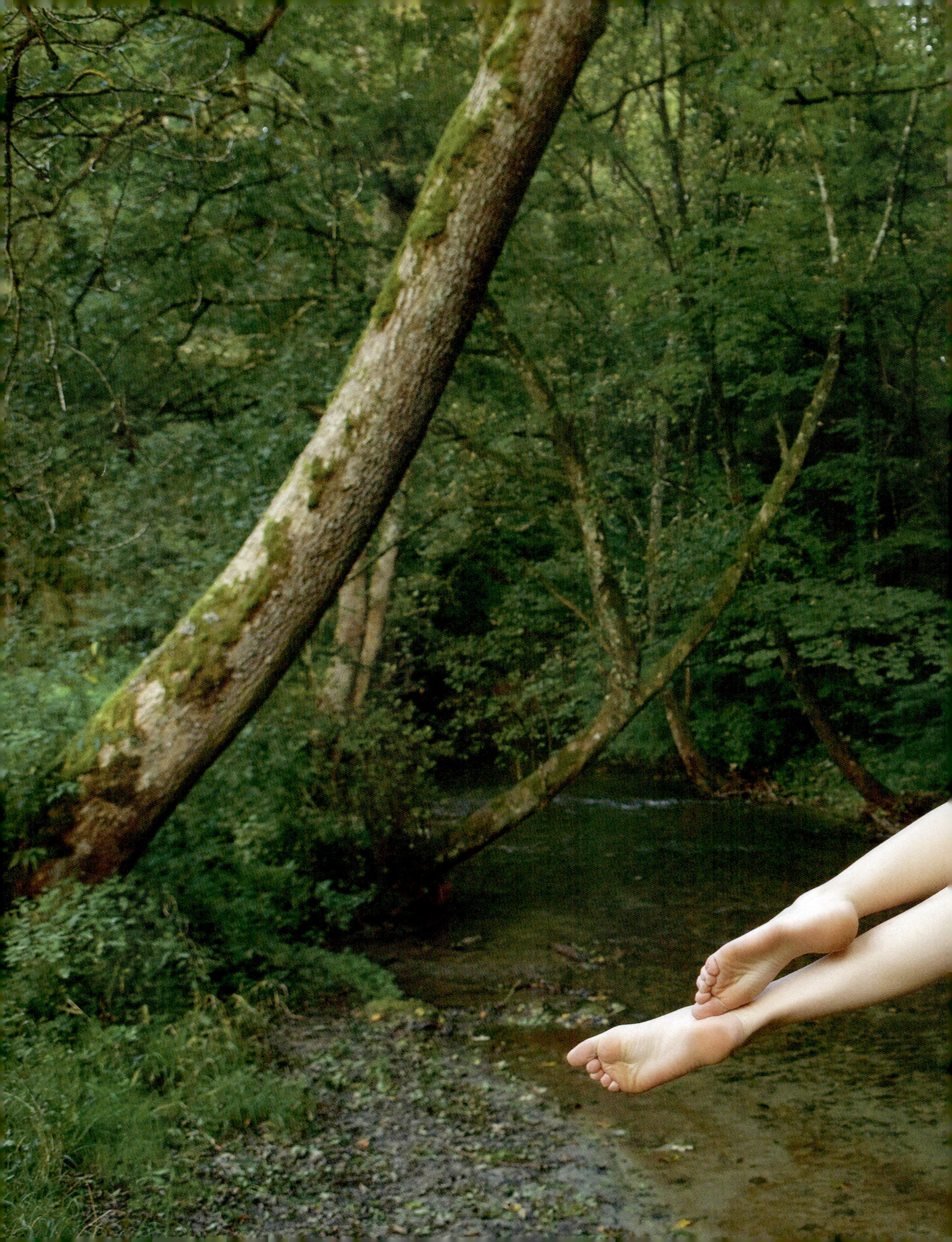

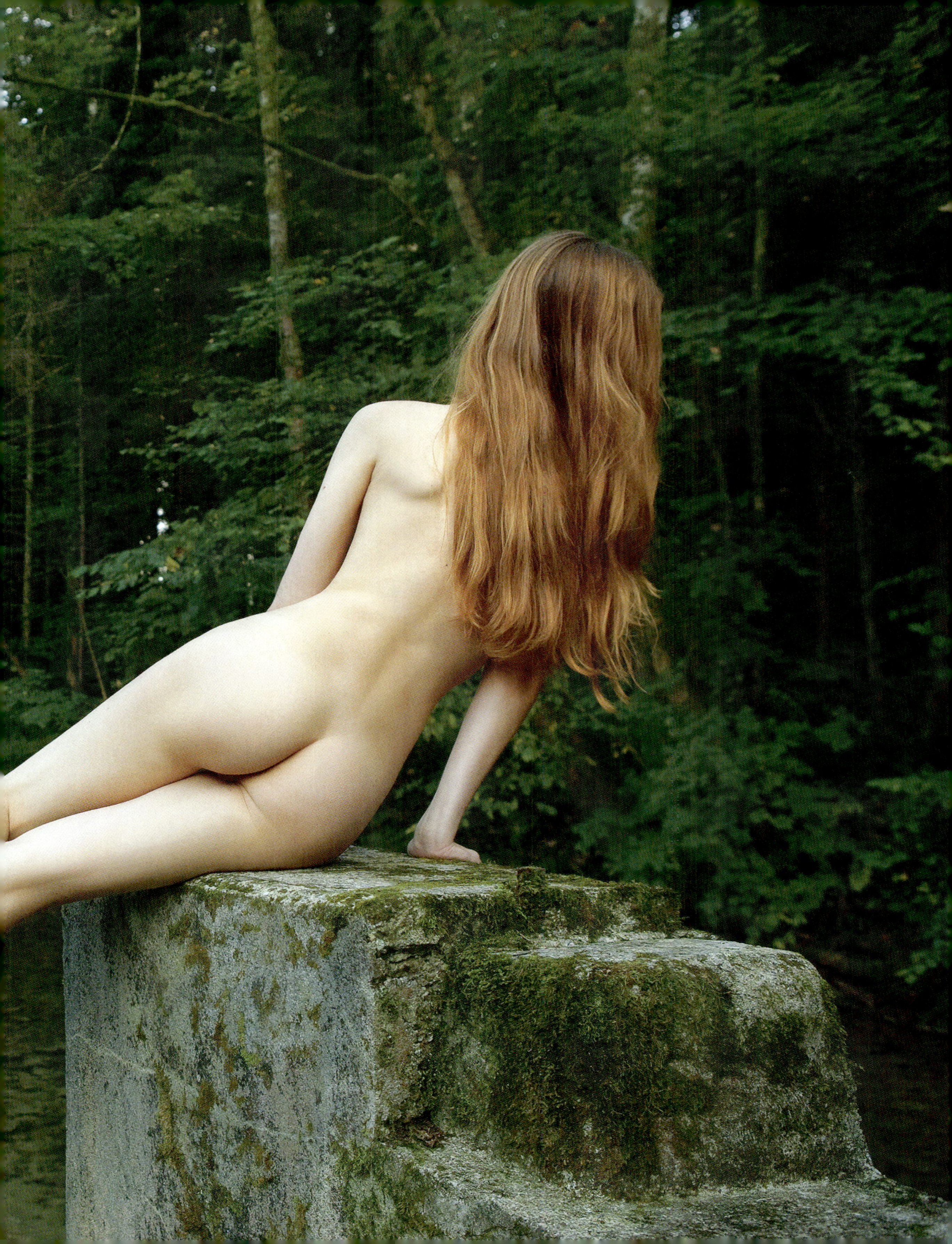

p. 82–83 **Mitzie** (47°48'55.29"N, 9°13'39.27"E)

p. 84–85 **Susann** (48°3'2.12"N, 9°39'45.97"E)

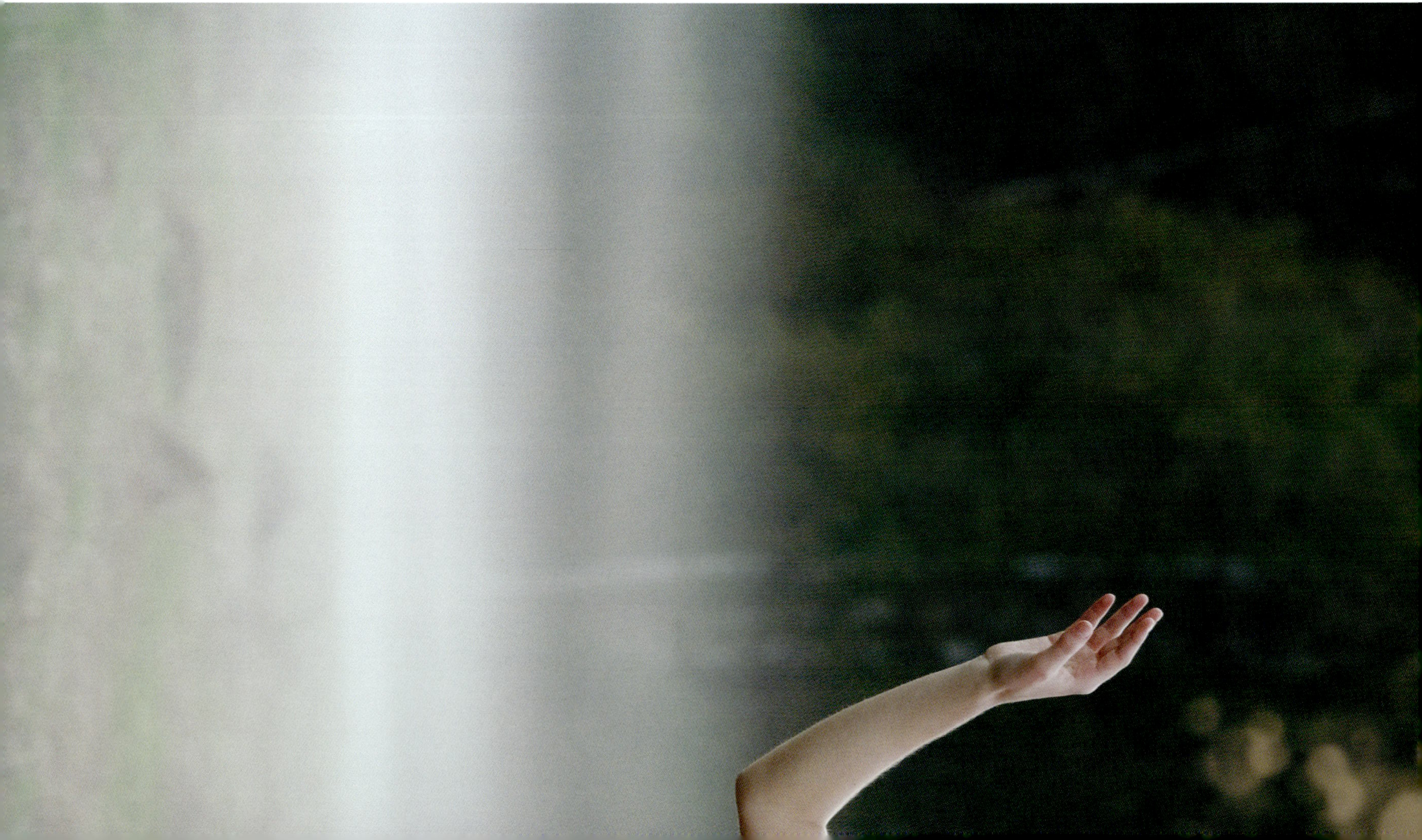

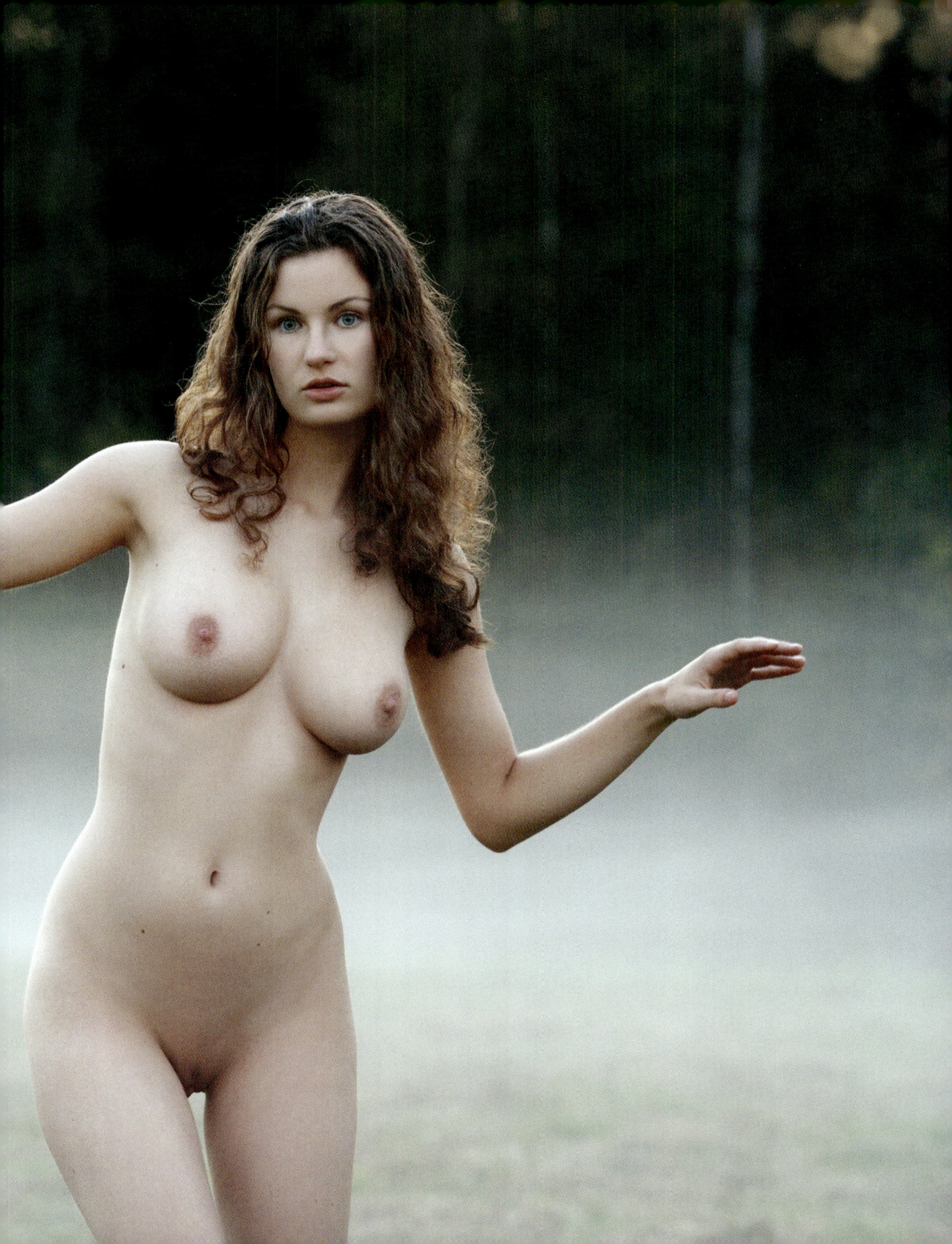

p.86–87 **Anna** (47°33'24.25''N, 9°39'37.33''E)

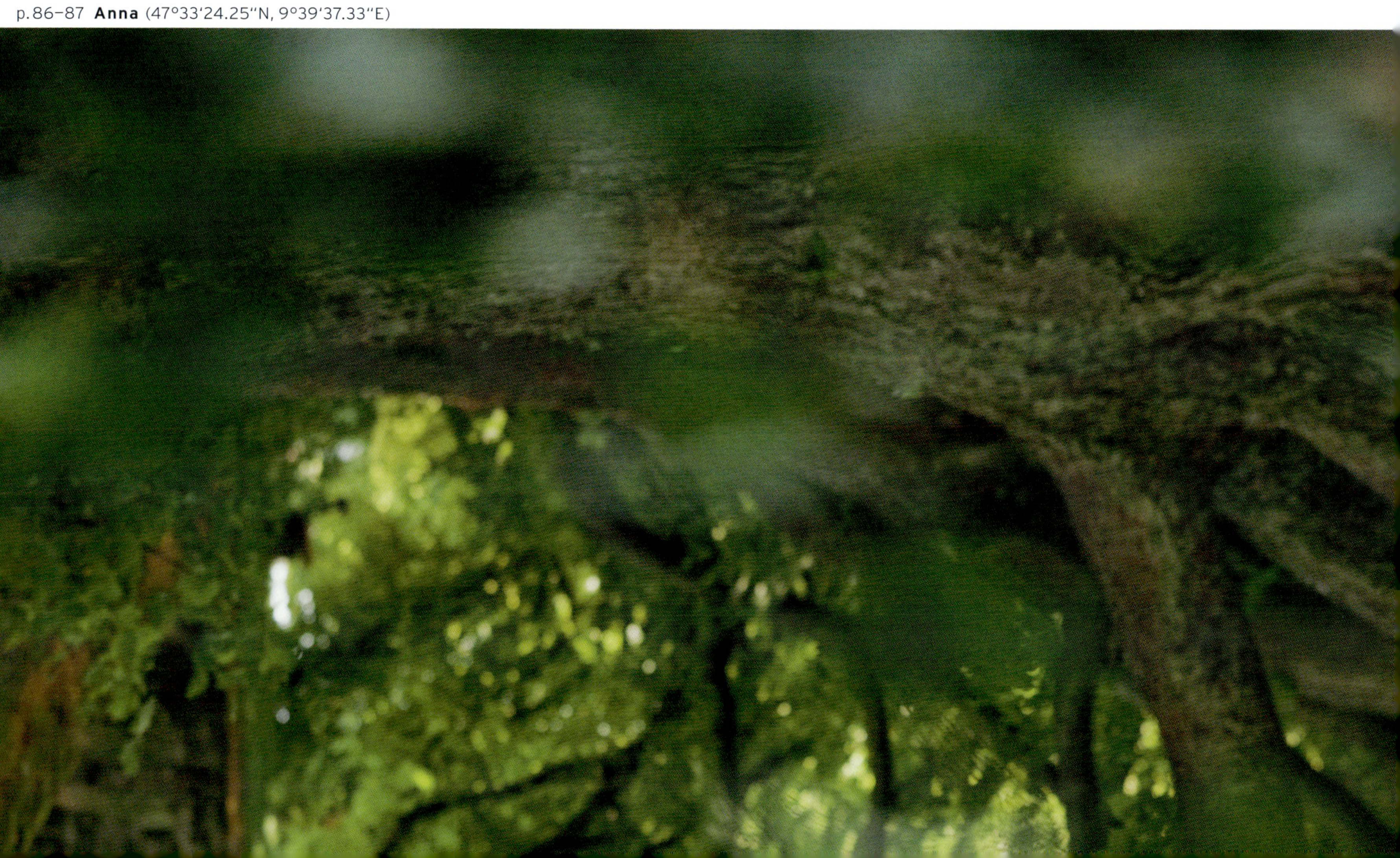

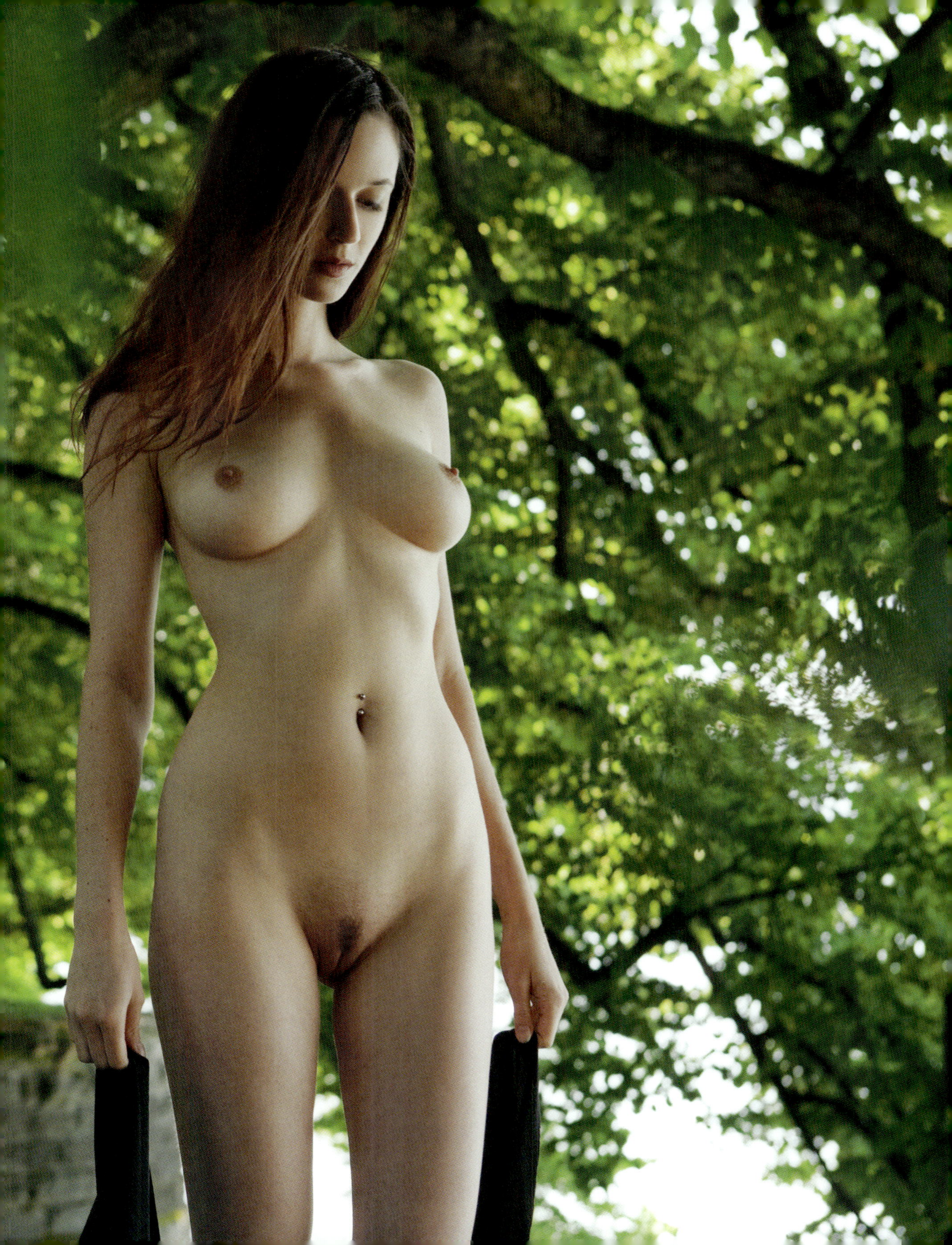

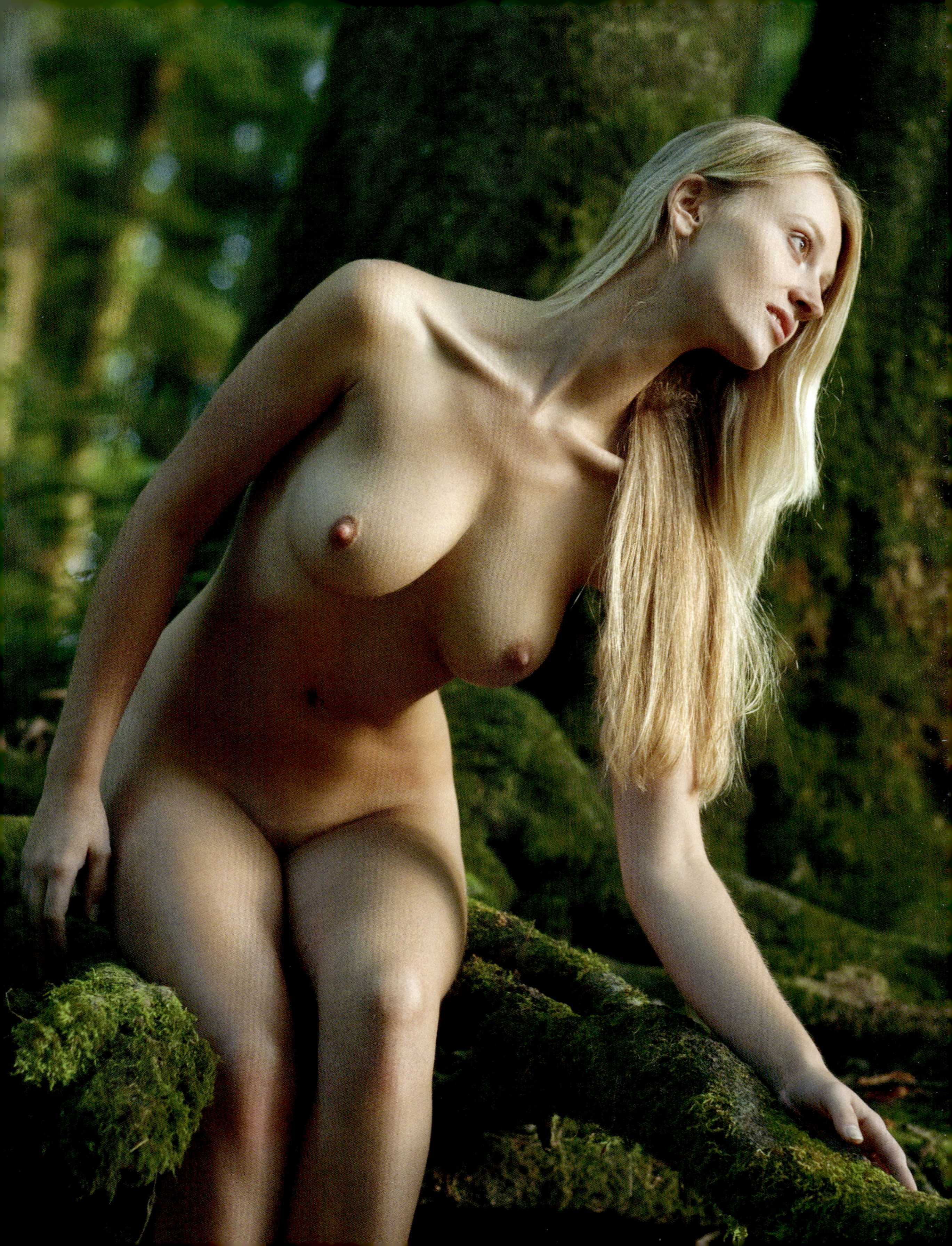

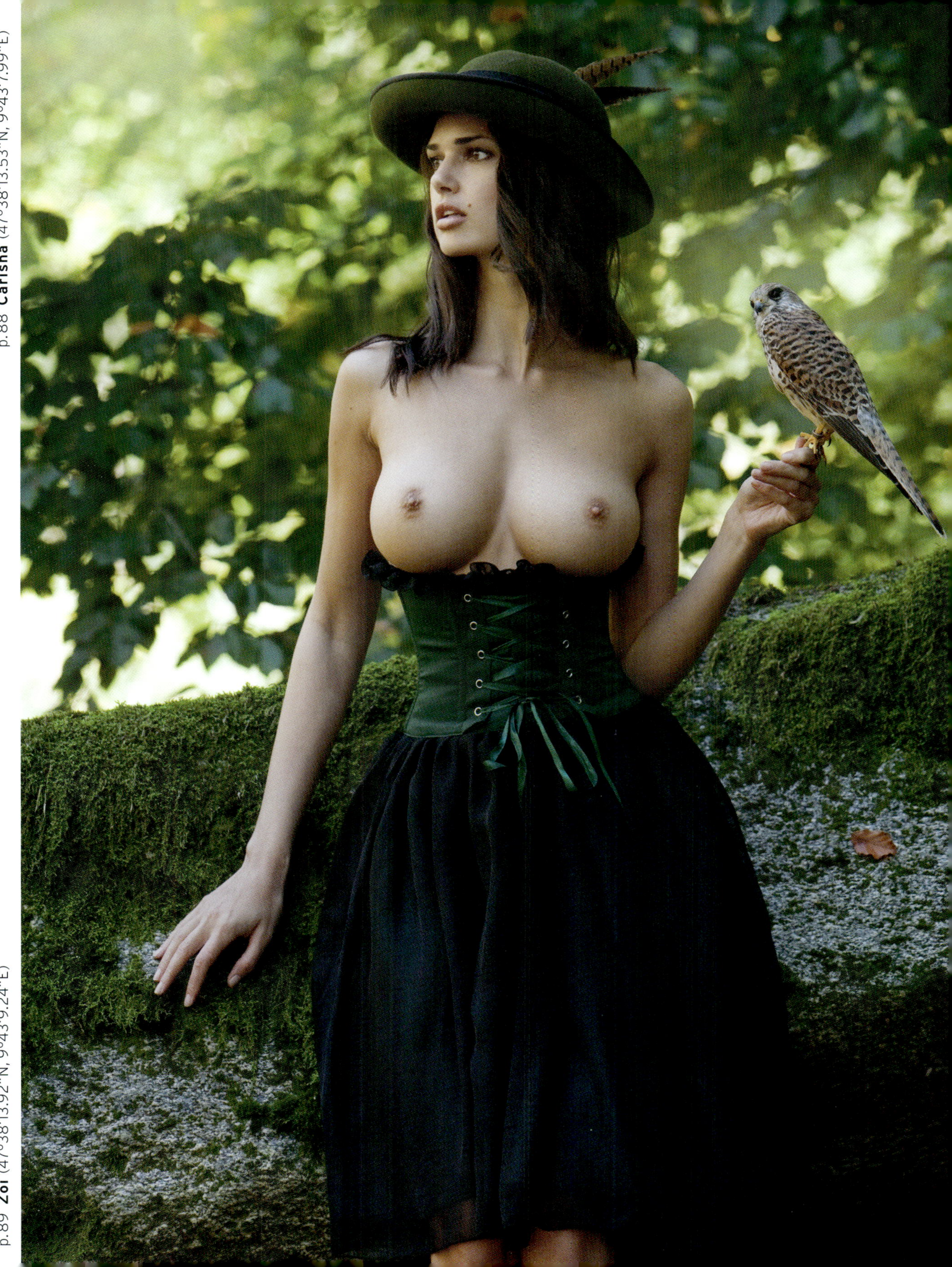

p.88 **Carisha** (47°38'13.53"N, 9°43'7.99"E)

p.89 **Zoi** (47°38'13.92"N, 9°43'9.24"E)

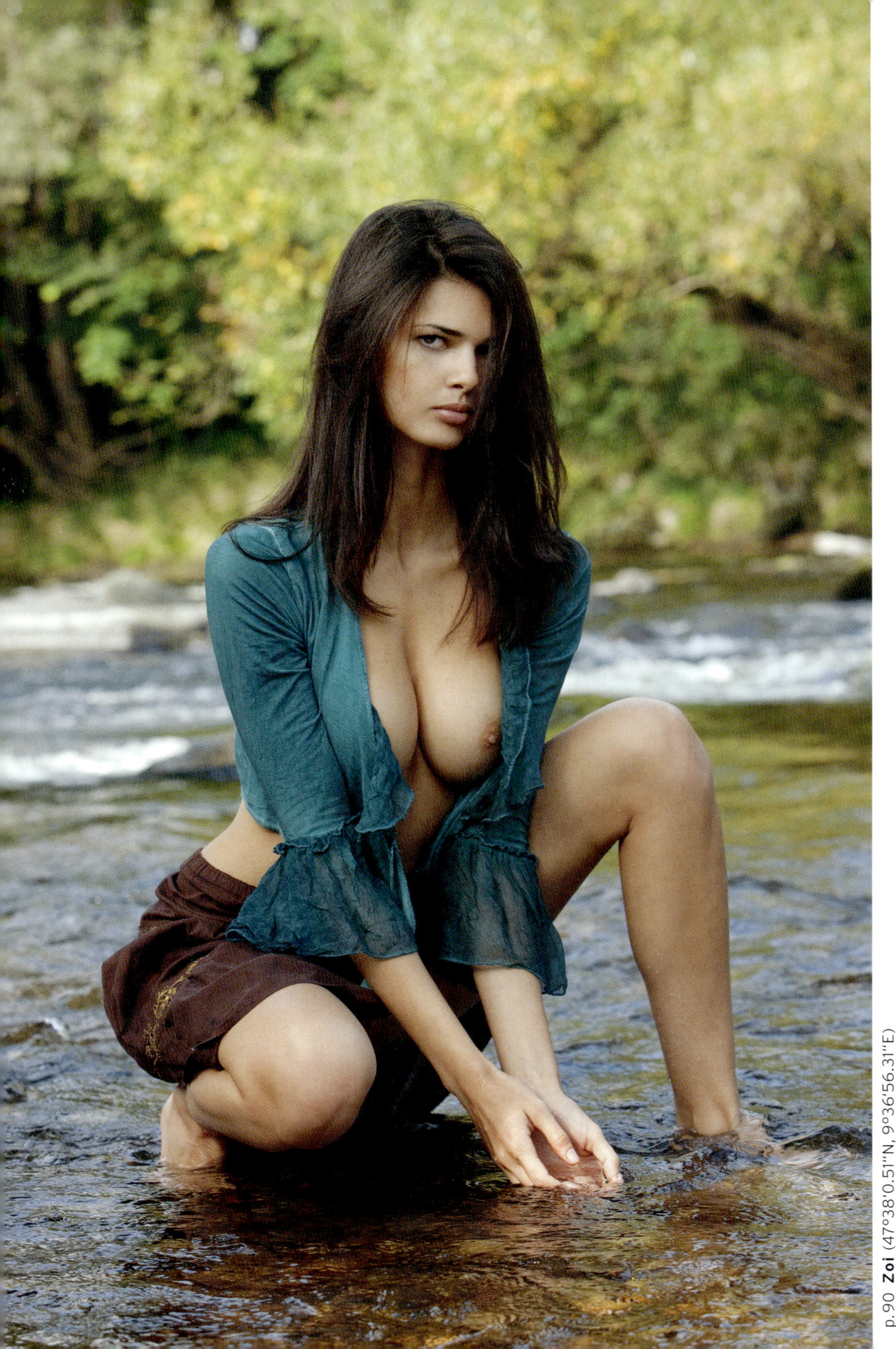

p.90 **Zoi** (47°38'0.51"N, 9°36'56.31"E)

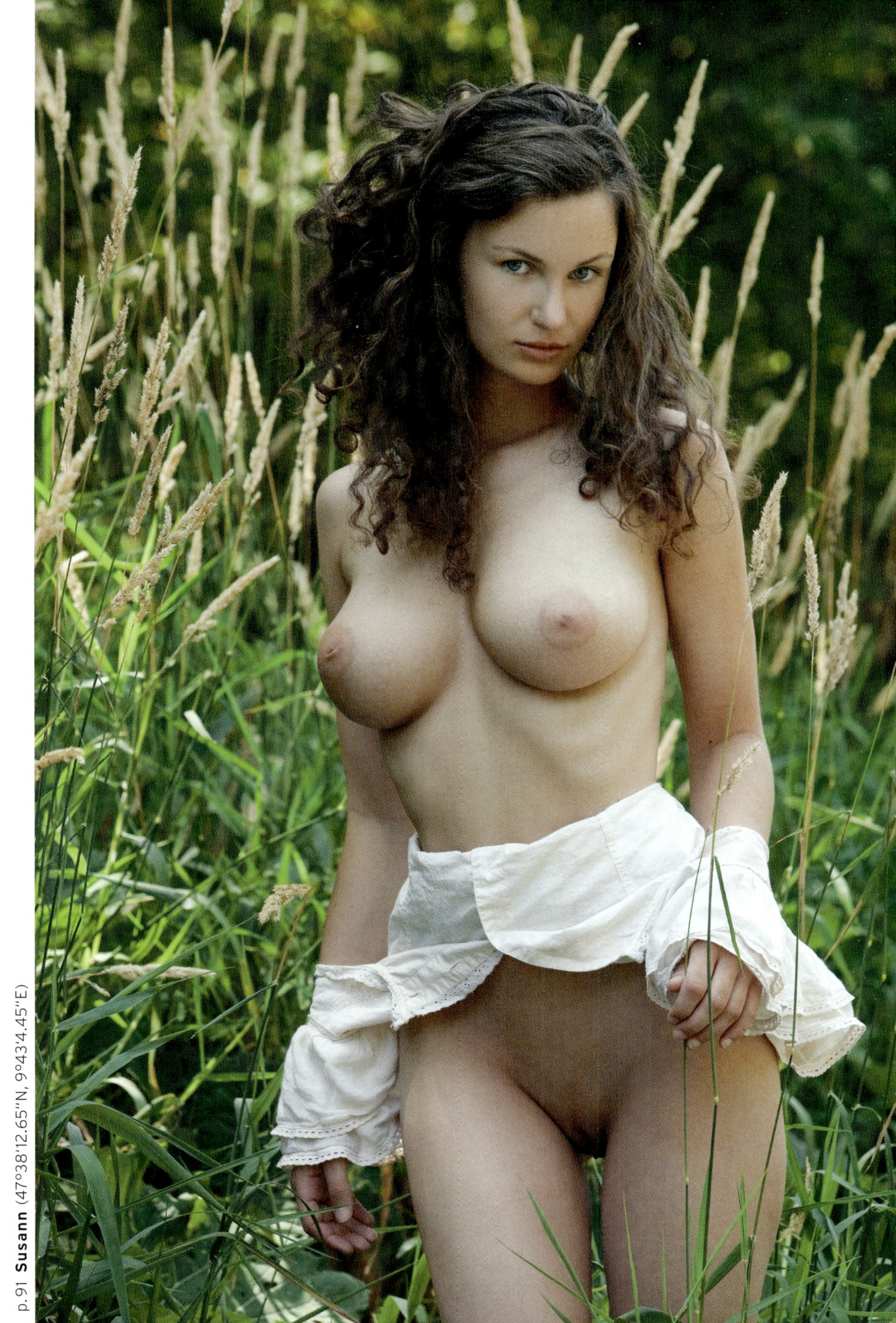

p.91 **Susann** (47°38'12.65"N, 9°43'4.45"E)

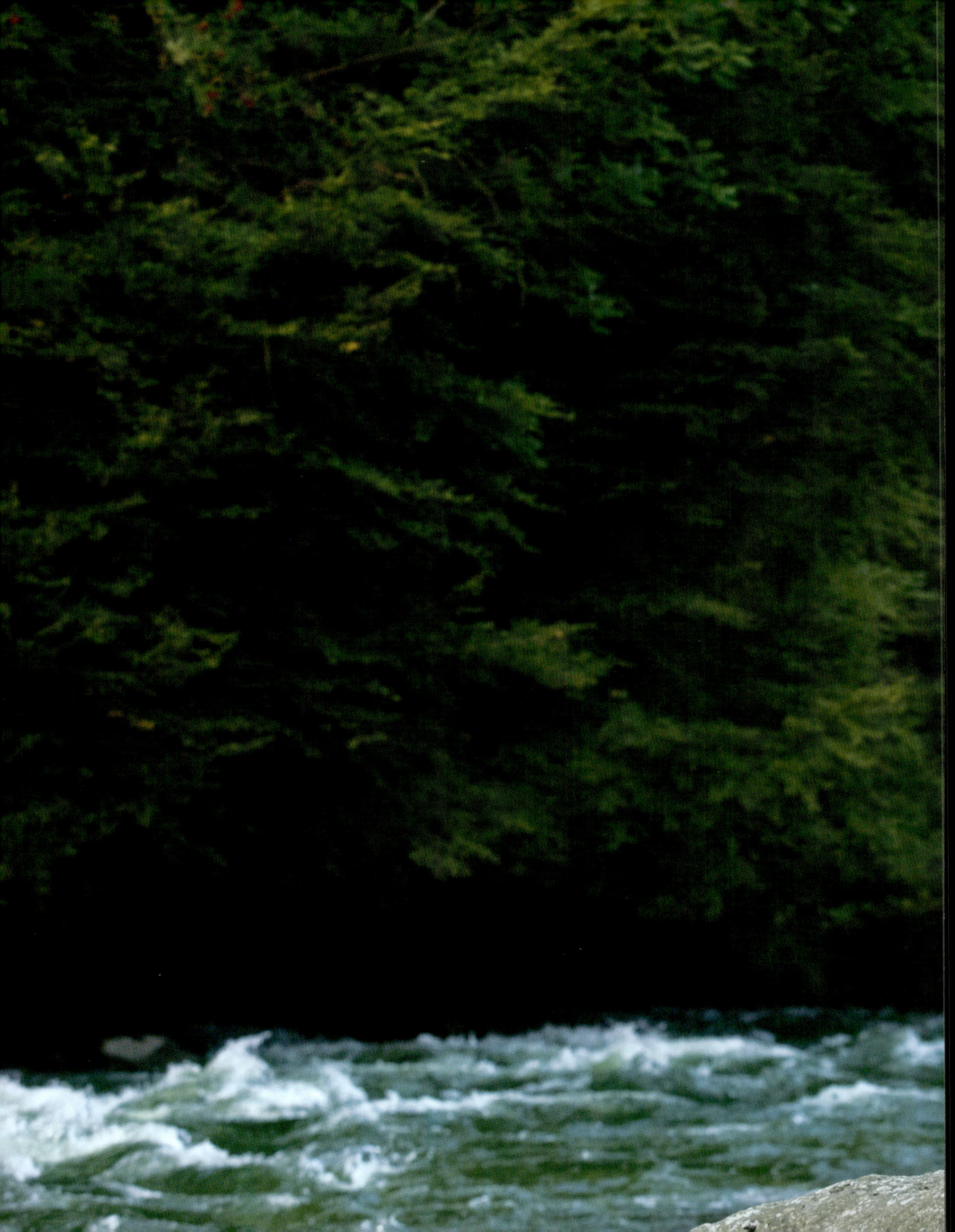

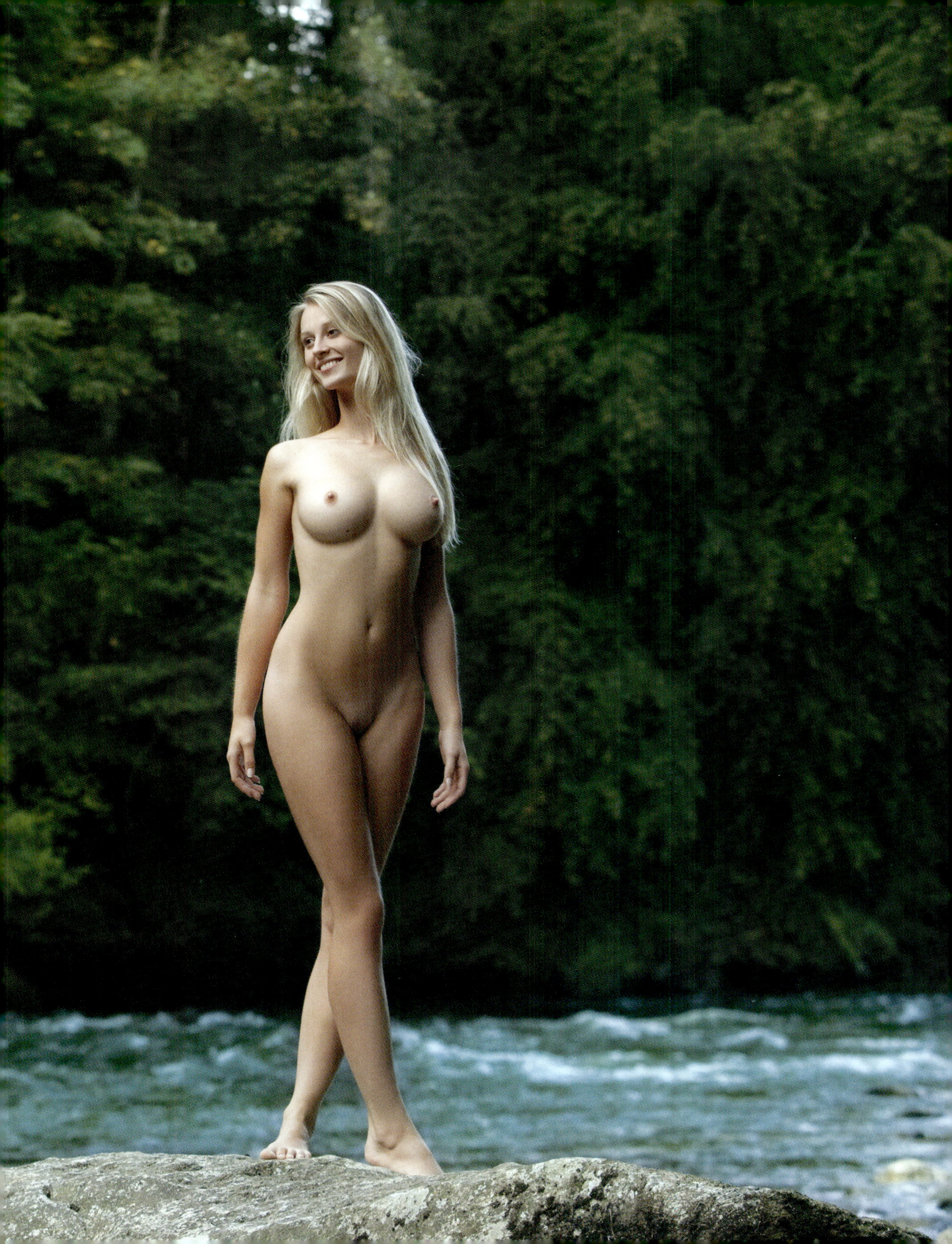

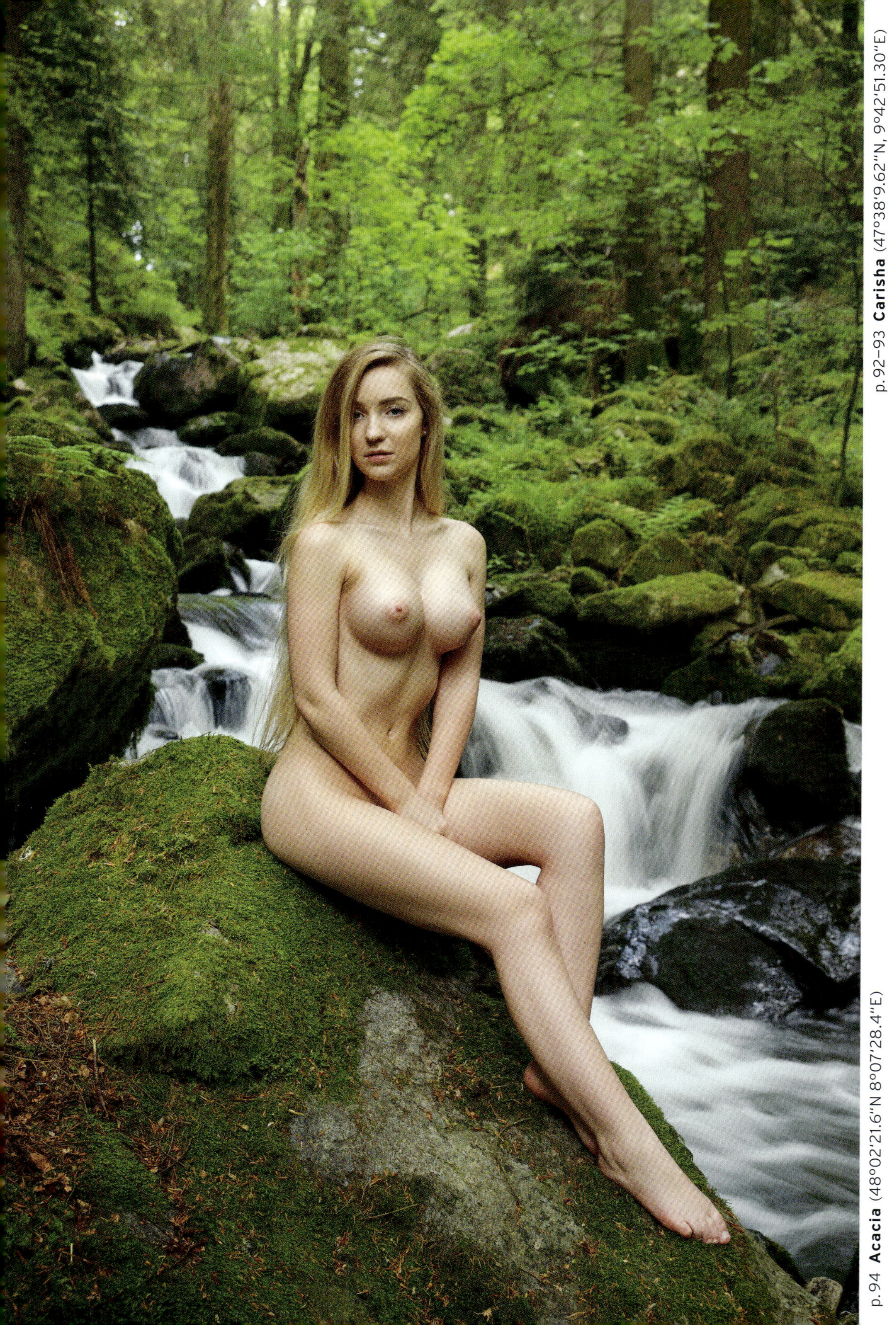

p.94 **Acacia** (48°02'21.6"N 8°07'28.4"E)

p.92–93 **Carisha** (47°38'9.62"N, 9°42'51.30"E)

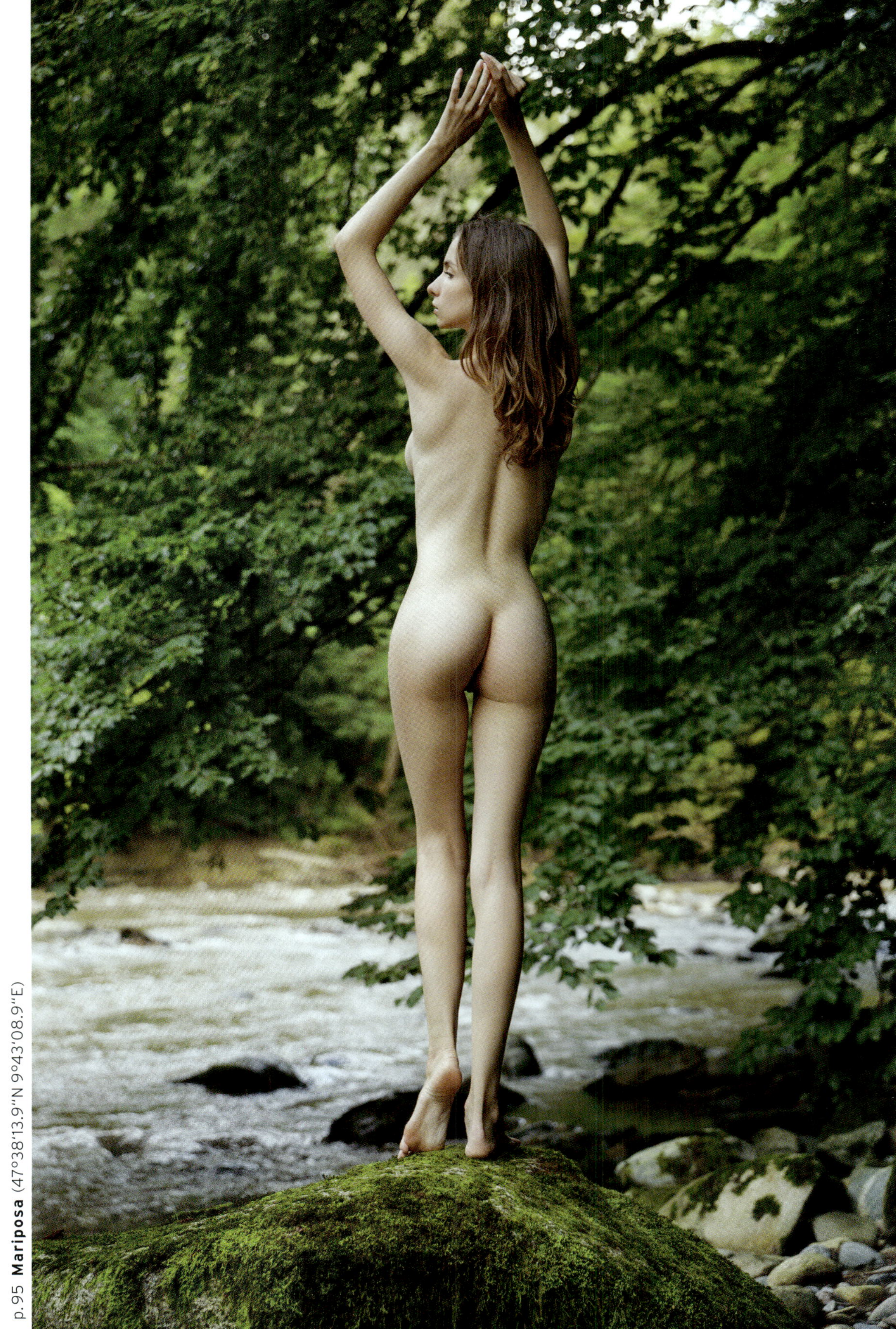

p. 95 **Mariposa** (47°38'13.9"N 9°43'08.9"E)

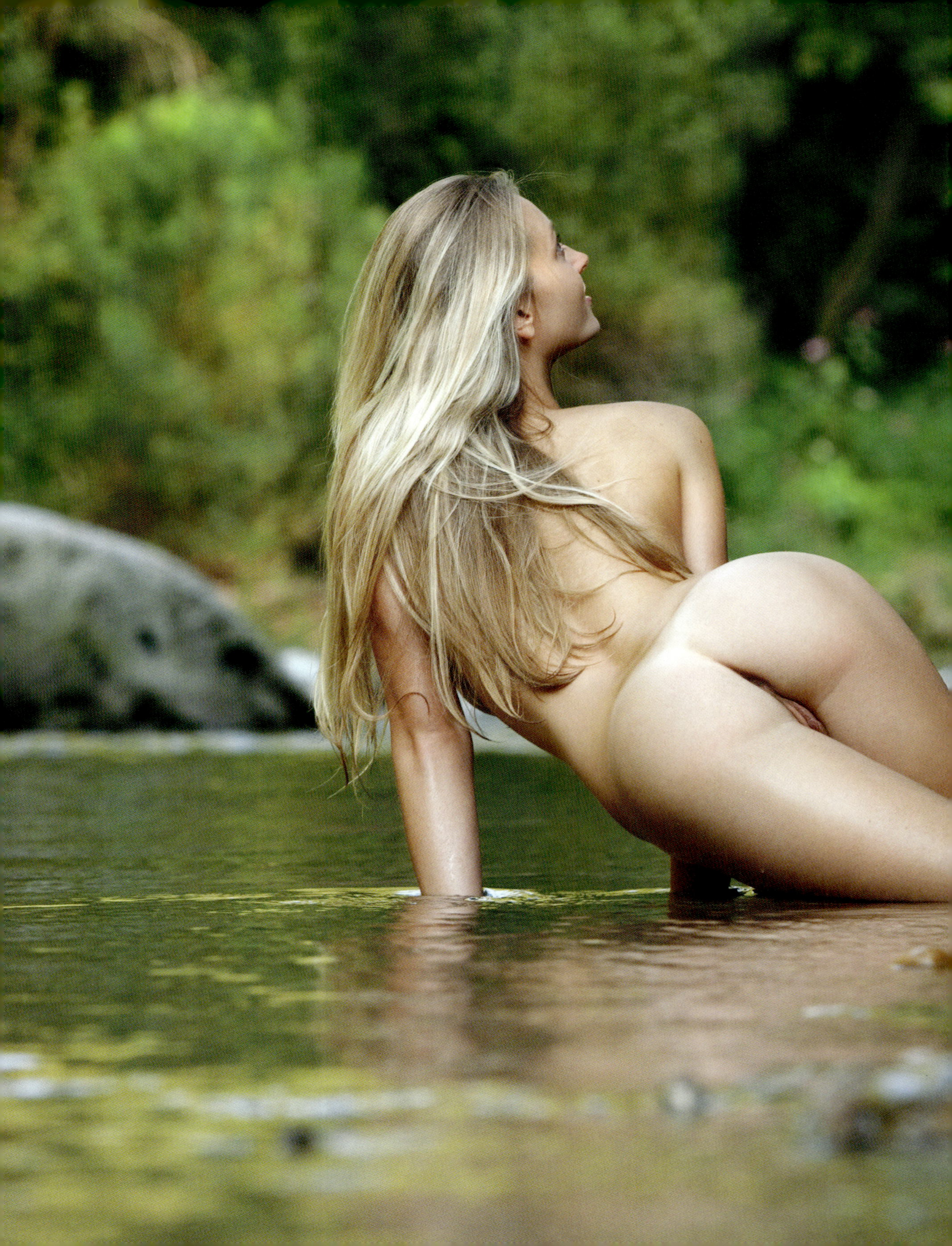

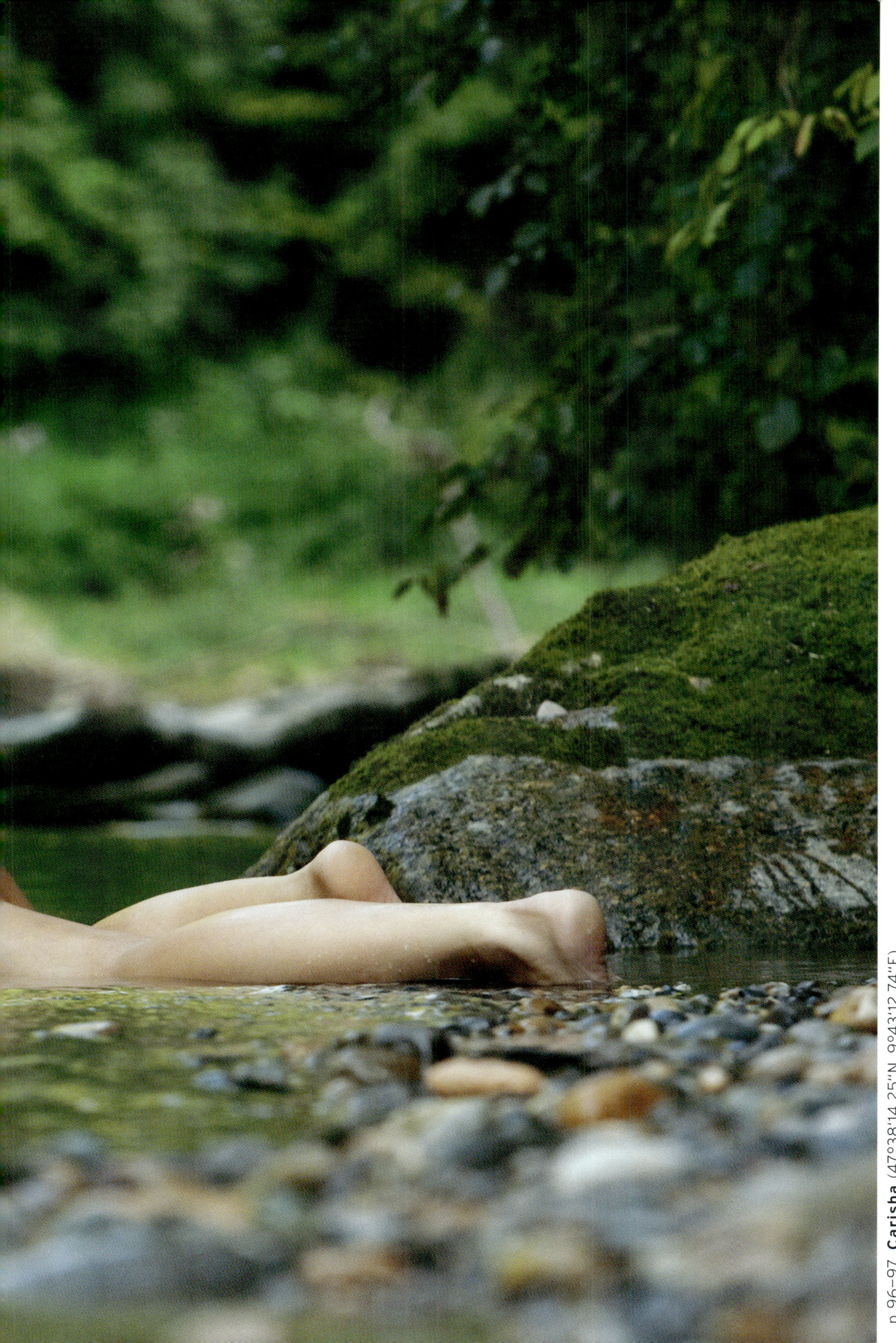

p. 96–97 **Carisha** (47°38'14.25''N, 9°43'12.74''E)

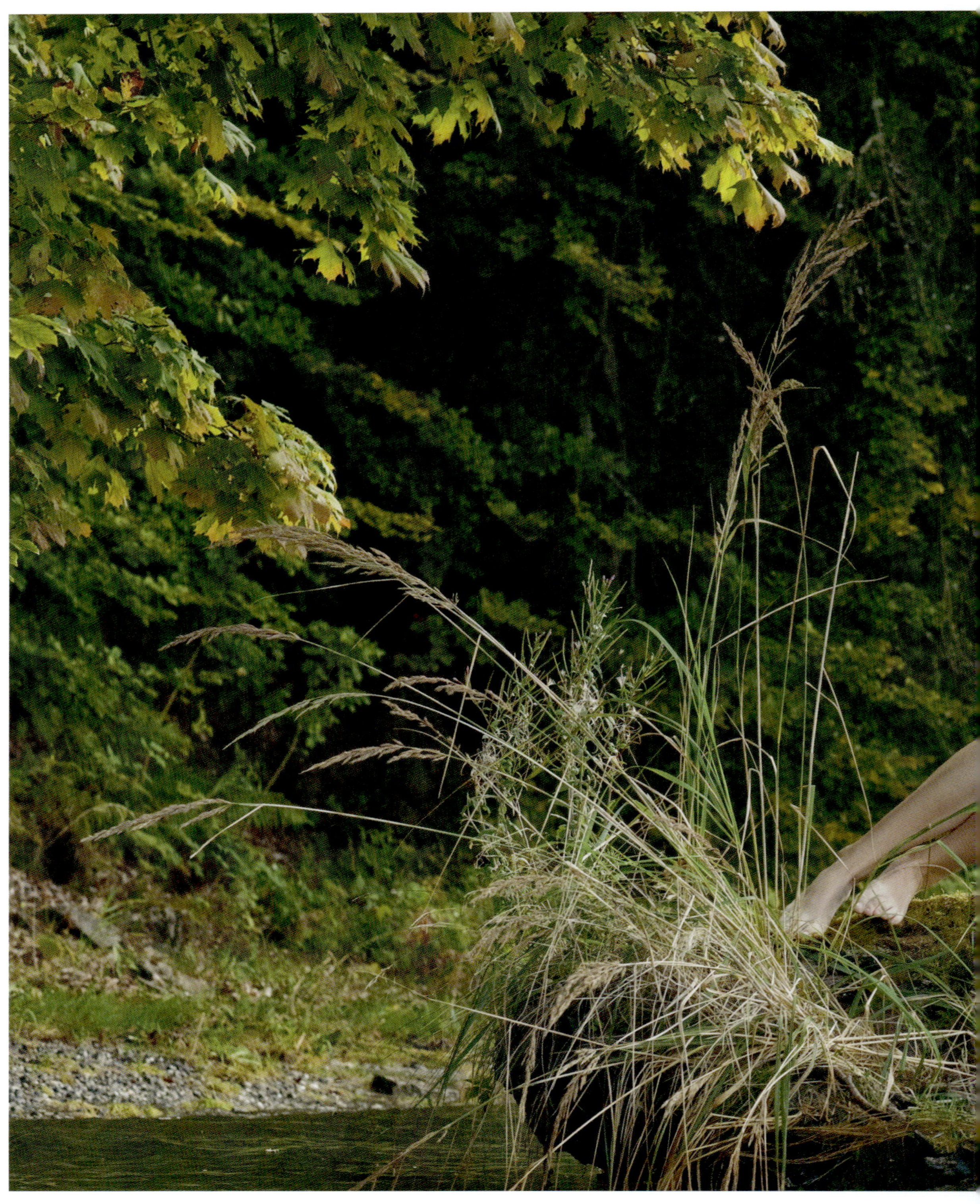

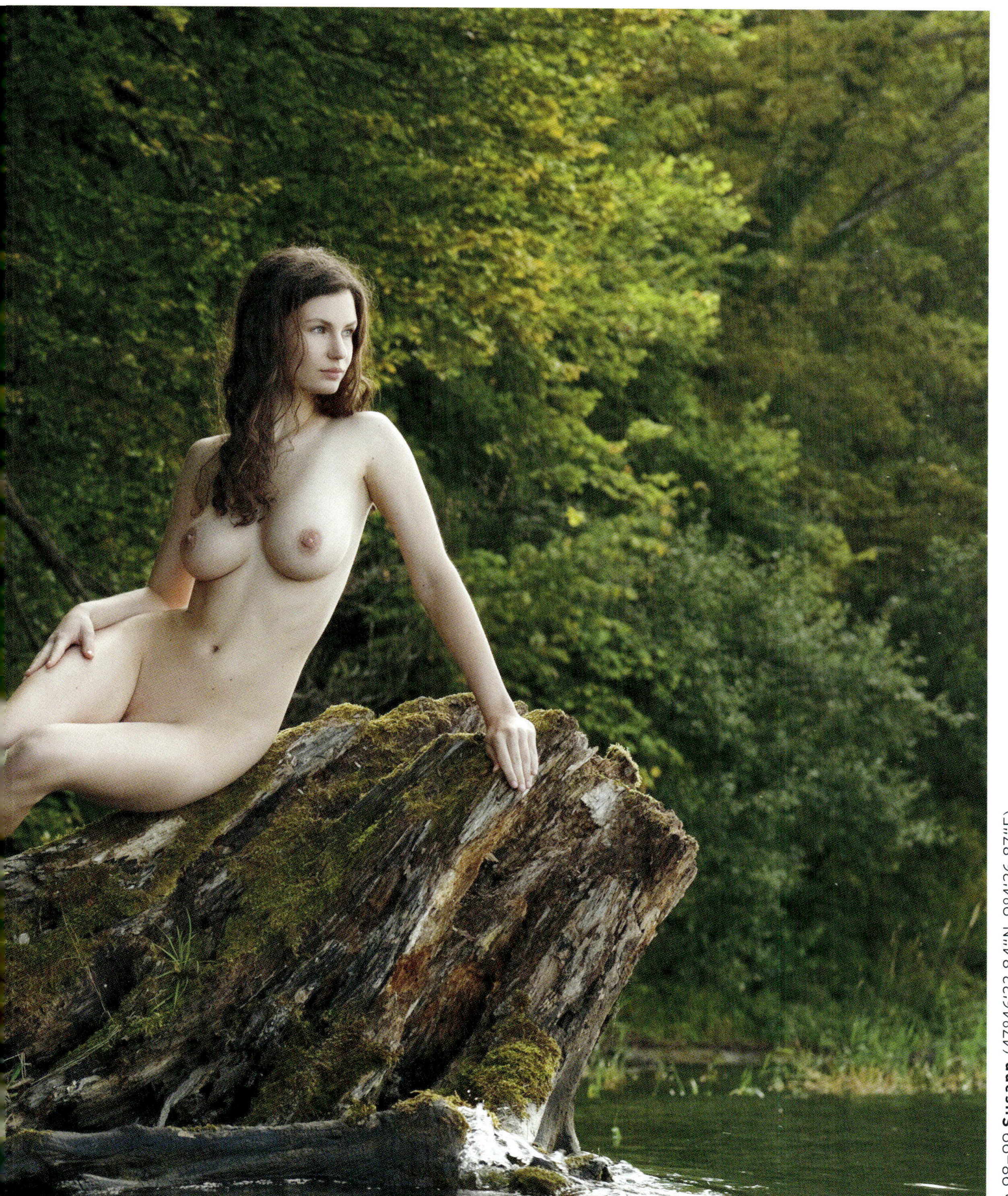

p.98–99 **Susann** (47°46'33.84"N, 9°4'26.87"E)

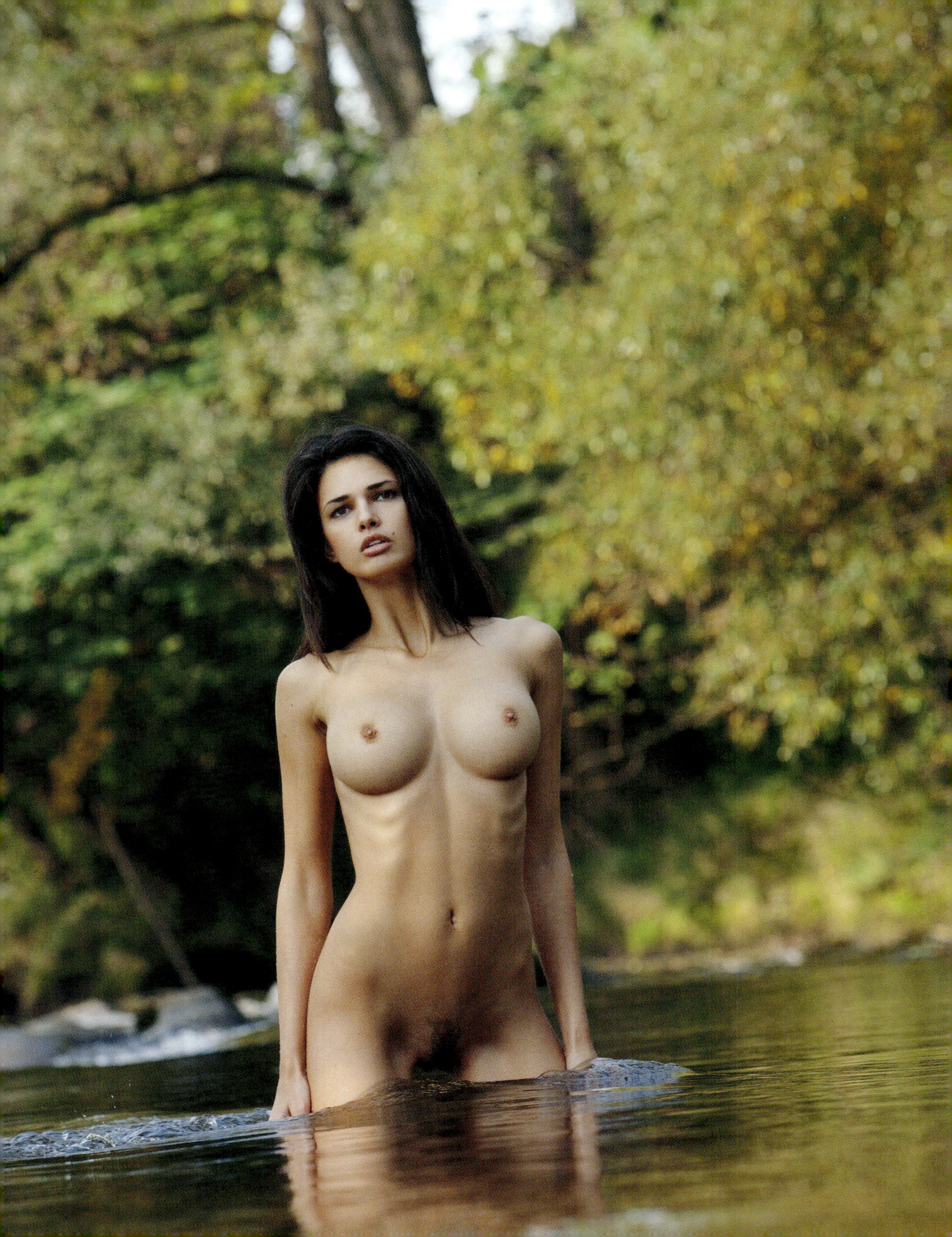

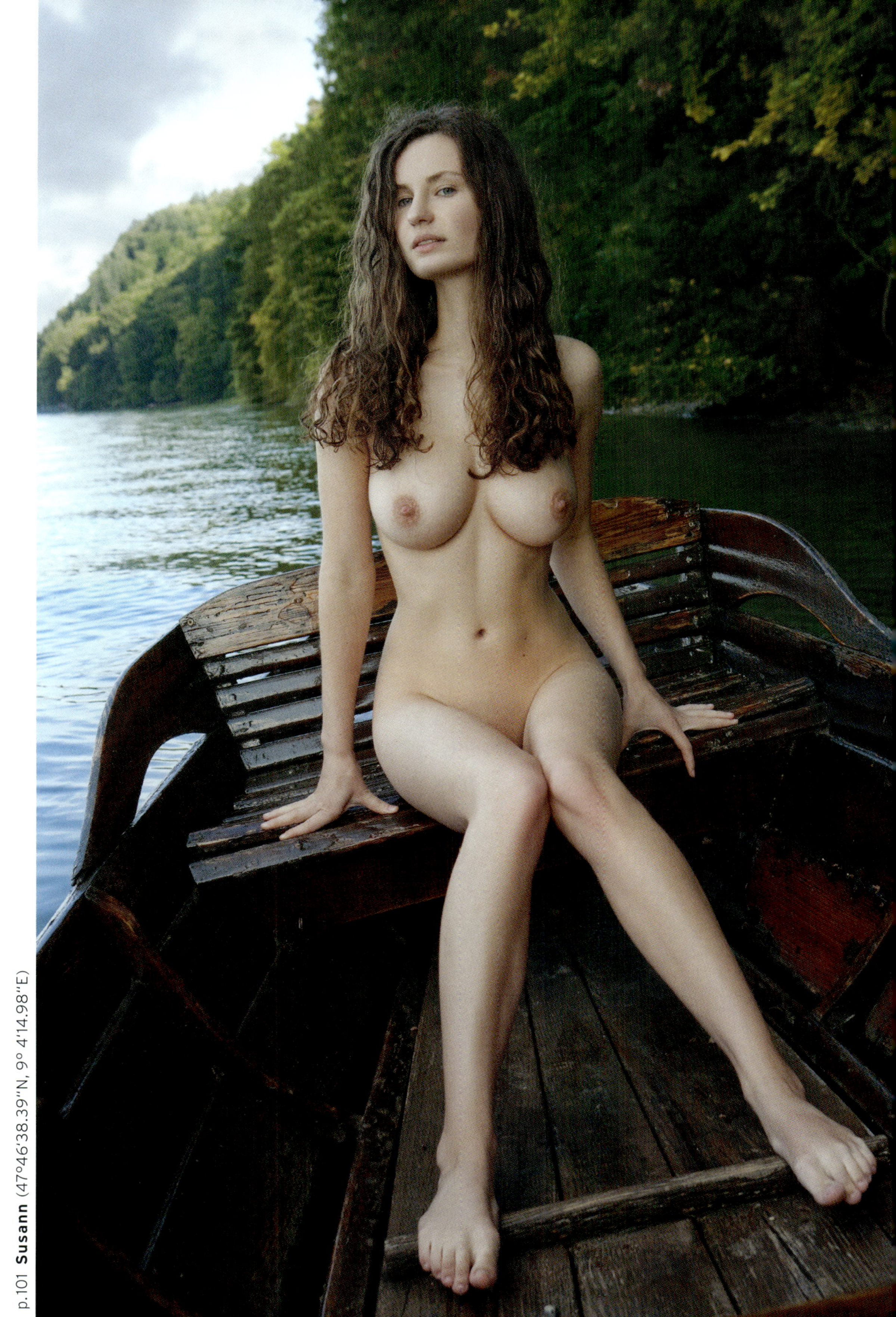

p.100 **Zoi** (47°38'0.51"N, 9°36'56.31"E)

p.101 **Susann** (47°46'38.39"N, 9° 4'14.98"E)

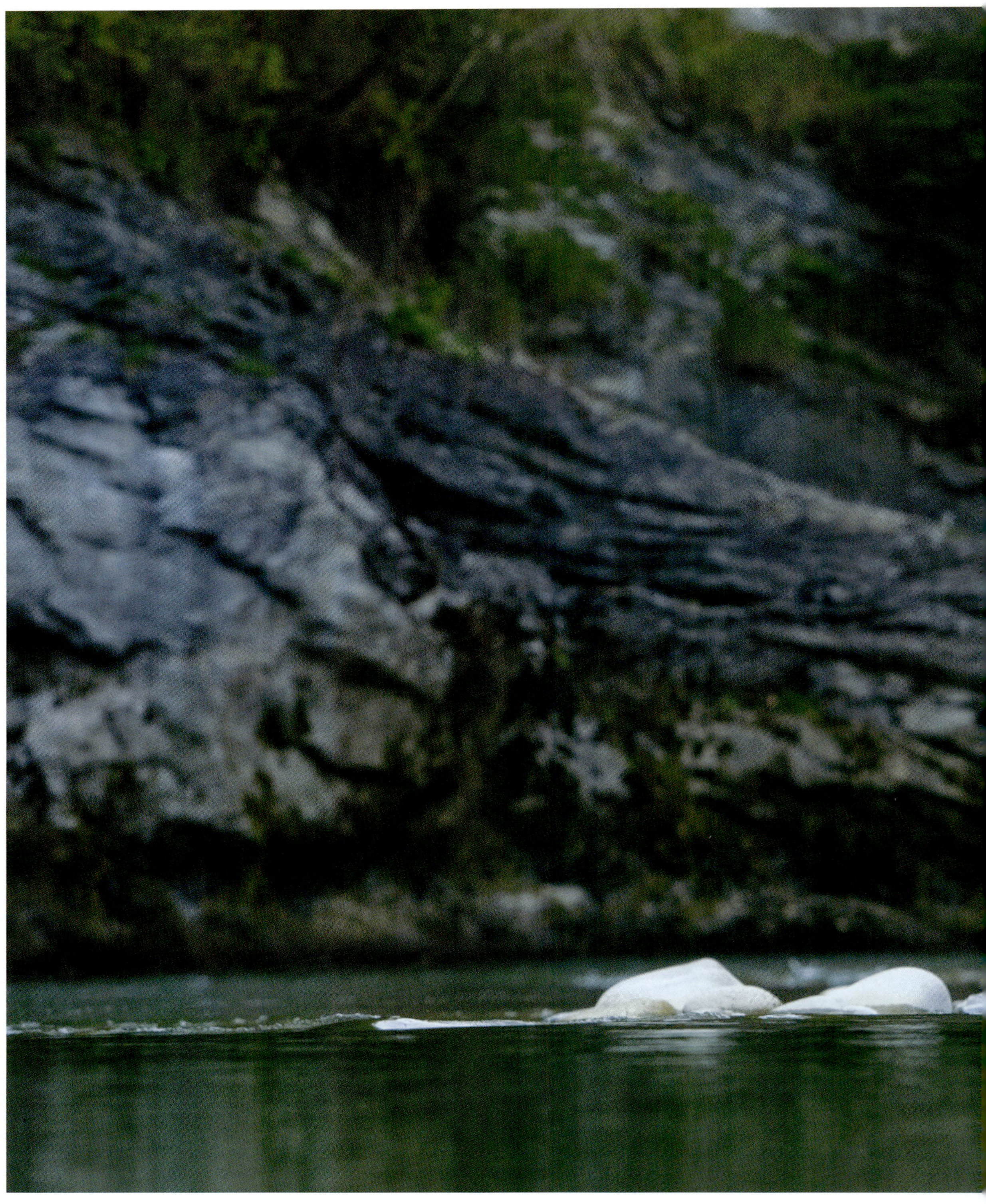

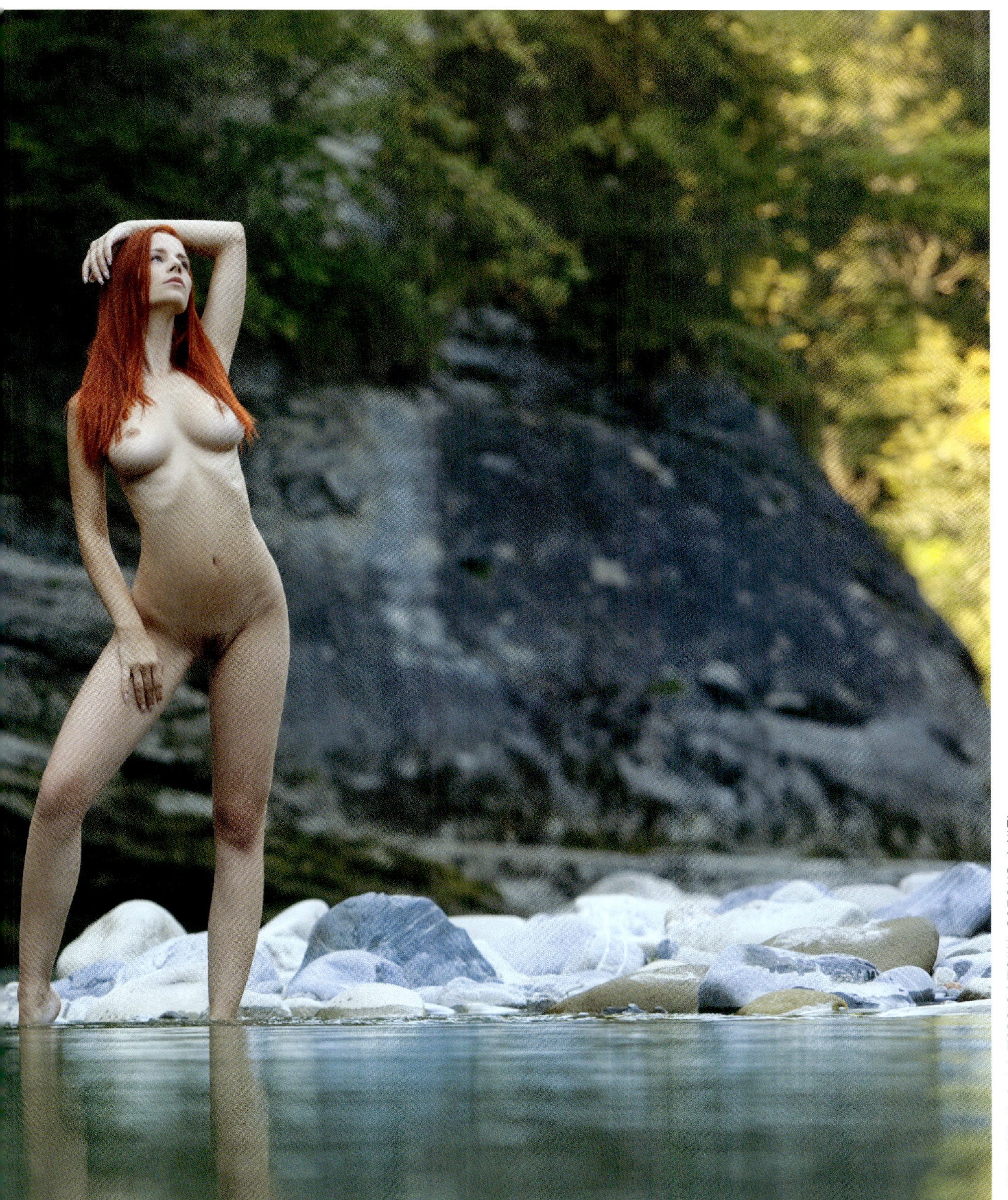

p.102–103 **Ariel** (47°29'24.70''N, 9°50'12.44''E)

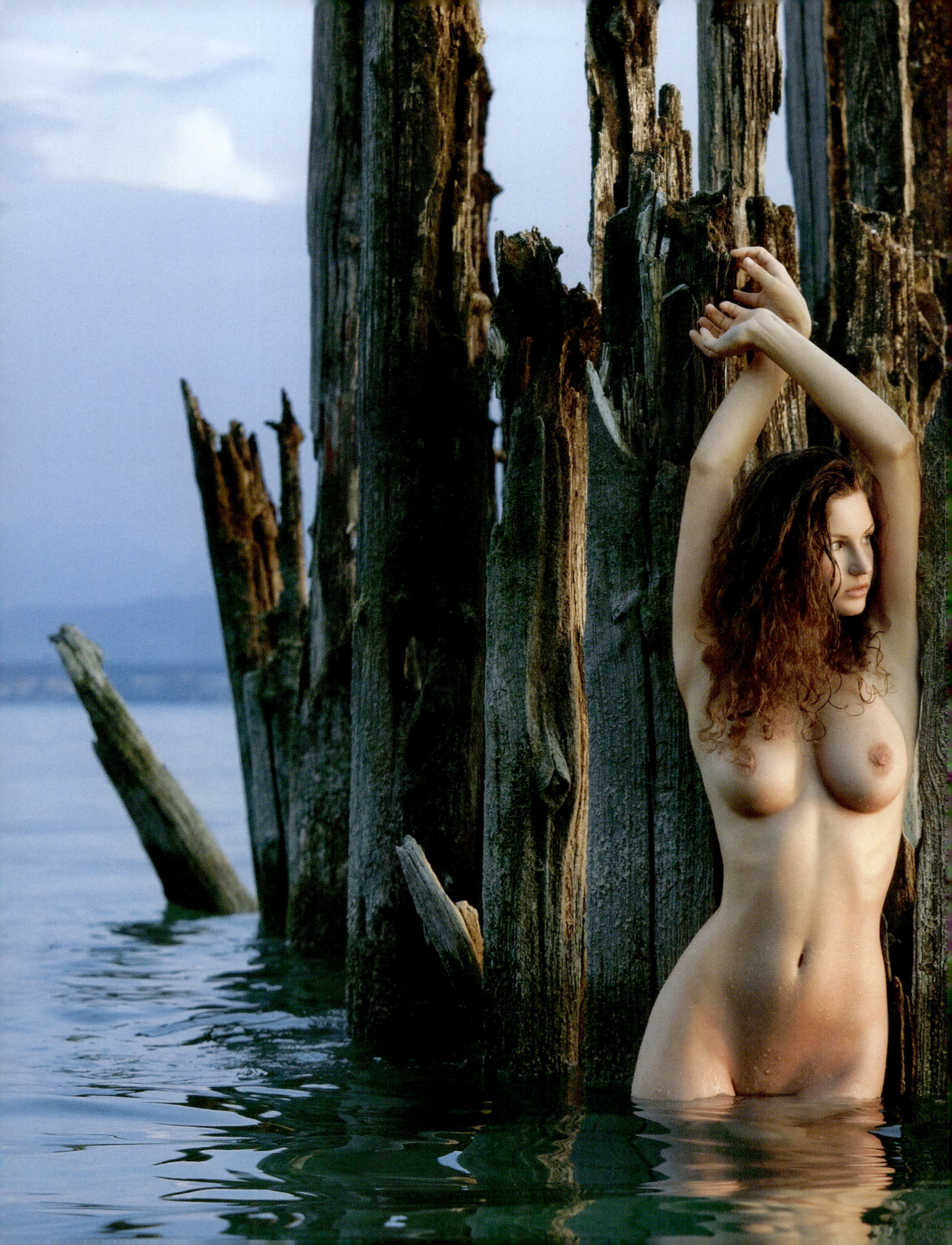

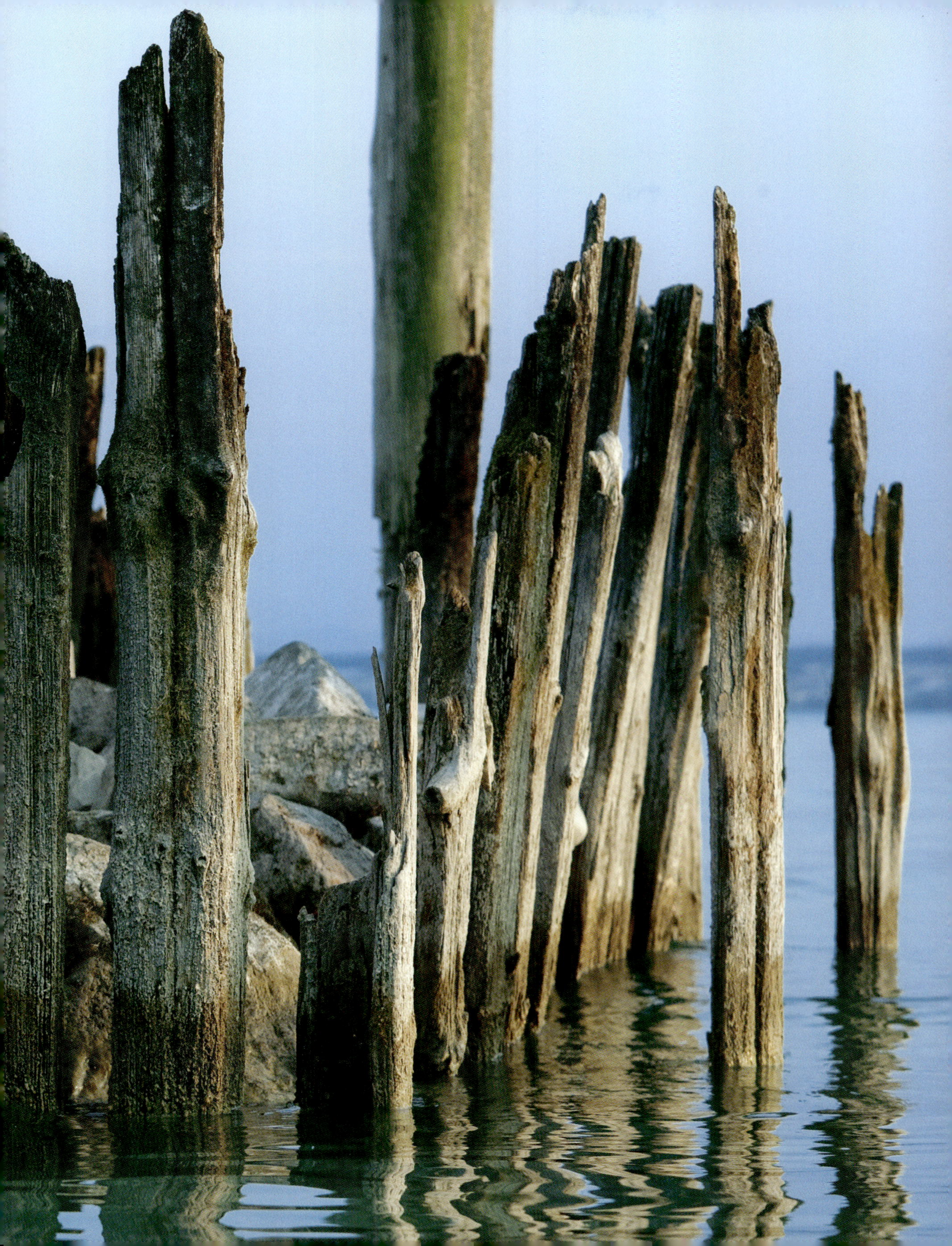

p.104–105 **Susann**
(47°39'52.00"N, 9°20'22.83"E)

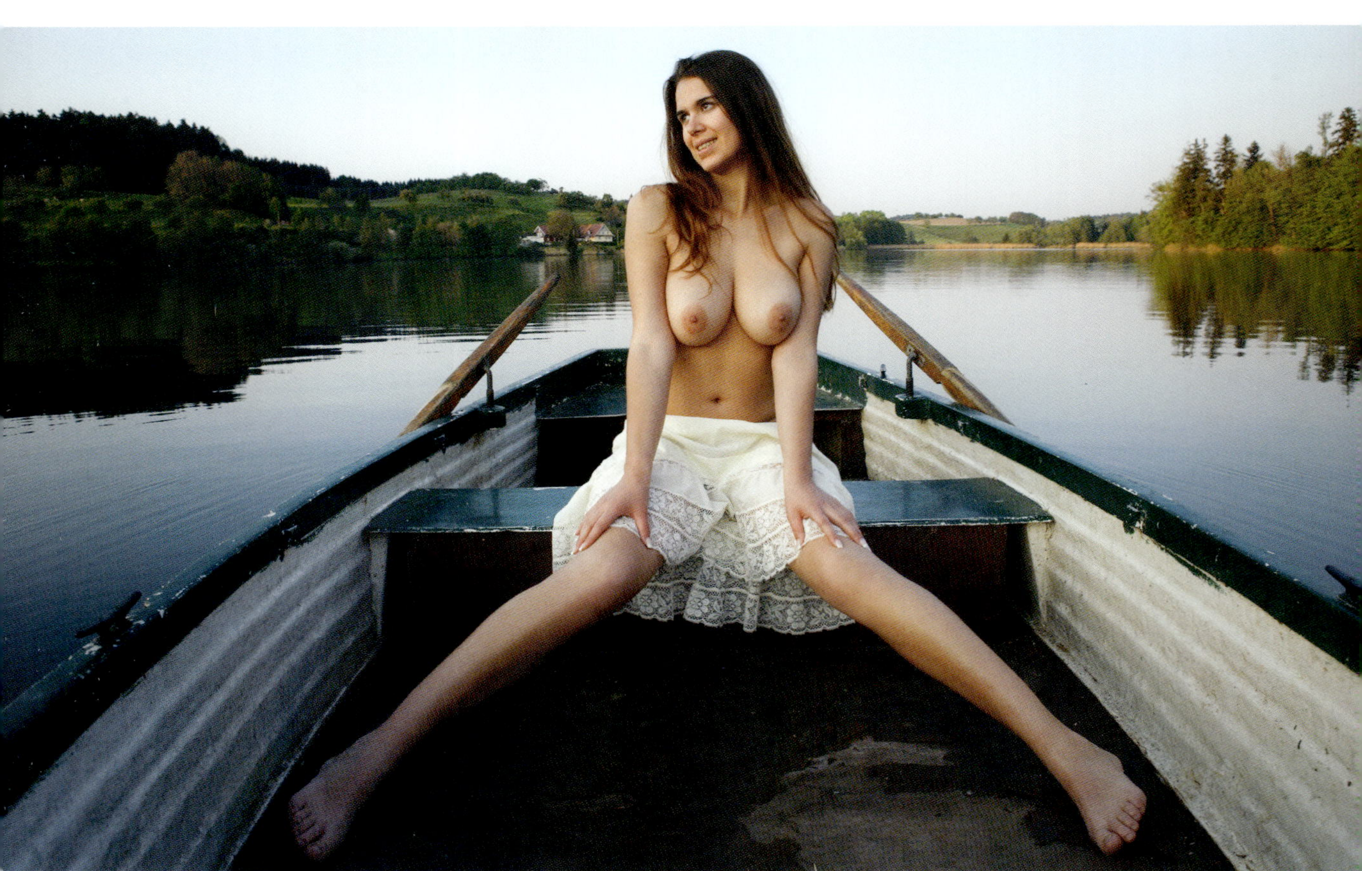

p.106 **Carina** (47°36'38.89"N, 9°38'52.41"E)

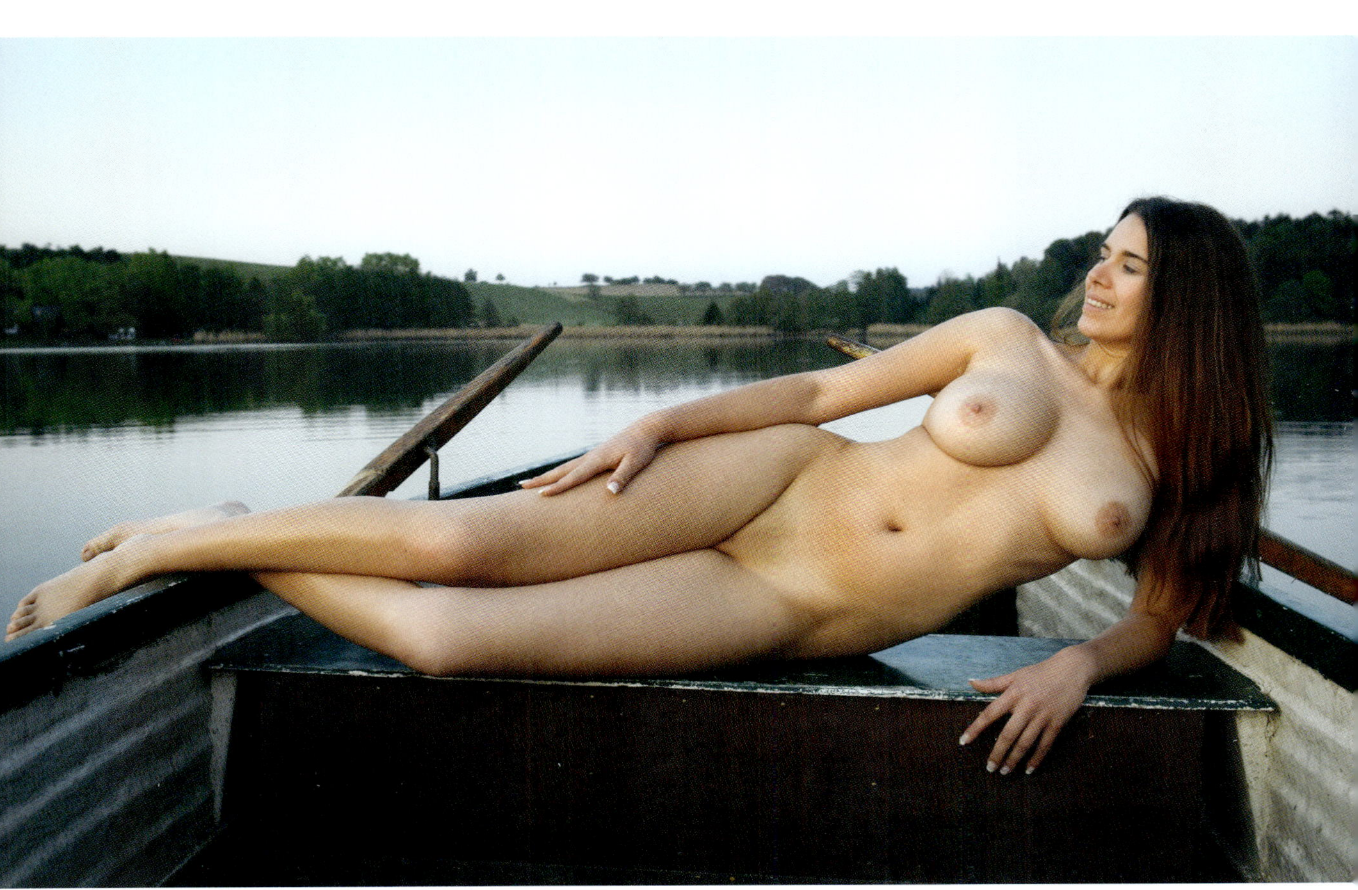

p.107 **Carina** (47°36‘38.89“N, 9°38‘52.41“E)

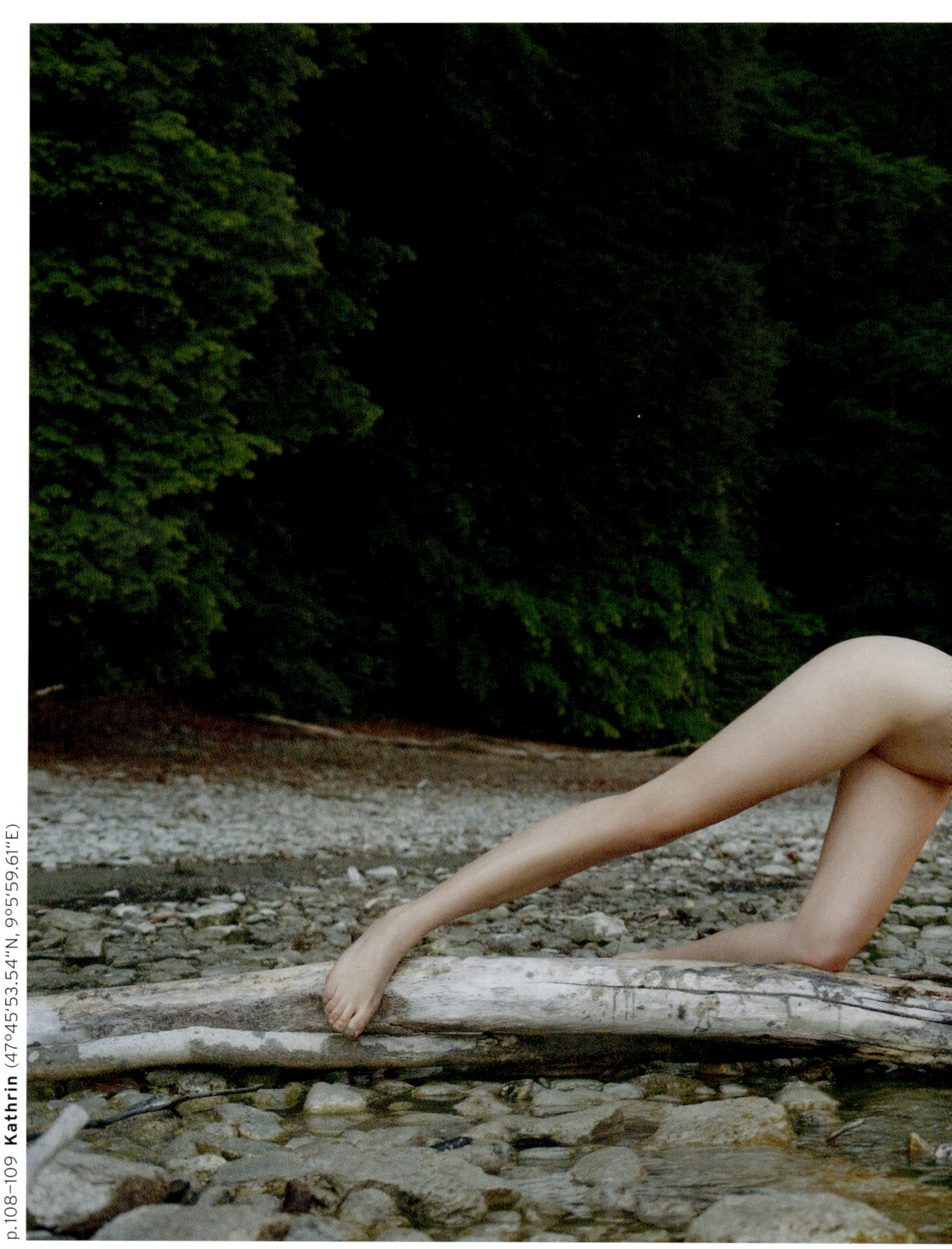

p.108–109 **Kathrin** (47°45'53.54"N, 9°5'59.61"E)

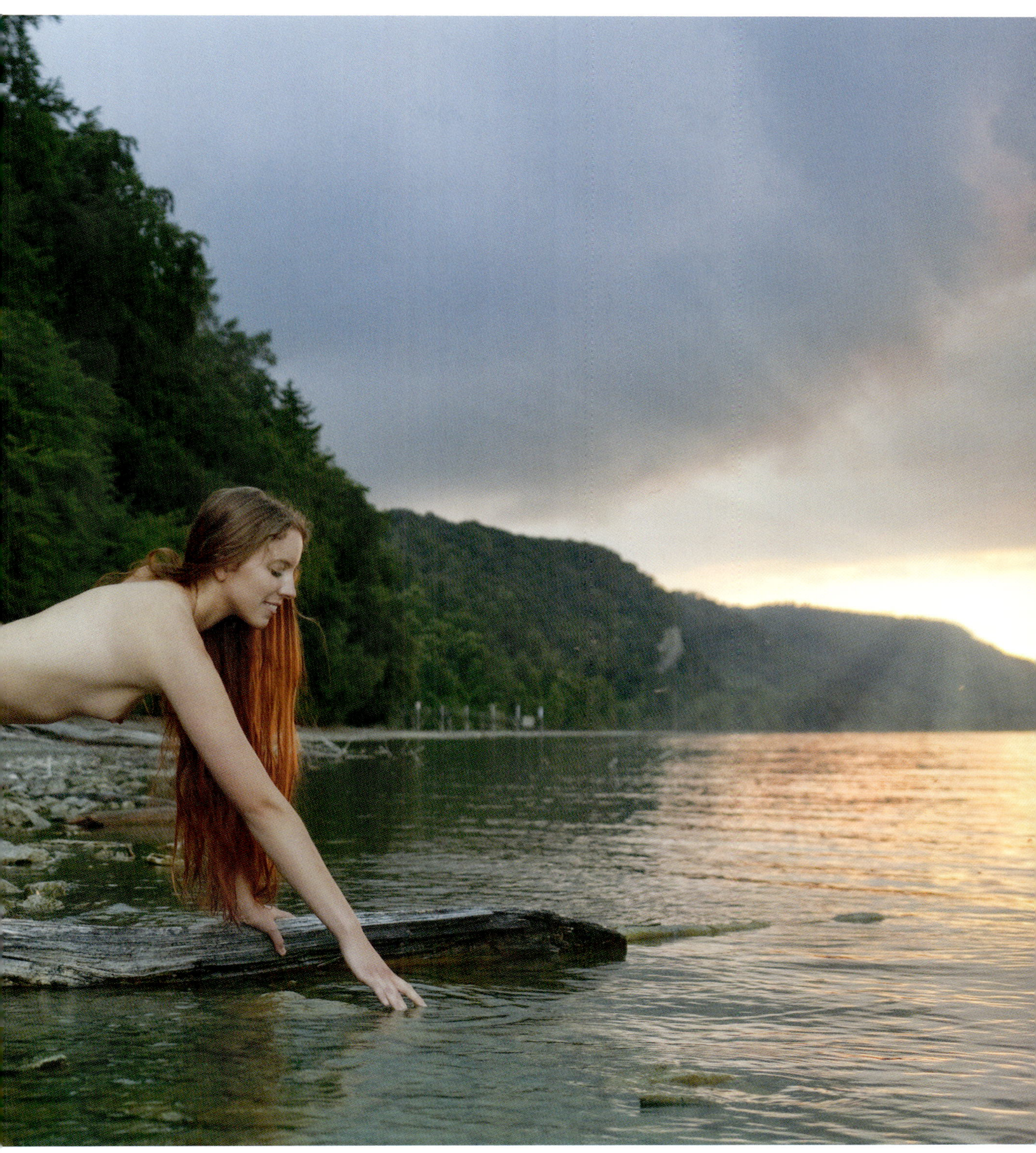

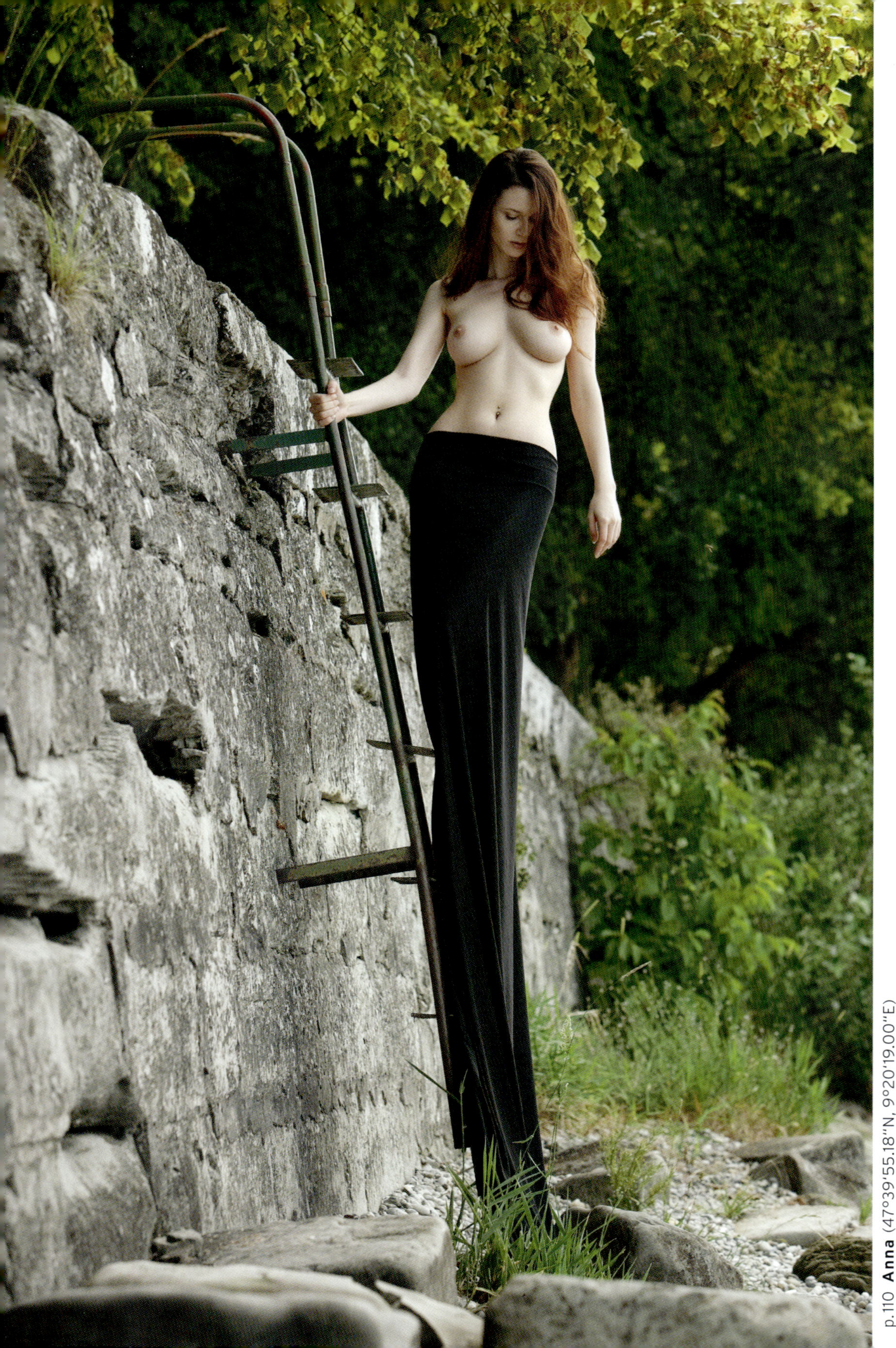

p.110 **Anna** (47°39'55.18"N, 9°20'19.00"E)

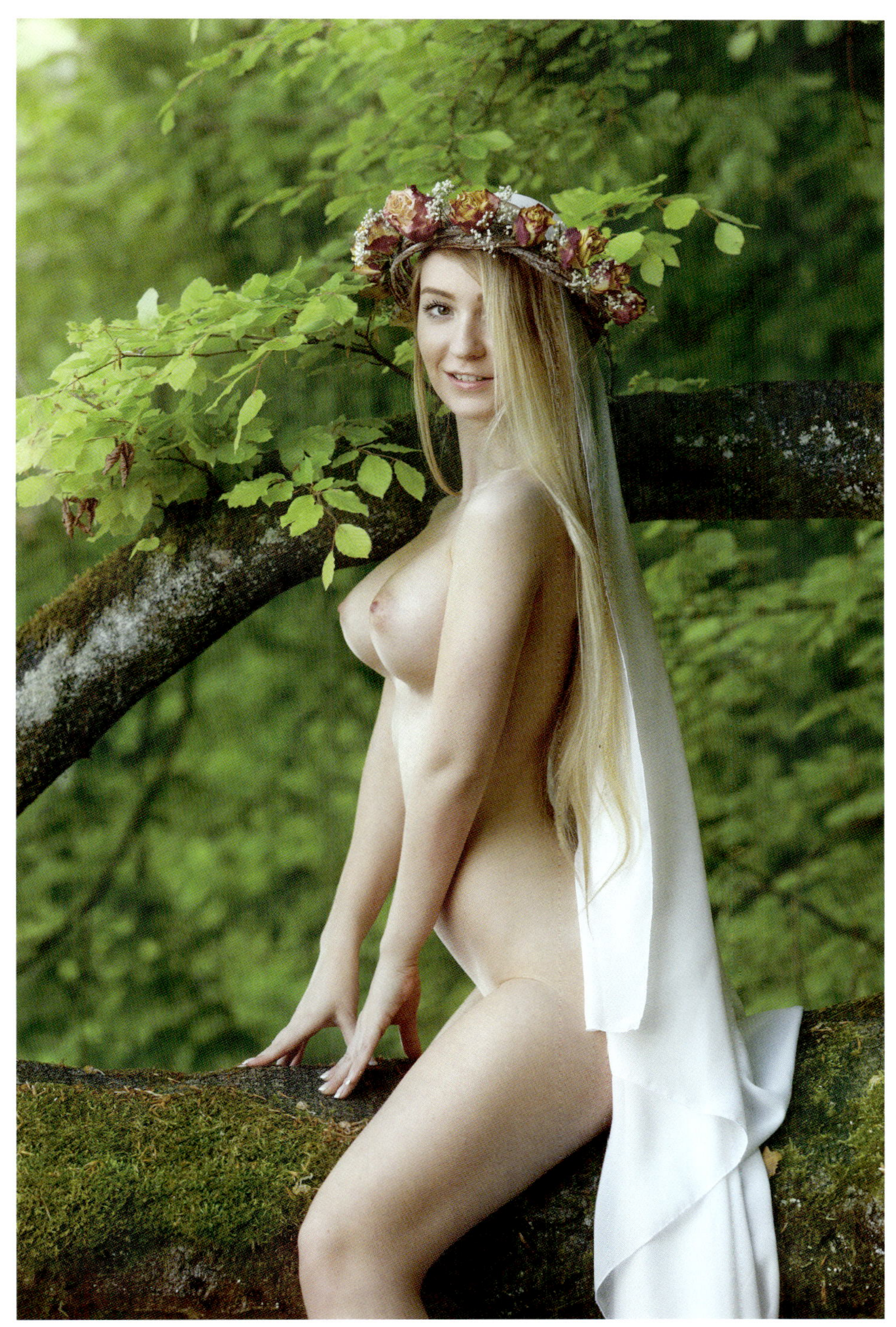

p.111 **Acacia** (47°45'40.3"N 9°06'41.9"E)

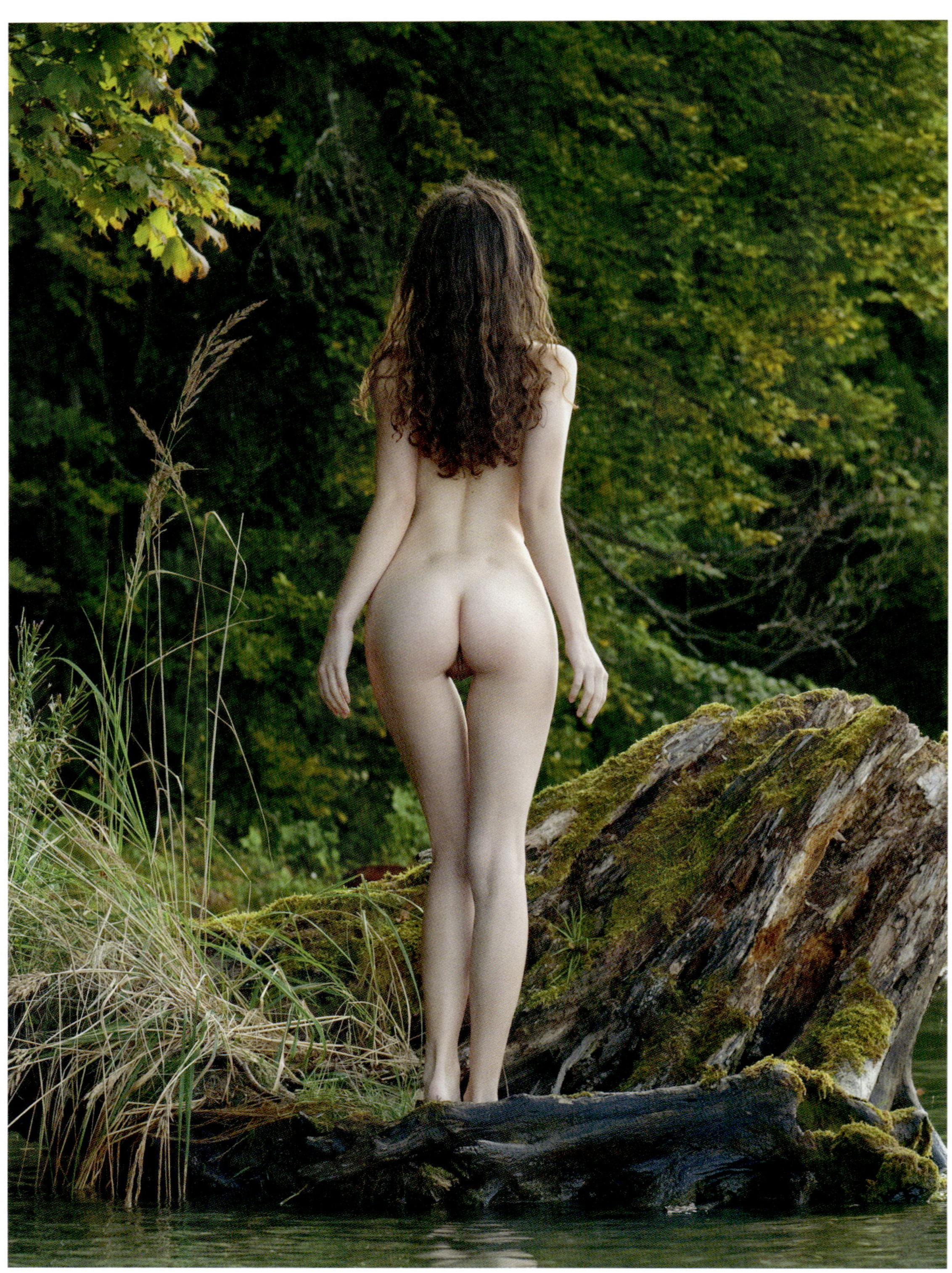

p.112 **Susann** (47°46'33.84"N, 9° 4'26.87")

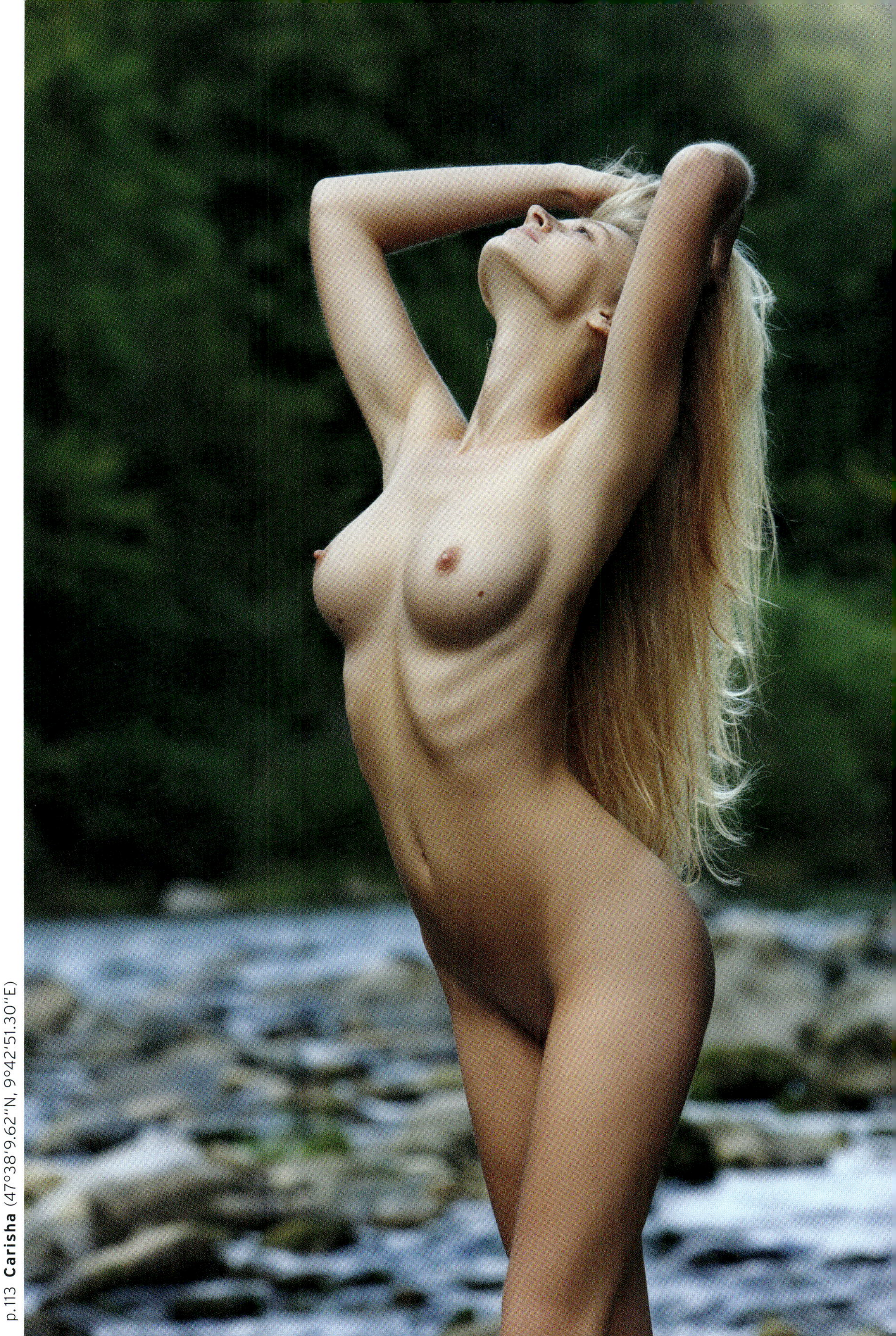

p.113 **Carisha** (47°38'9.62"N, 9°42'51.30"E)

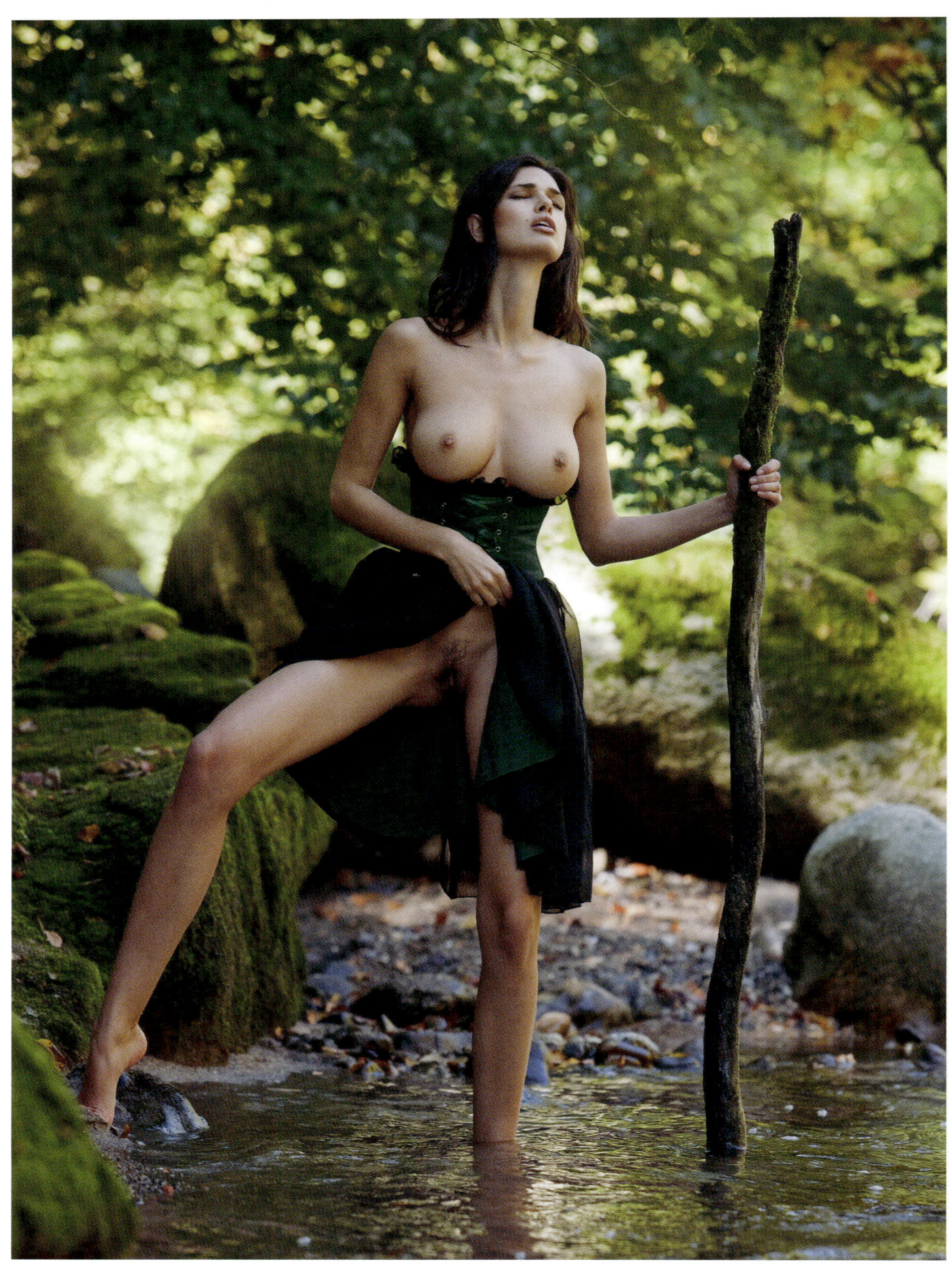

p.114 **Zoi** (47°38'13.30"N, 9°43'7.13"E)

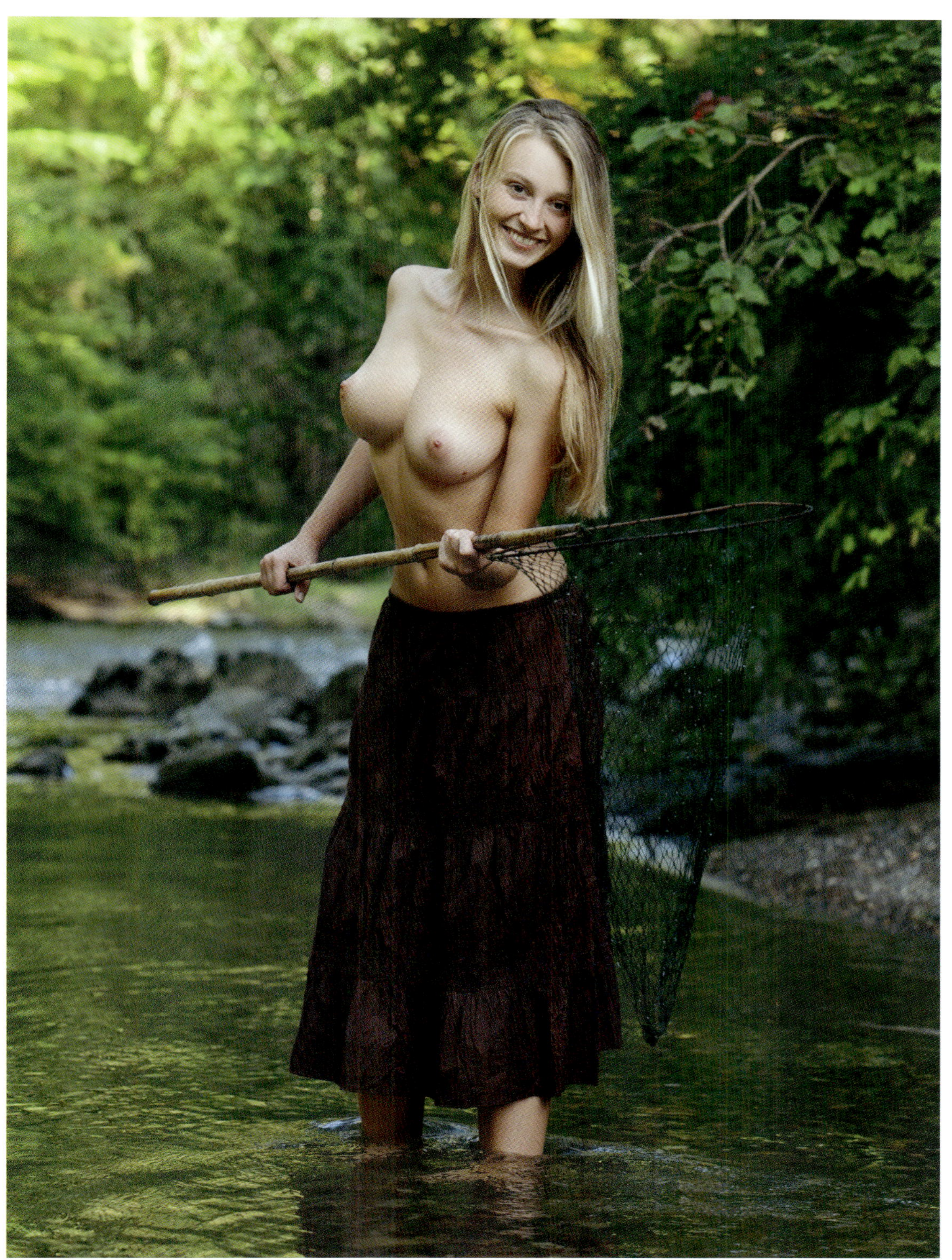

p.115 **Carisha** (47°38'14.25"N, 9°43'12.74"E)

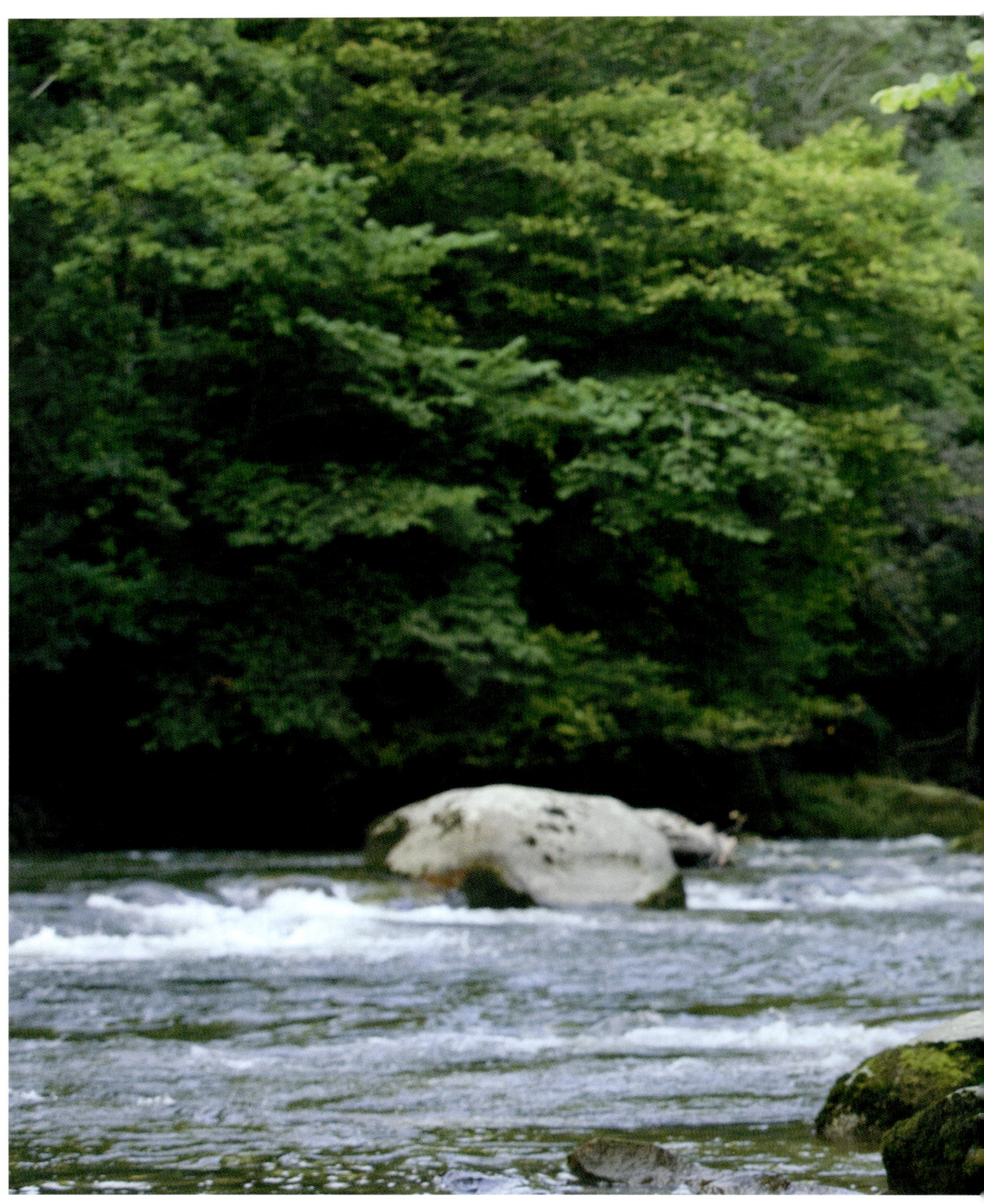

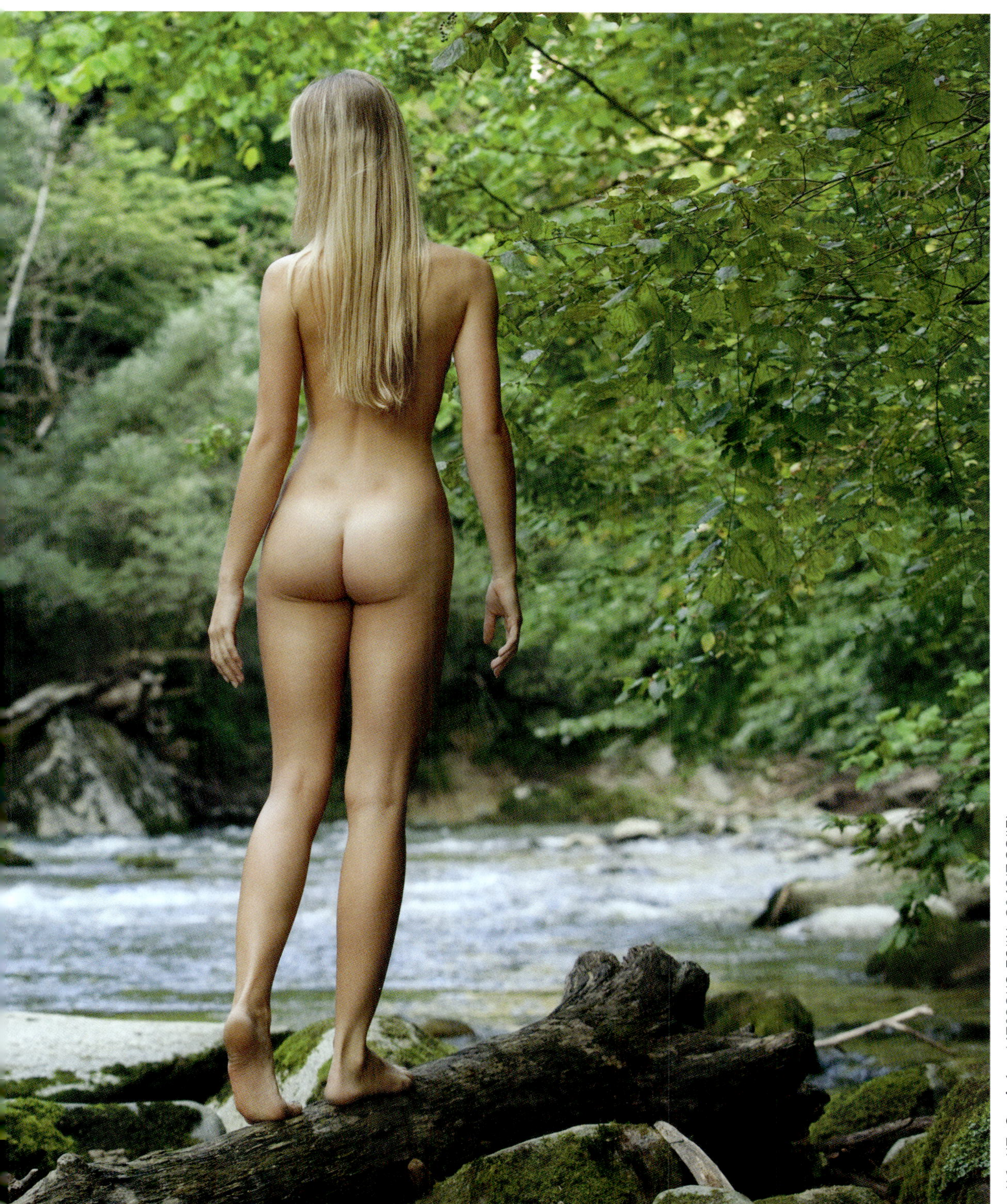

p.116–117 **Carisha** (47°38'13.53"N, 9°43'7.99"E)

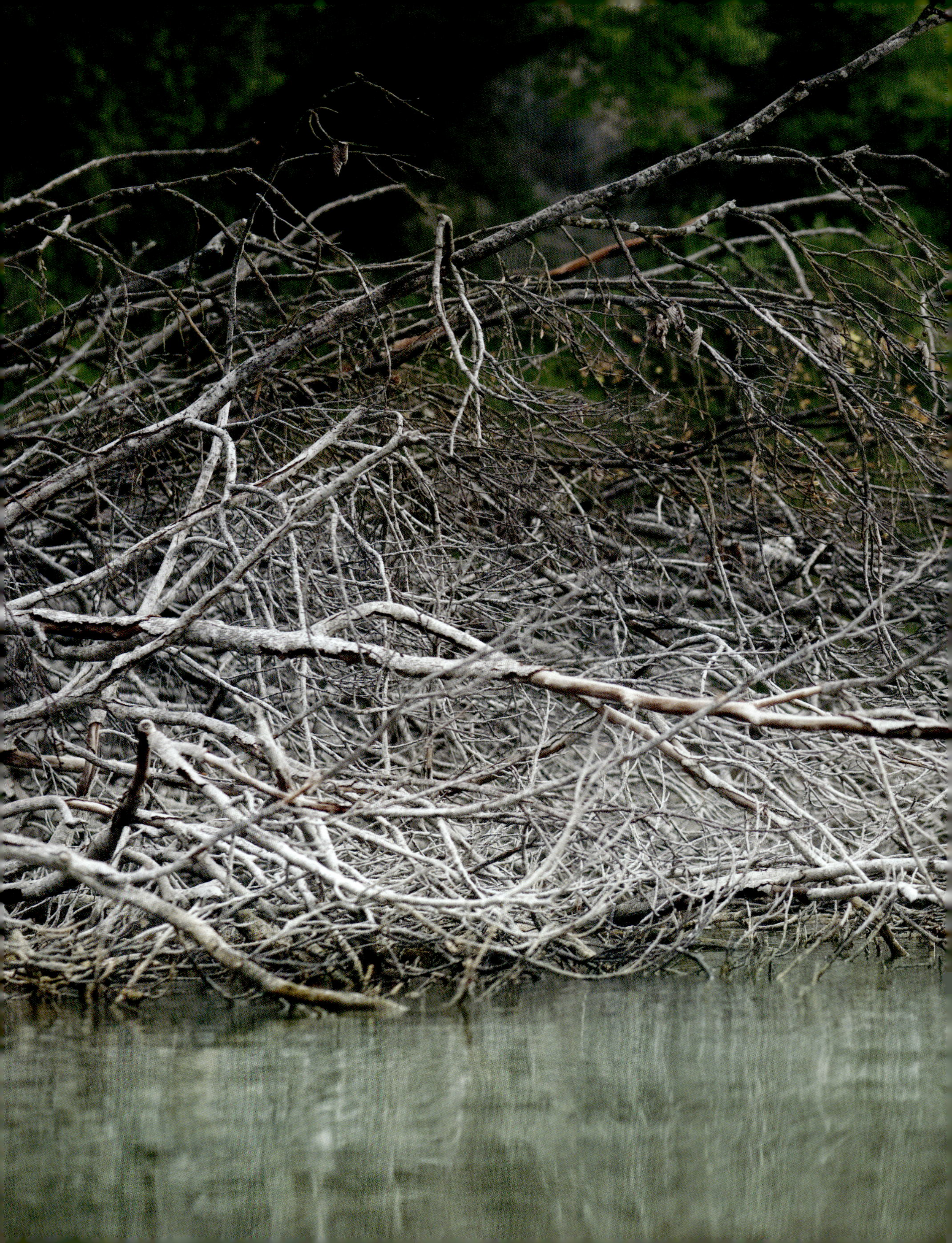

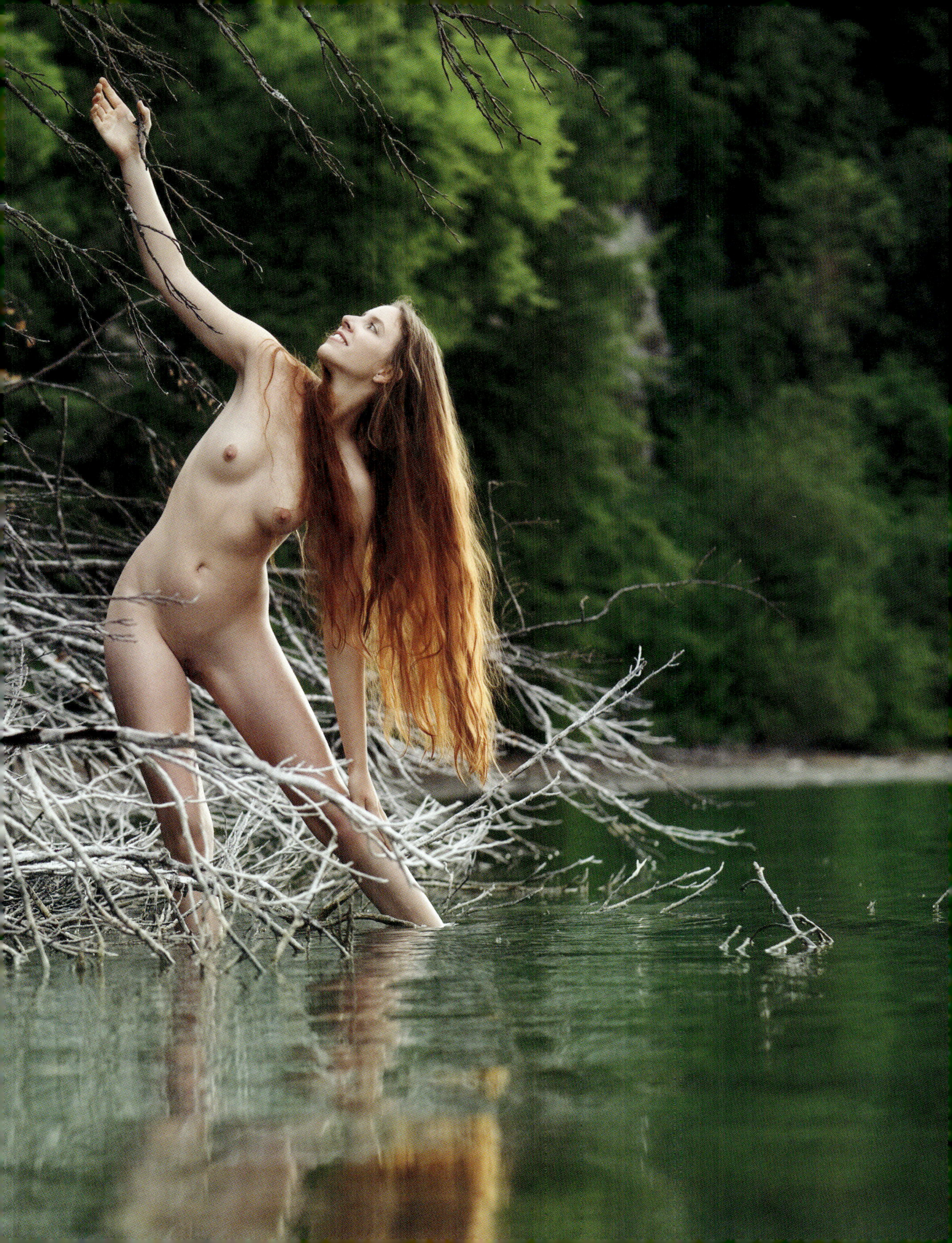

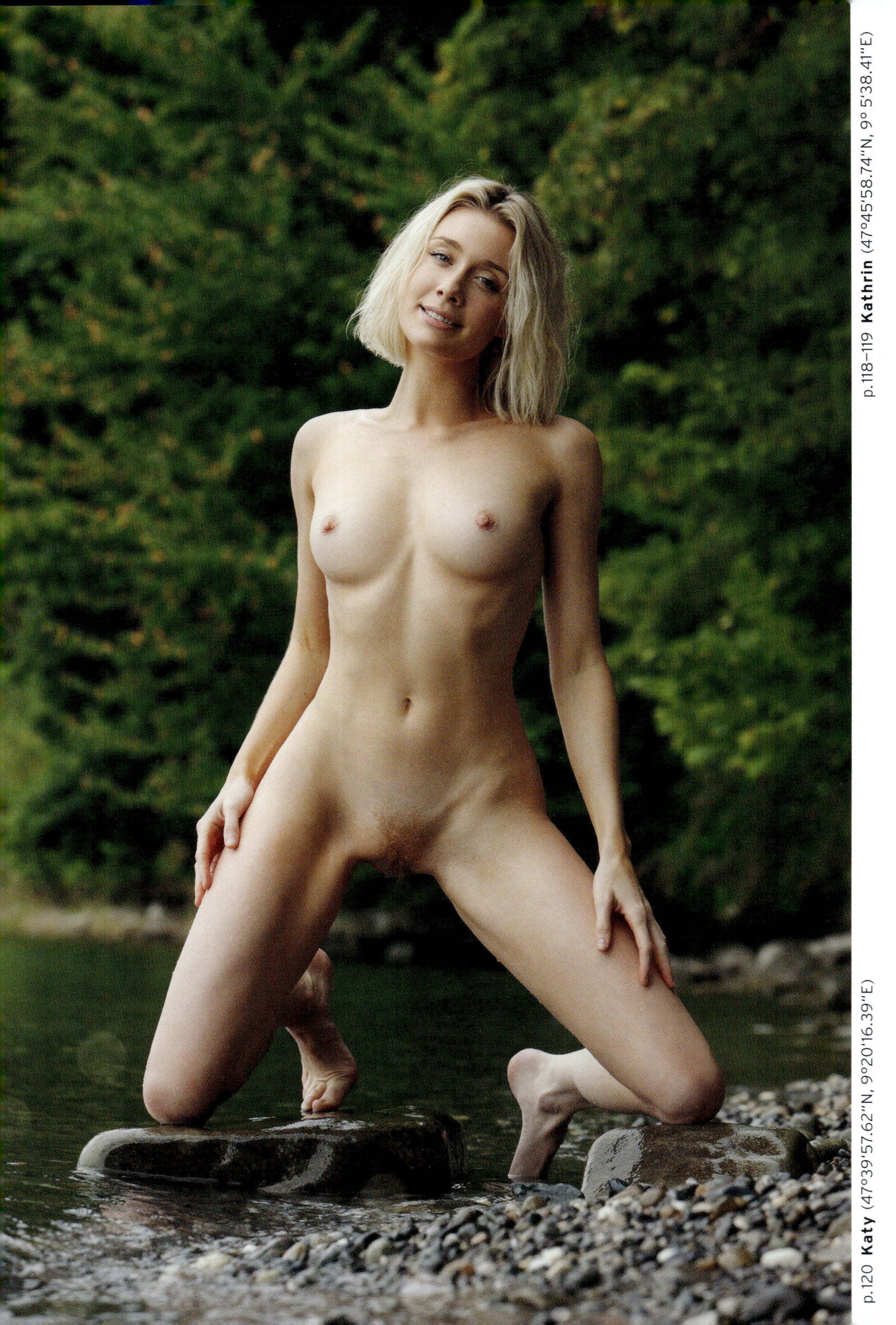

p.118–119 **Kathrin** (47°45'58.74"N, 9° 5'38.41"E)

p.120 **Katy** (47°39'57.62"N, 9°20'16.39"E)

p.121 **Anne** (47°38'9.98"N, 9°42'51.15"E)

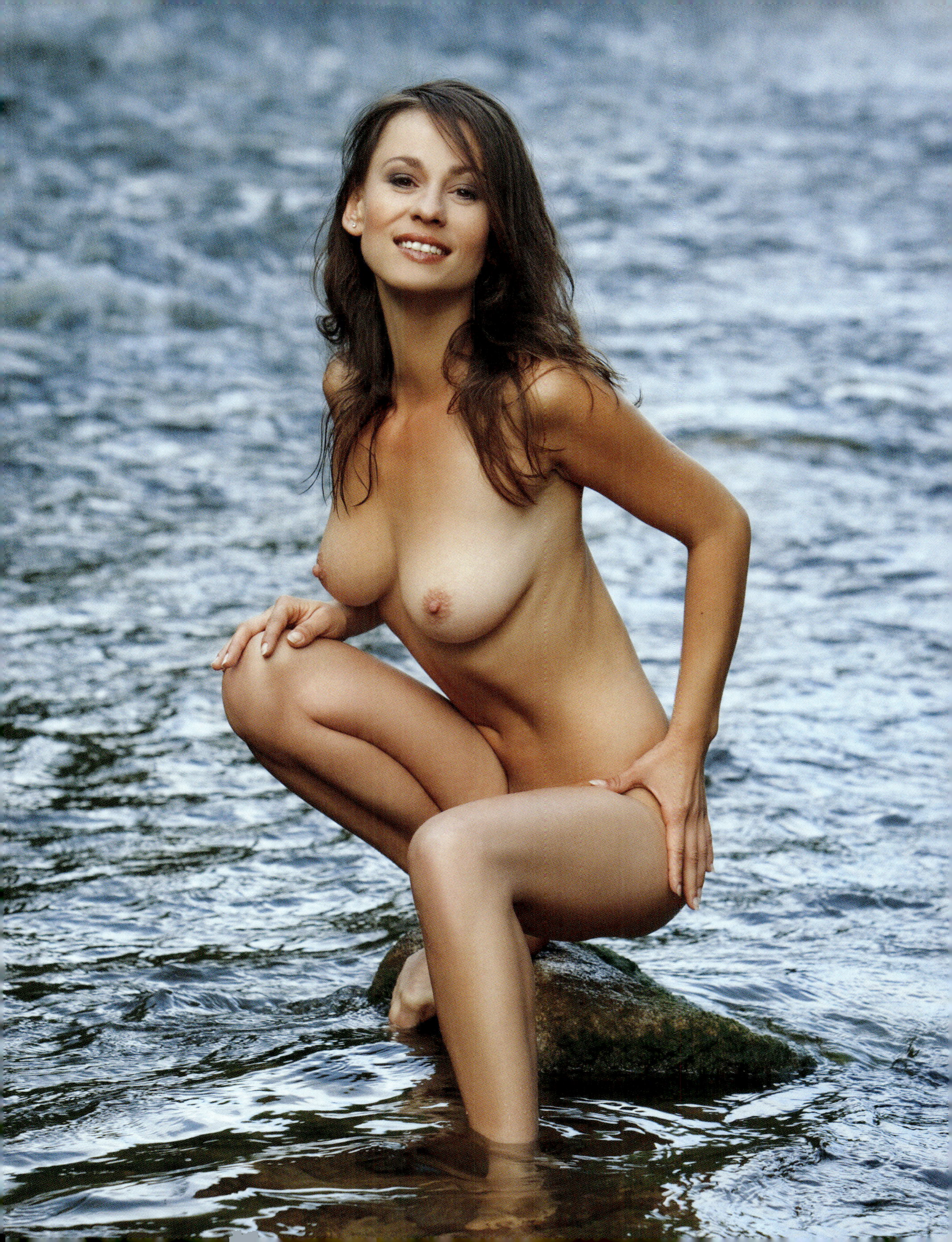

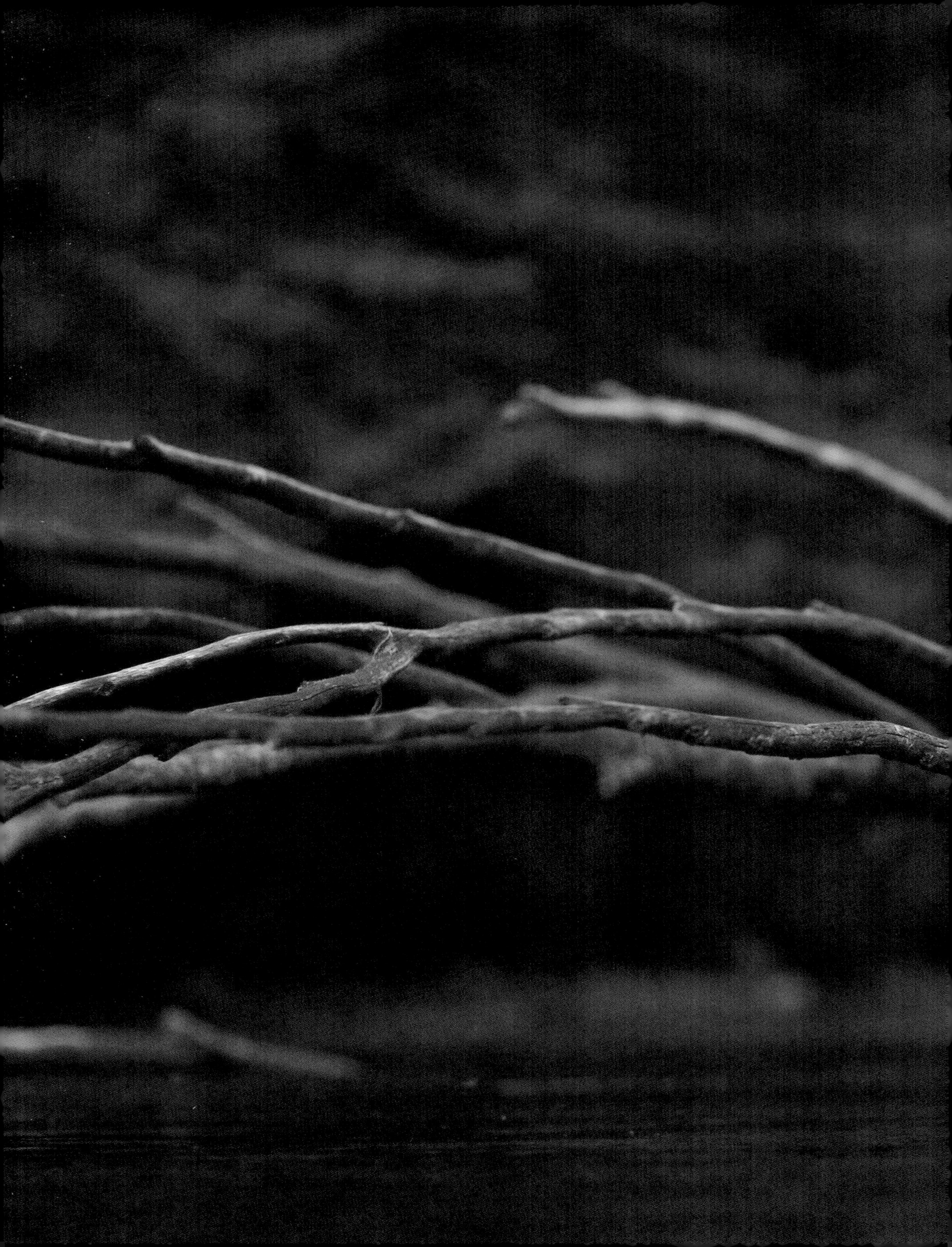

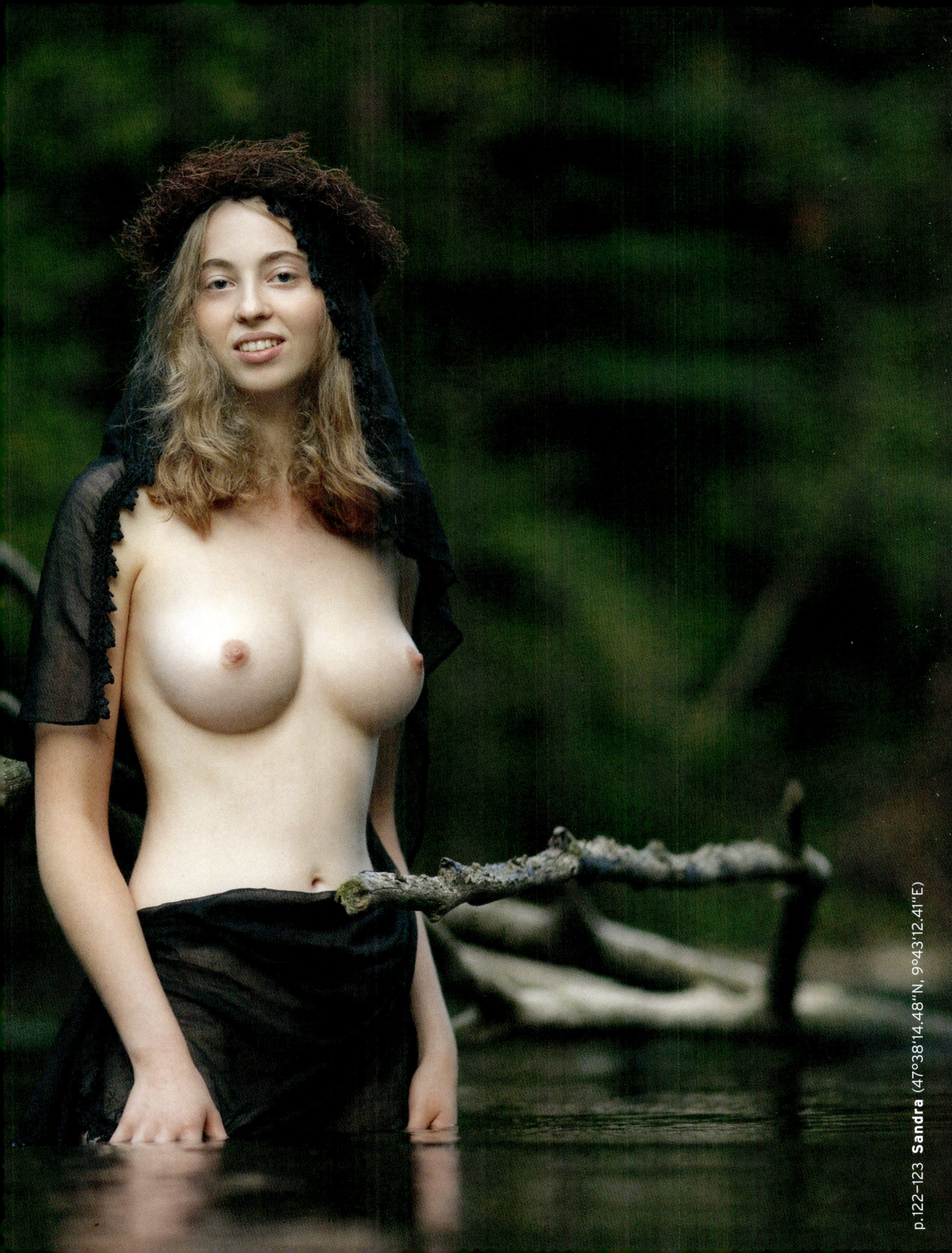

p.122–123 **Sandra** (47°38'14.48"N, 9°43'12.41"E)

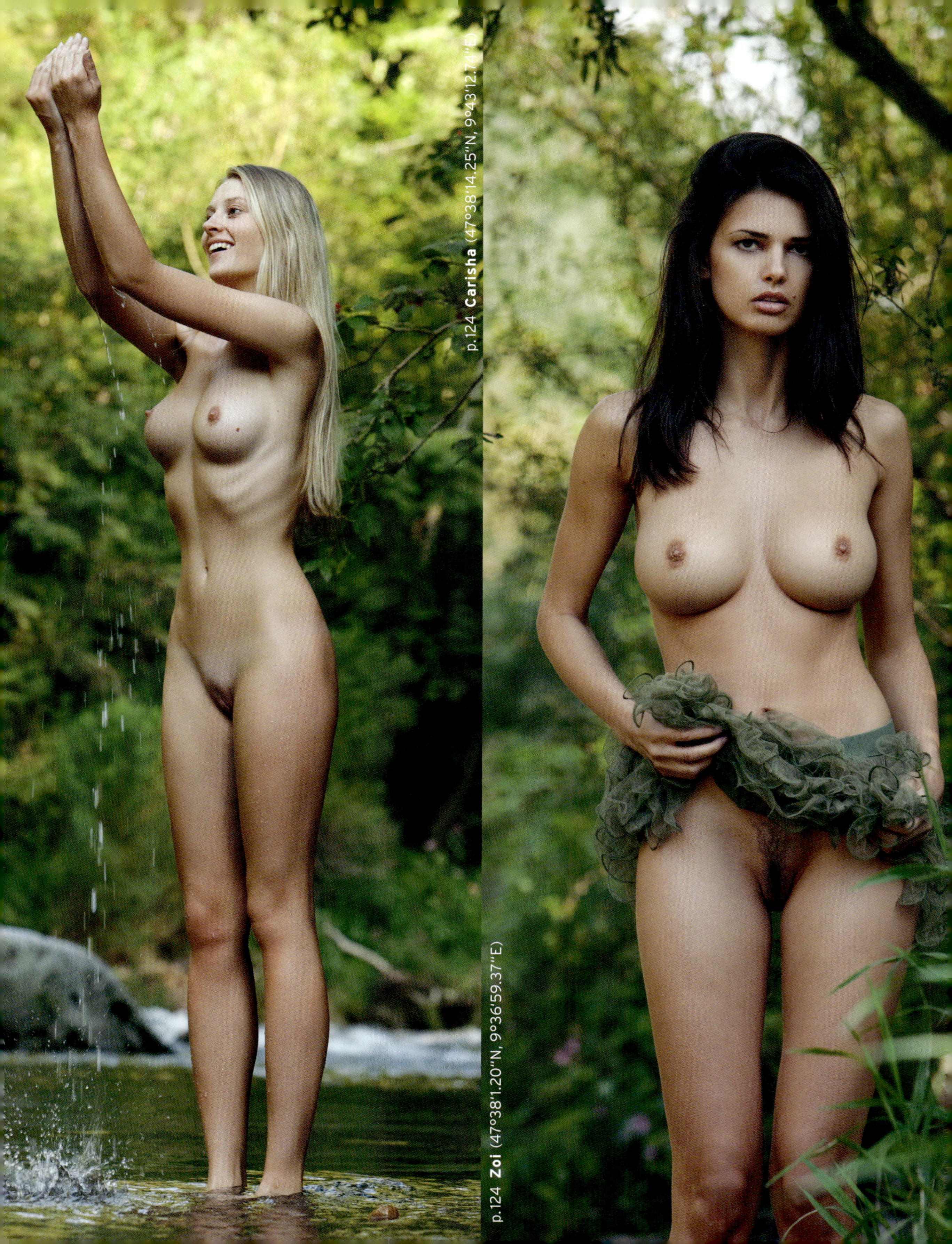

p.124 **Carisha** (47°38'14.25"N, 9°43'12.74"E)

p.124 **Zoi** (47°38'1.20"N, 9°36'59.37"E)

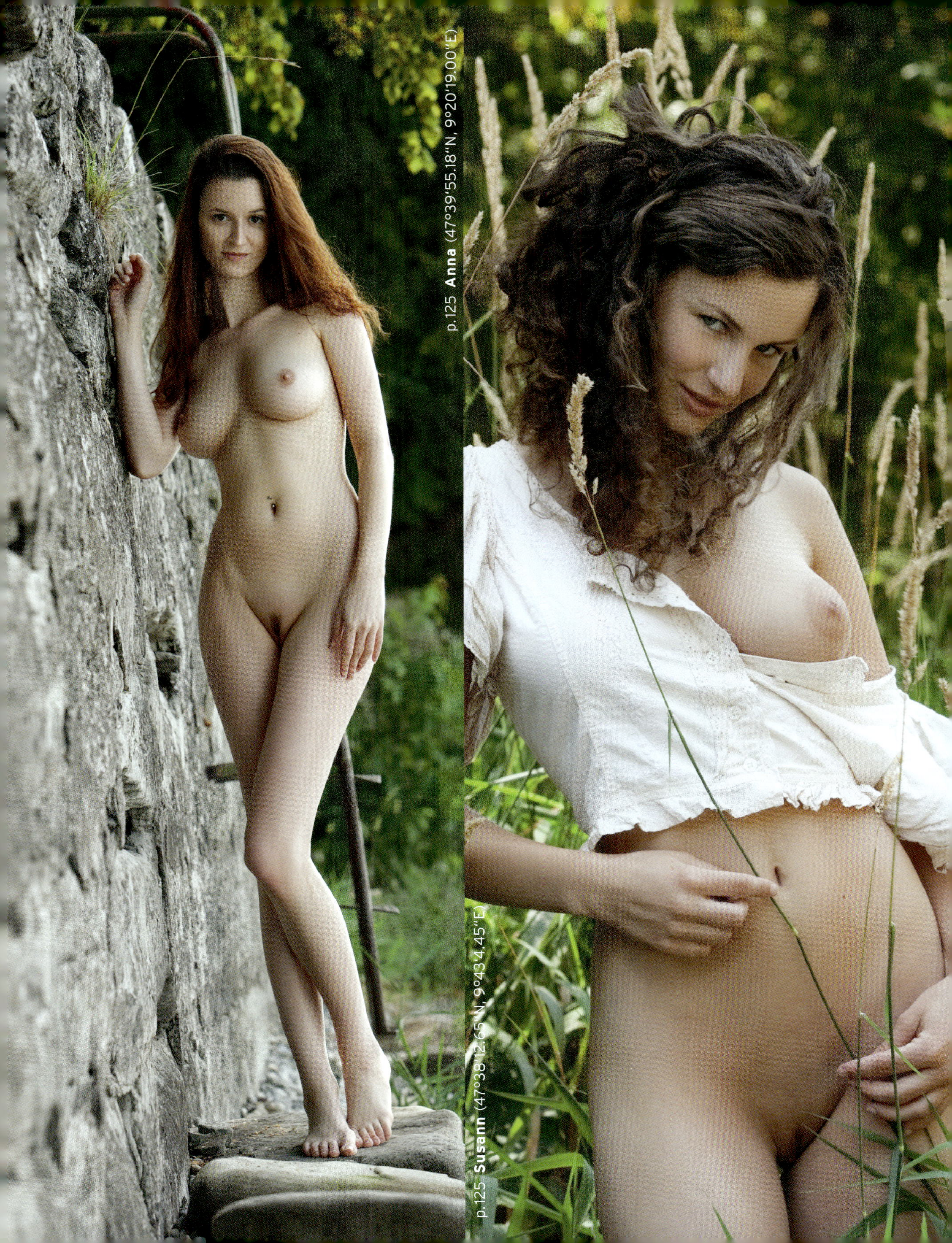

p.125 **Anna** (47°39'55.18"N, 9°20'19.00"E)

p.125 **Susann** (47°38'12.65"N, 9°43'4.45"E)

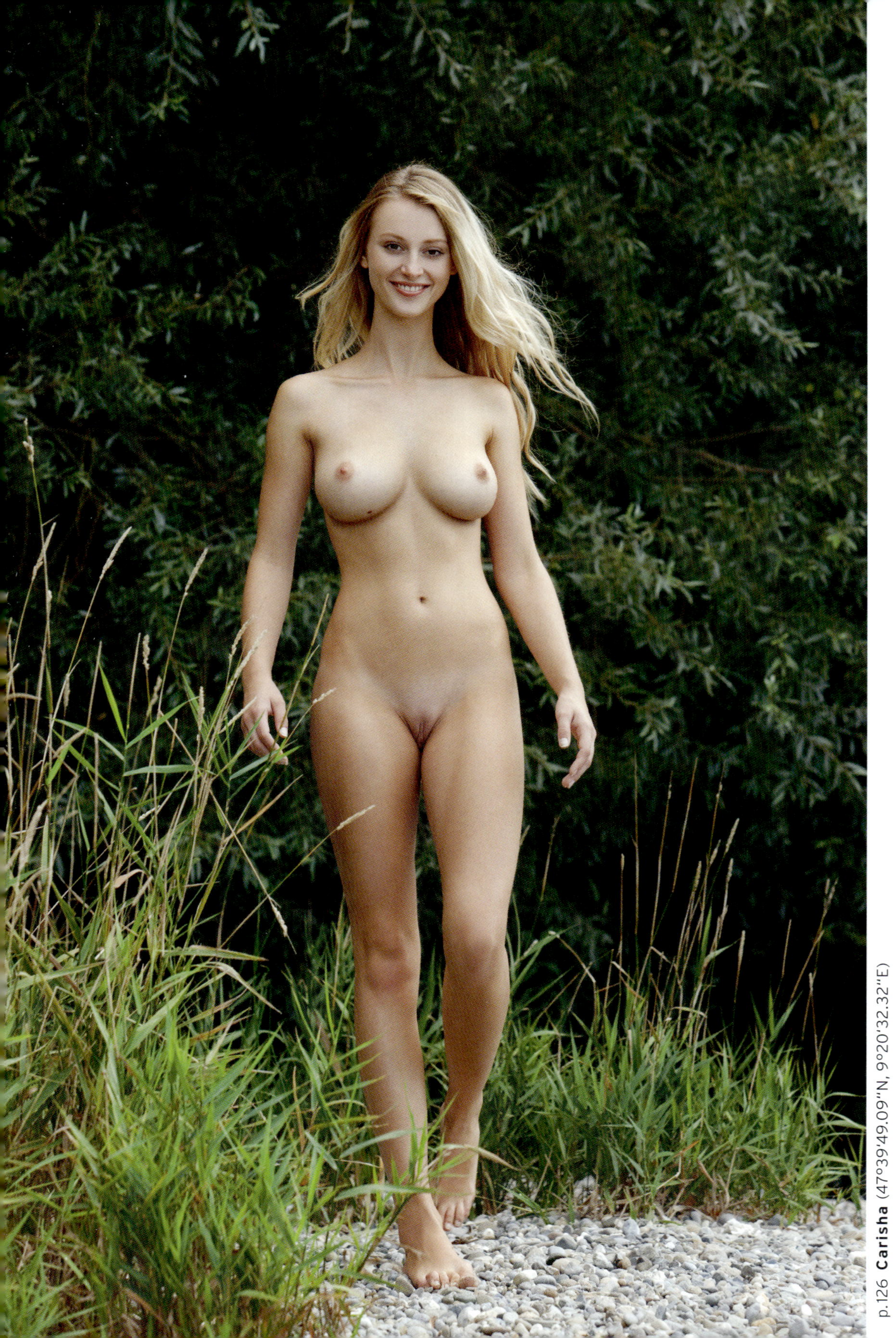

p.126 **Carisha** (47°39'49.09"N, 9°20'32.32"E)

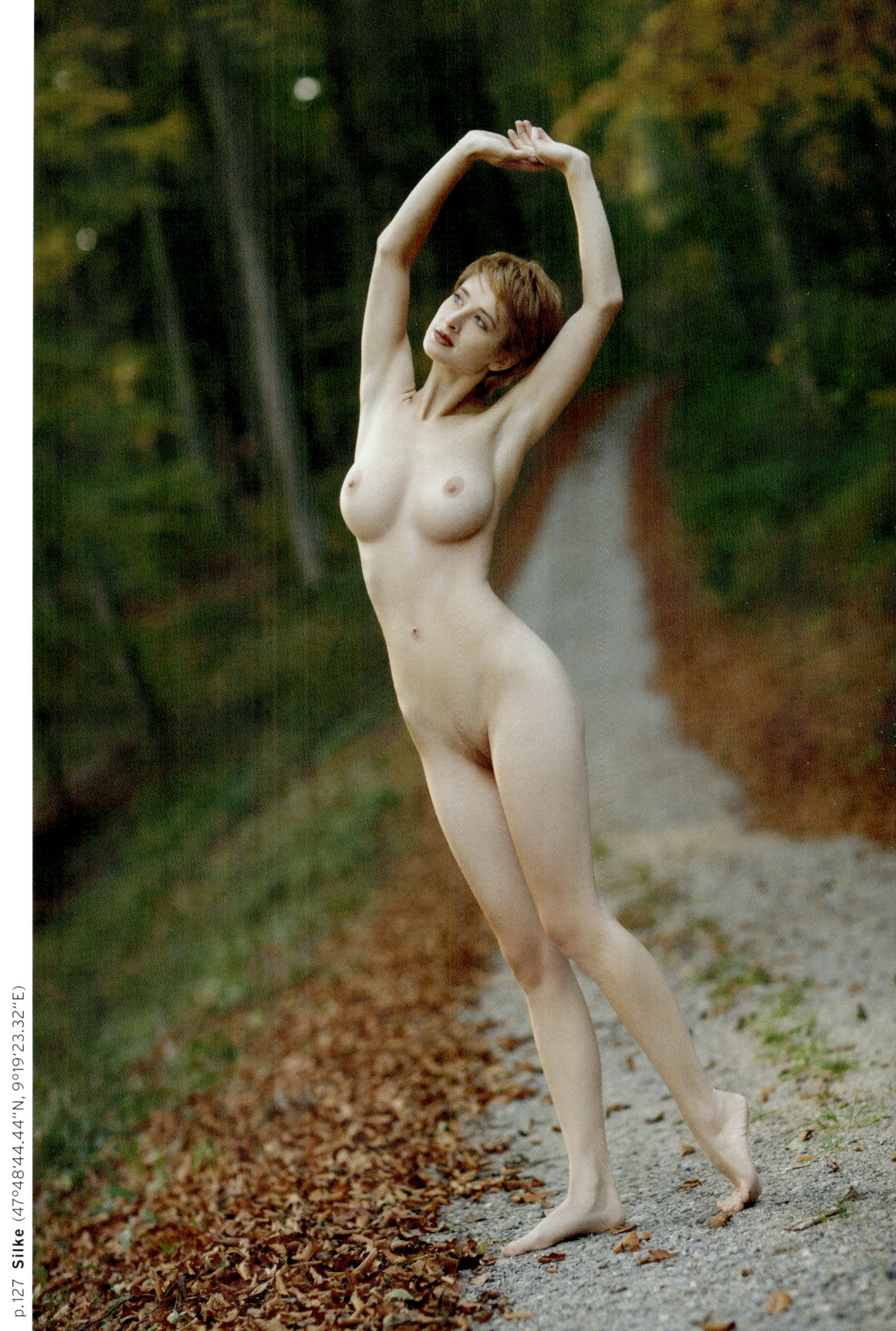

p.127 **Silke** (47°48'44.44"N, 9°19'23.32"E)

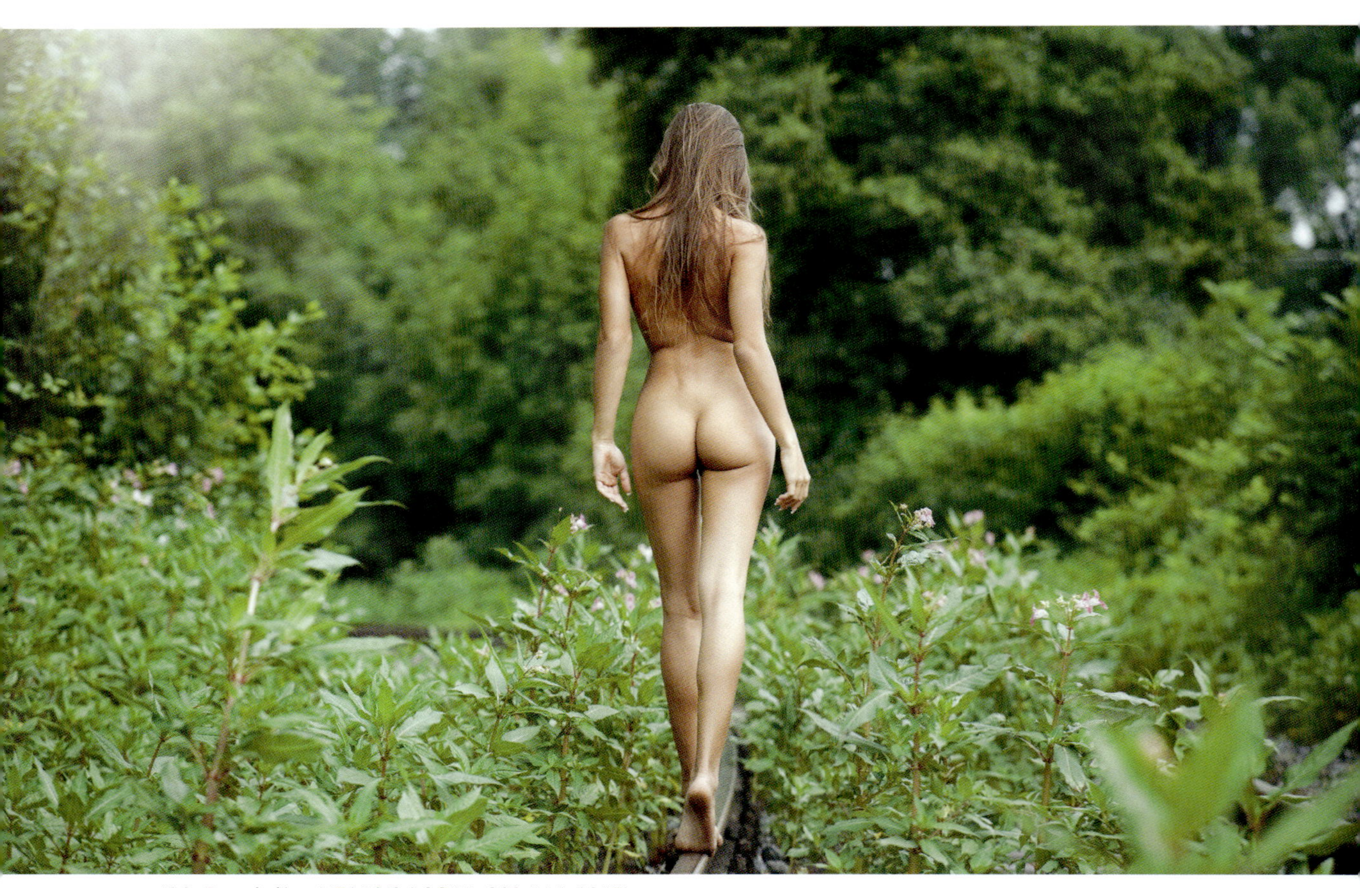

p.128 **Dominika** (47°40'36.38"N, 9°24'46.60"E)

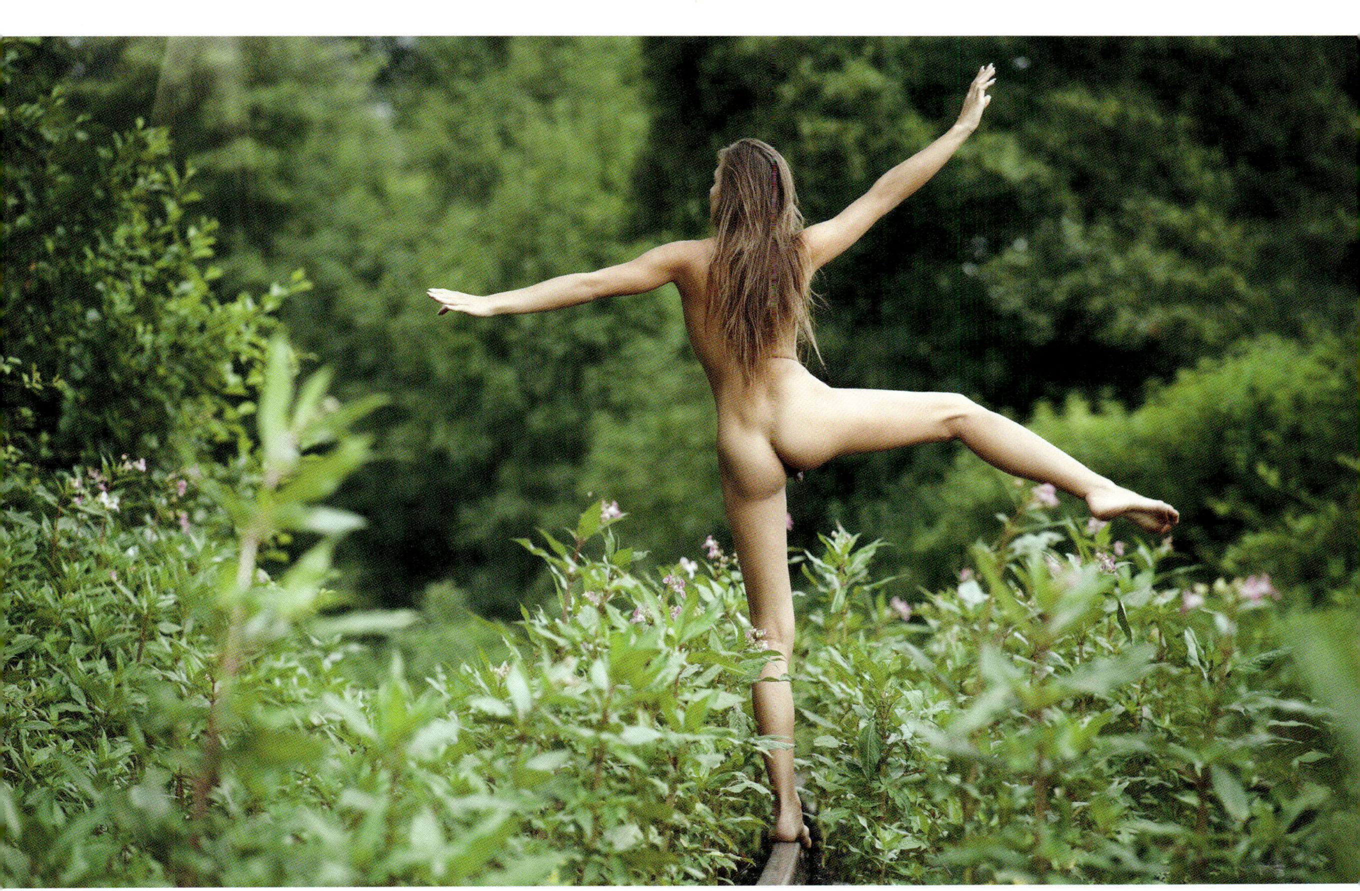

p.129 **Dominika** (47°40'36.38"N, 9°24'46.60"E)

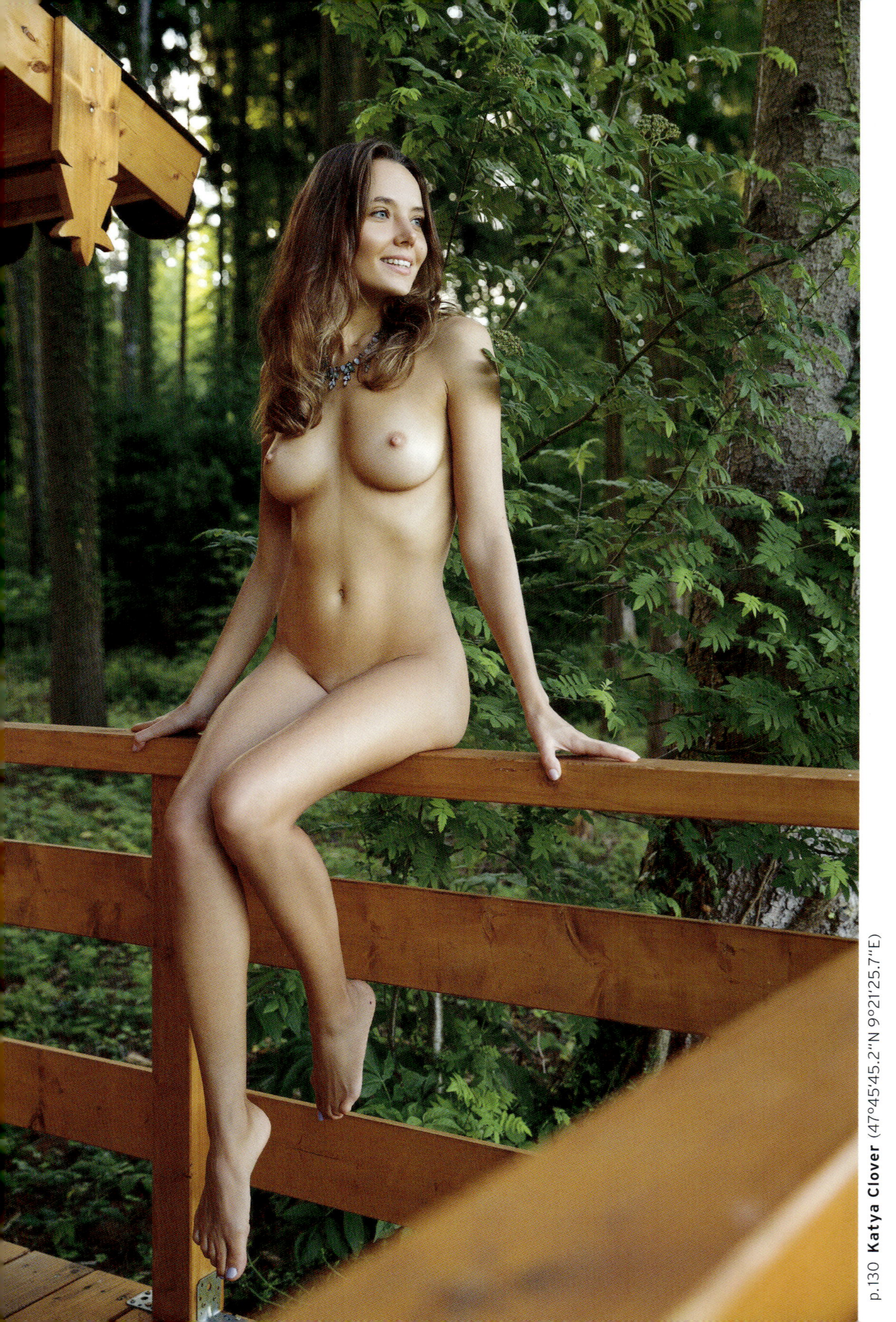

p.130 **Katya Clover** (47°45'45.2"N 9°21'25.7"E)

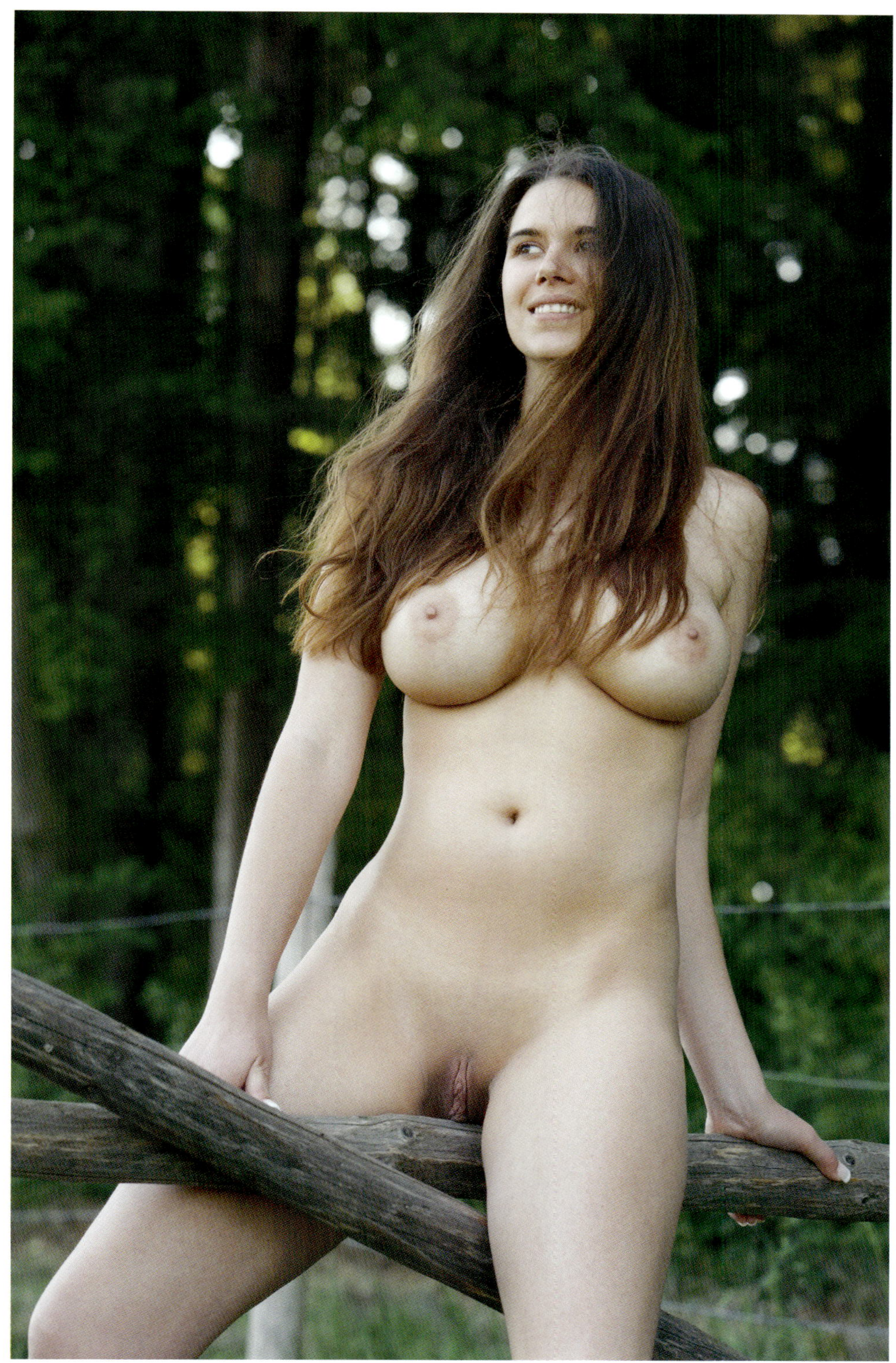

p.131 **Carina** (47°37'26.22"N, 9°41'20.38"E)

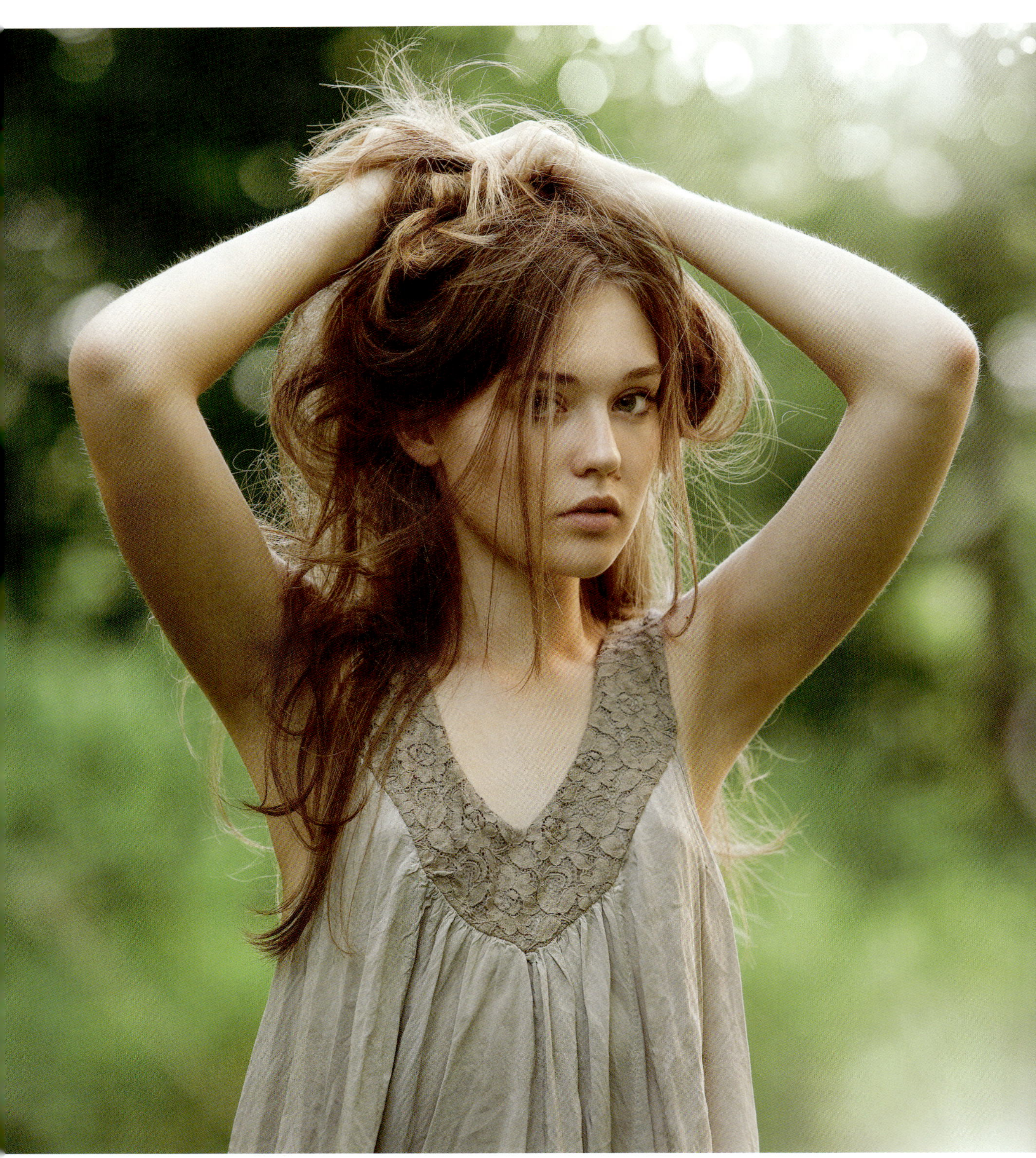

p.132 **Violetta** (47°40'12.98"N, 9°23'35.45"E)

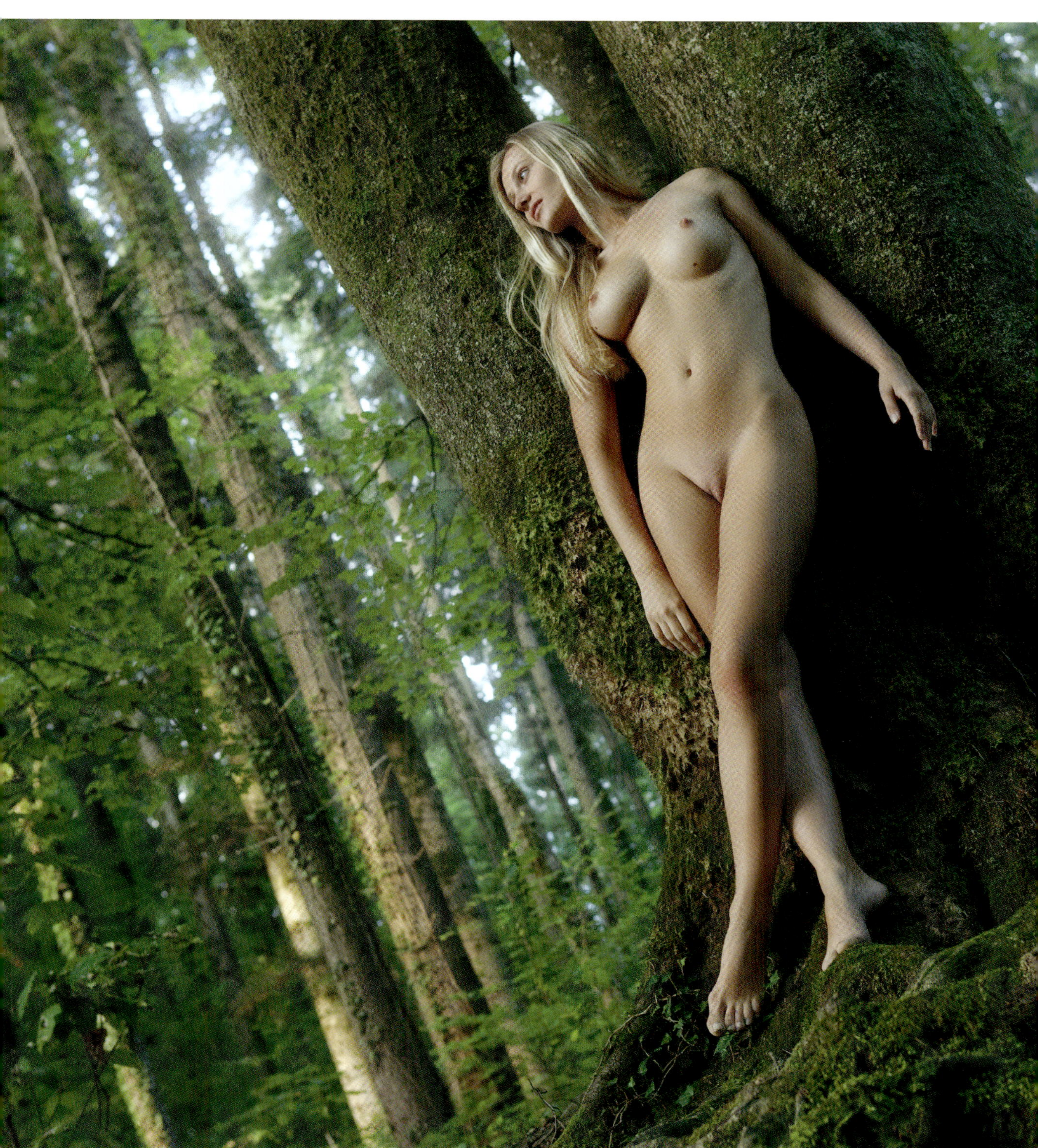

p.133 **Carisha** (47°38'13.53"N, 9°43'7.99"E)

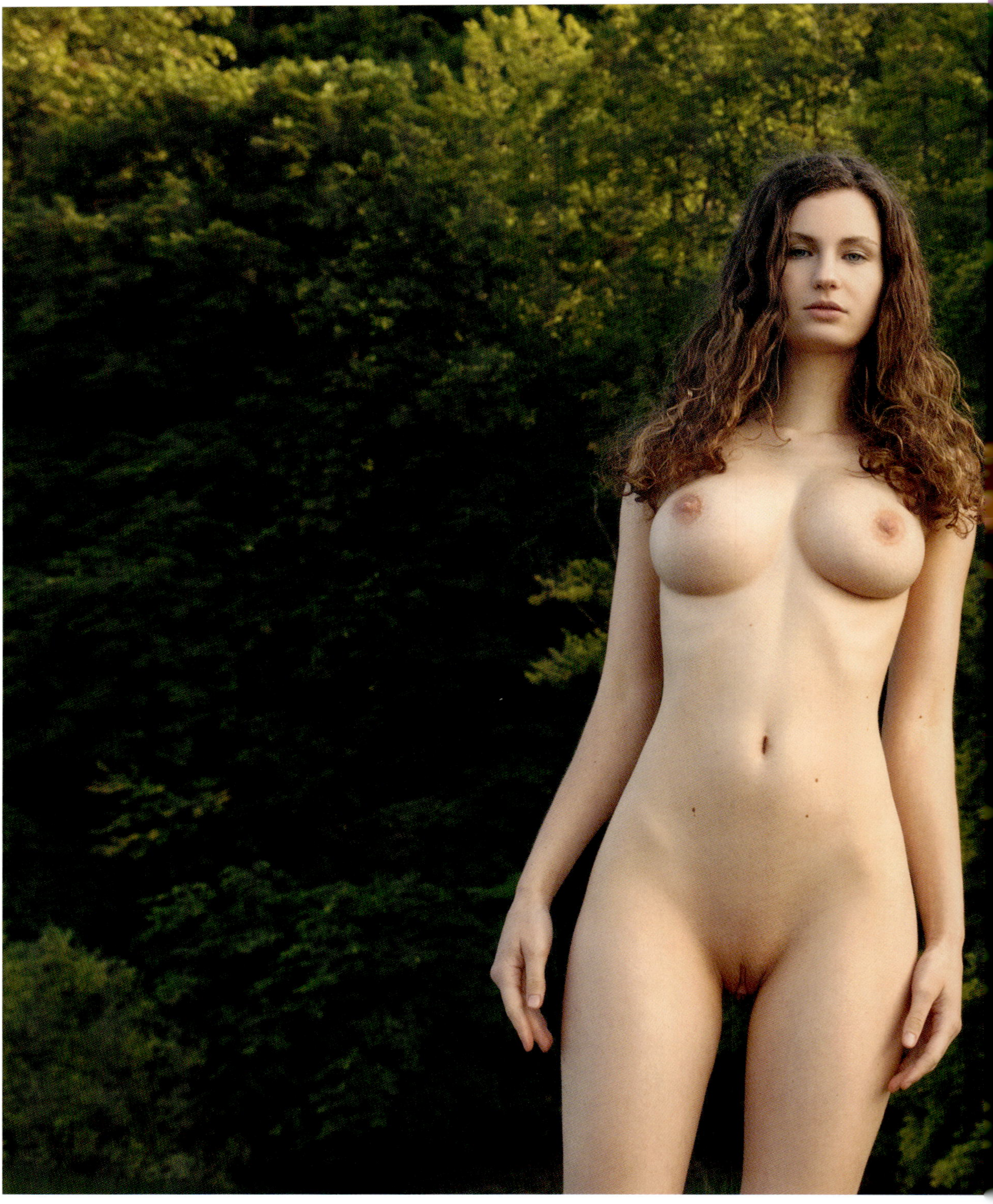

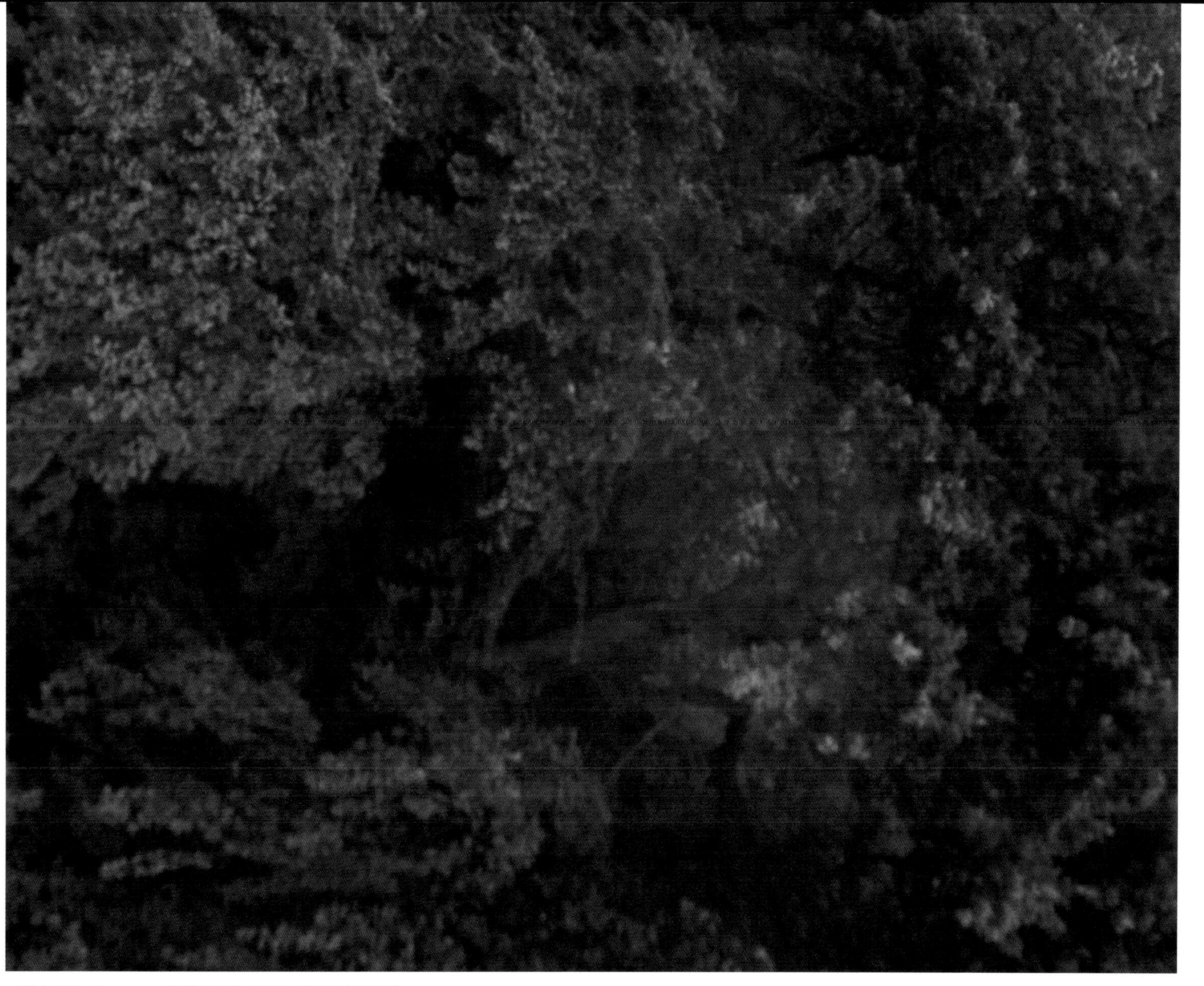

p.134–135 **Susann** (47°46‘38.39“N, 9°4‘14.98“E)

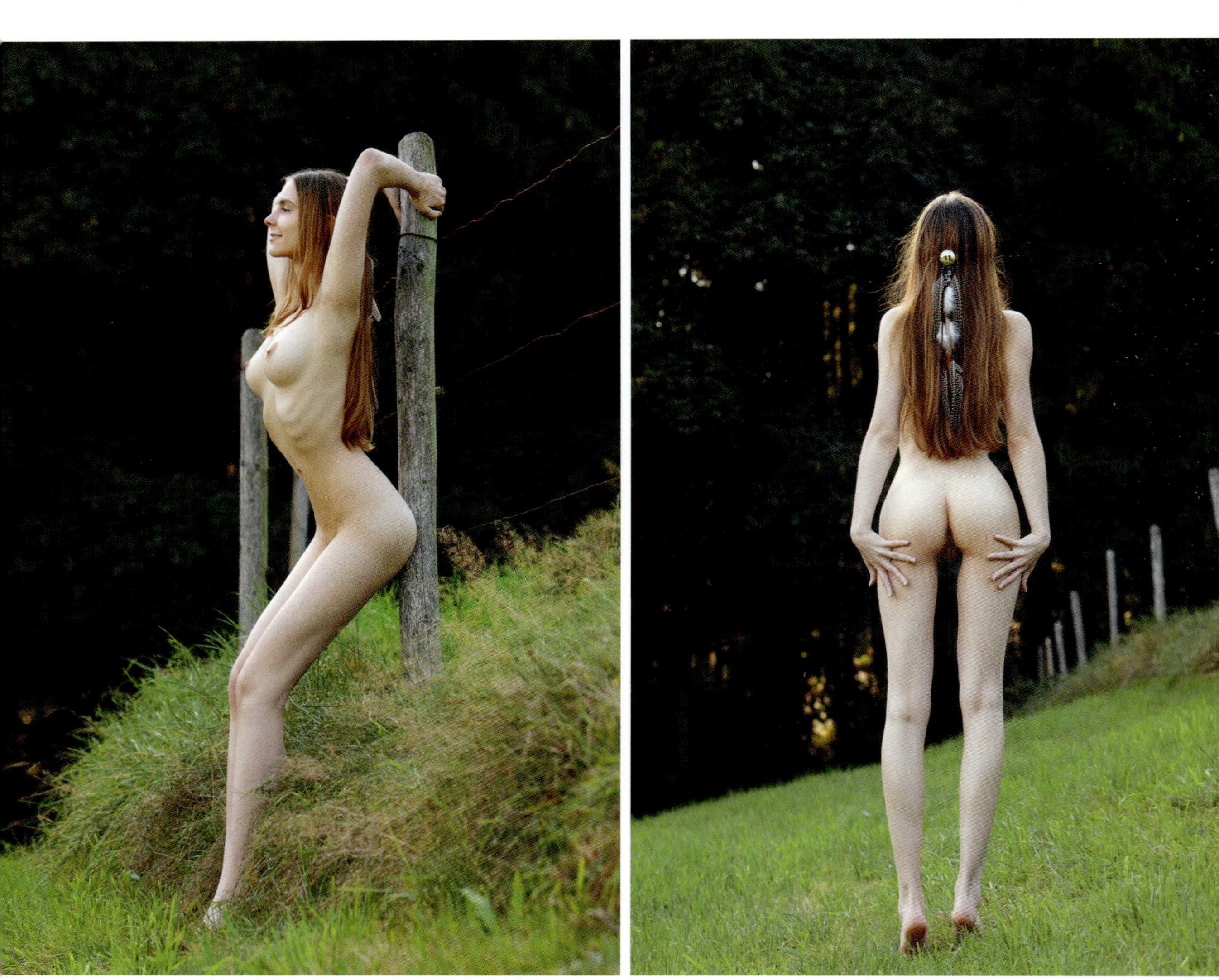

p.136 **Mitzie** (47°38'23.99"N, 9°43'44.78"E) p.136 **Mitzie** (47°38'23.99"N, 9°43'44.78"E)

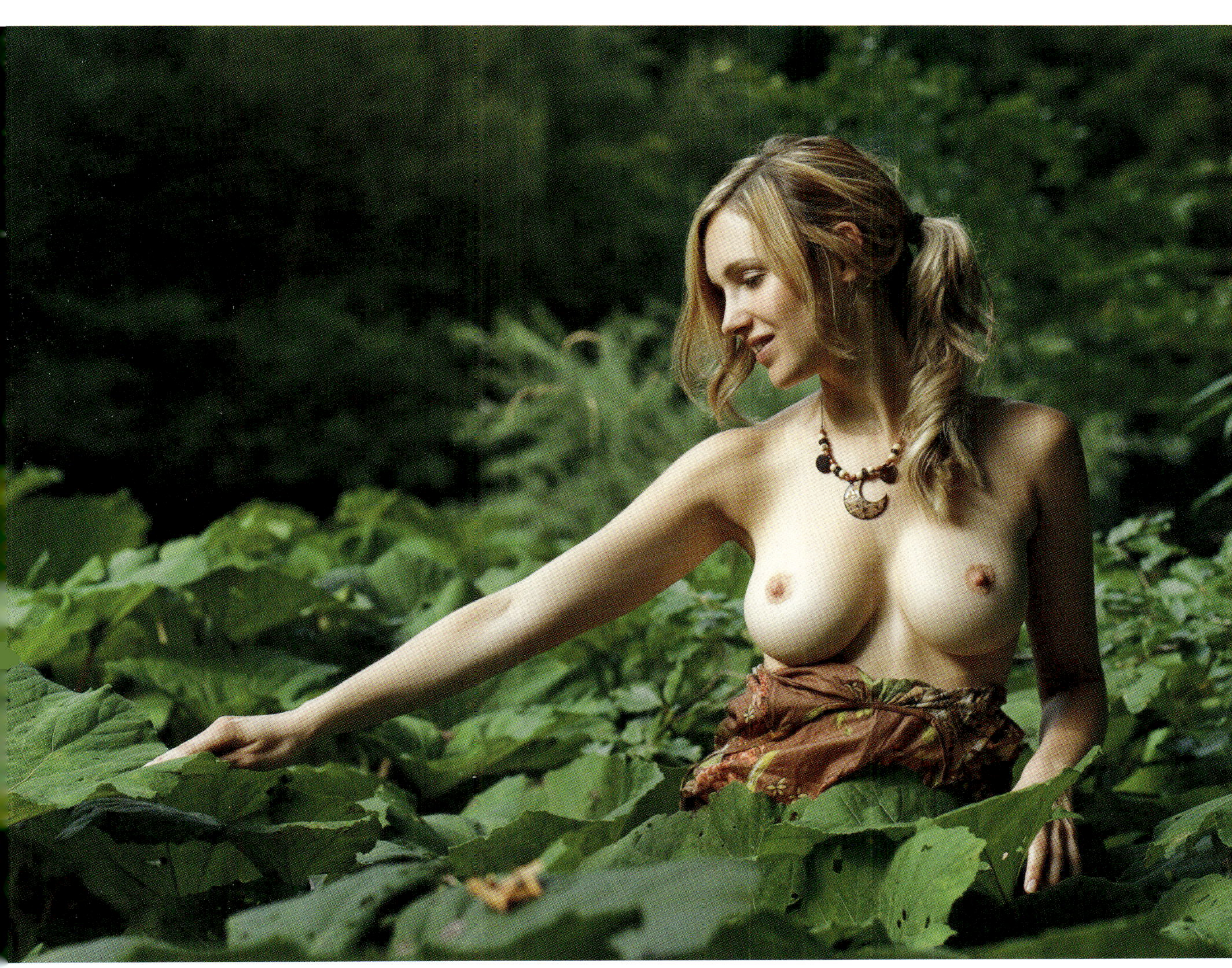

p.137 **Corinna** (47°38'9.35"N, 9°42'50.91"E)

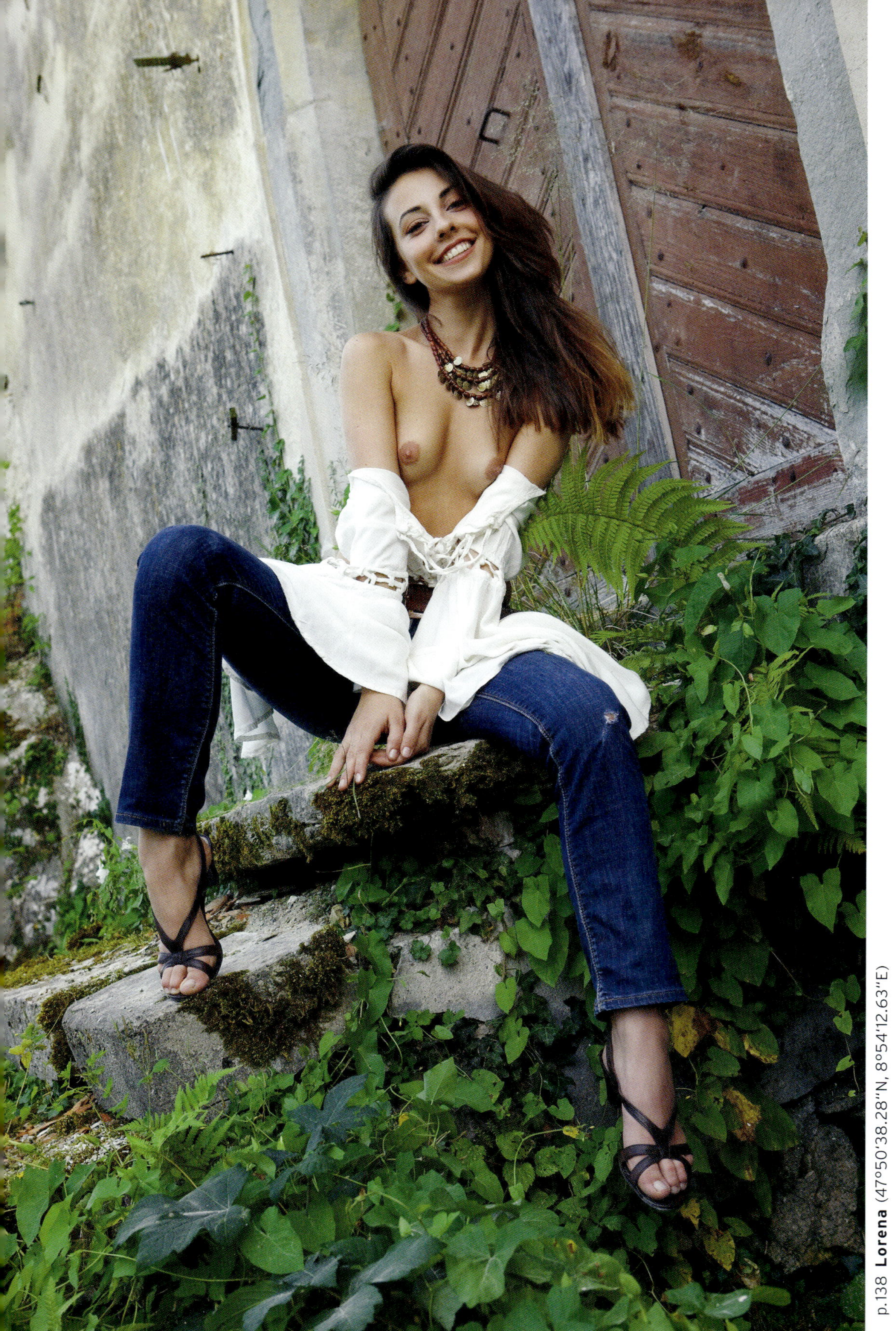

p.138 **Lorena** (47°50'38.28''N, 8°54'12.63''E)

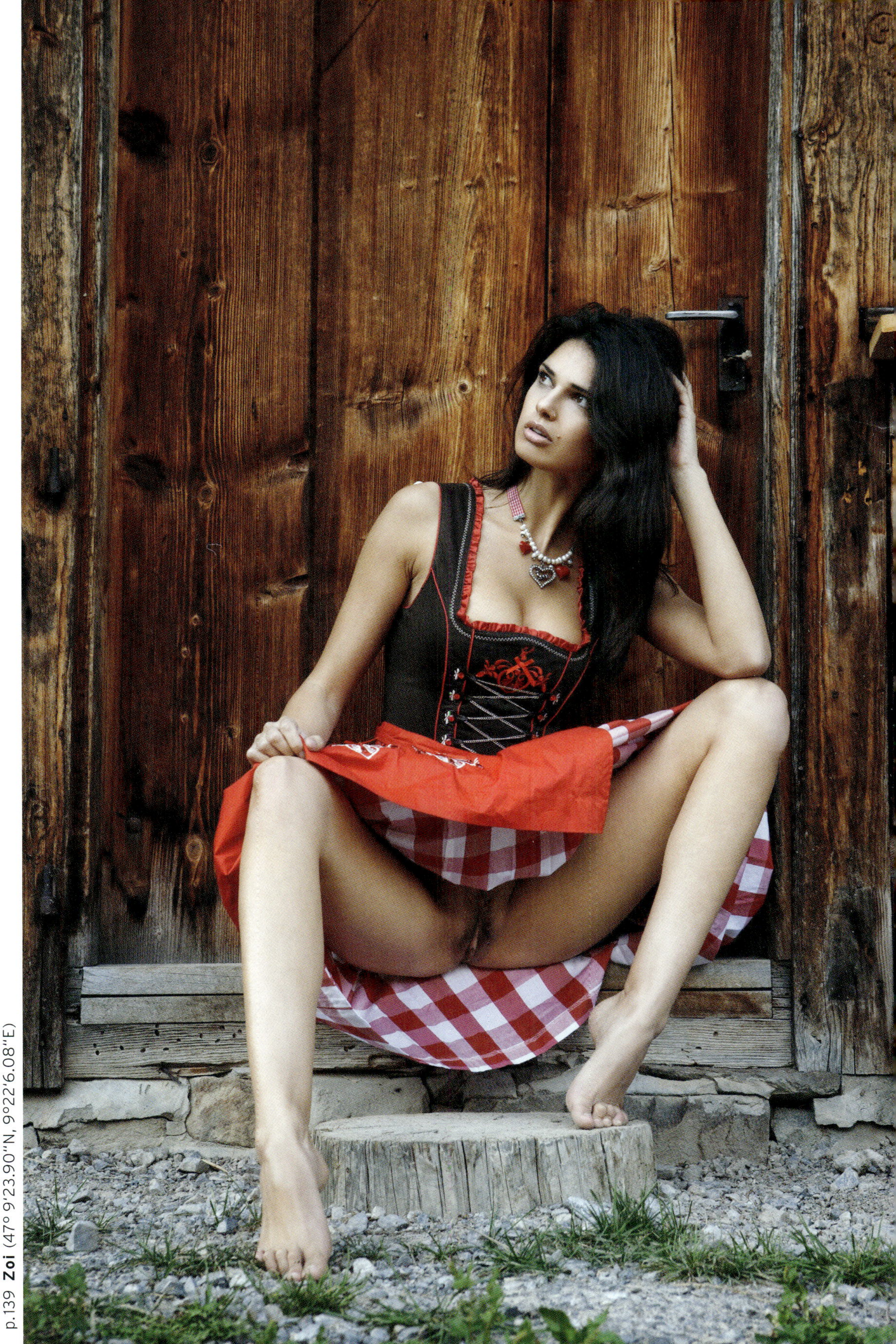

p.139 **Zoi** (47° 9'23.90''N, 9°22'6.08''E)

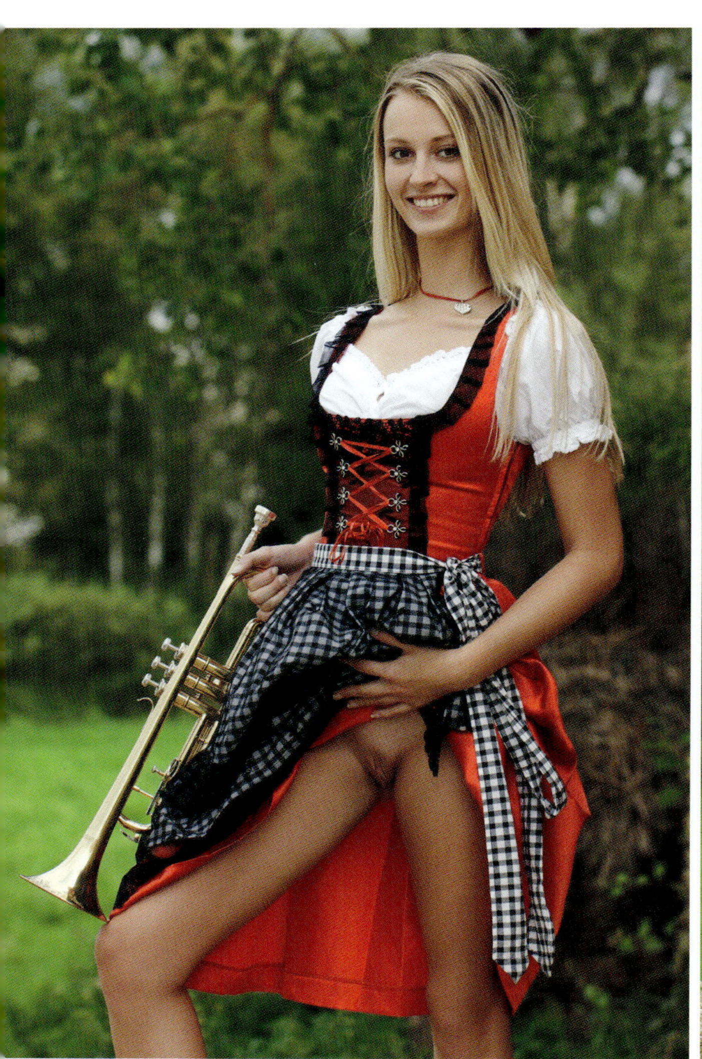

p.140 **Carisha** (47°52‘59.49“N, 9°25‘25.66“E)

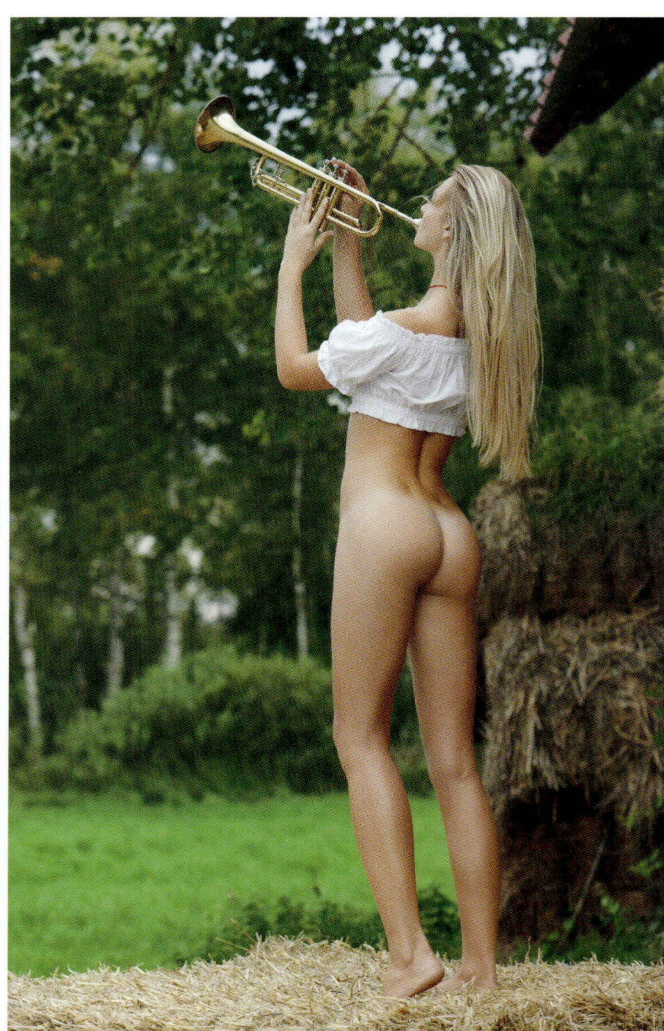

p.140 **Carisha** (47°52‘59.49“N, 9°25‘25.66“E)

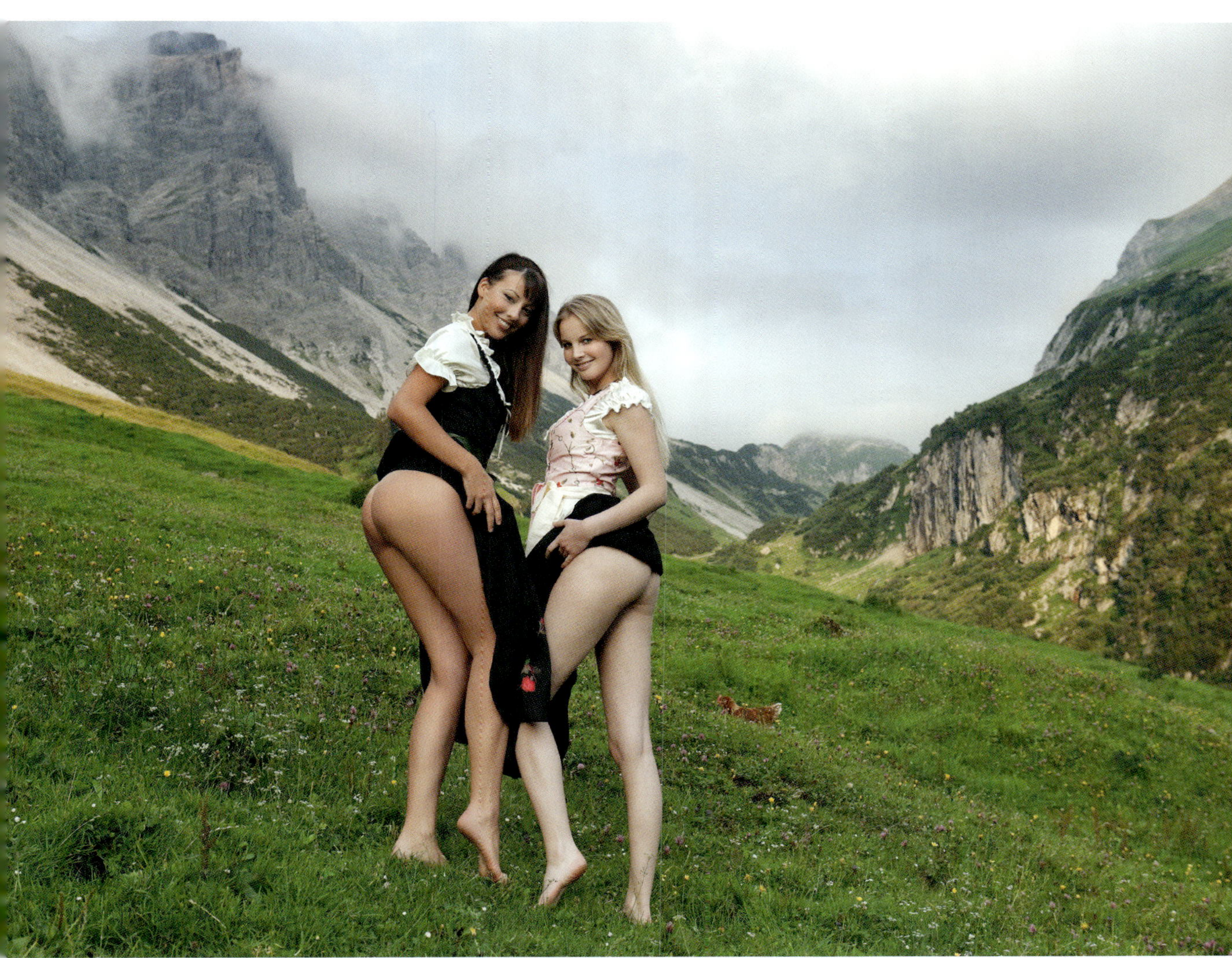

p.141 **Lorena, Belinda** (47°12'8.45"N, 9°58'7.90"E)

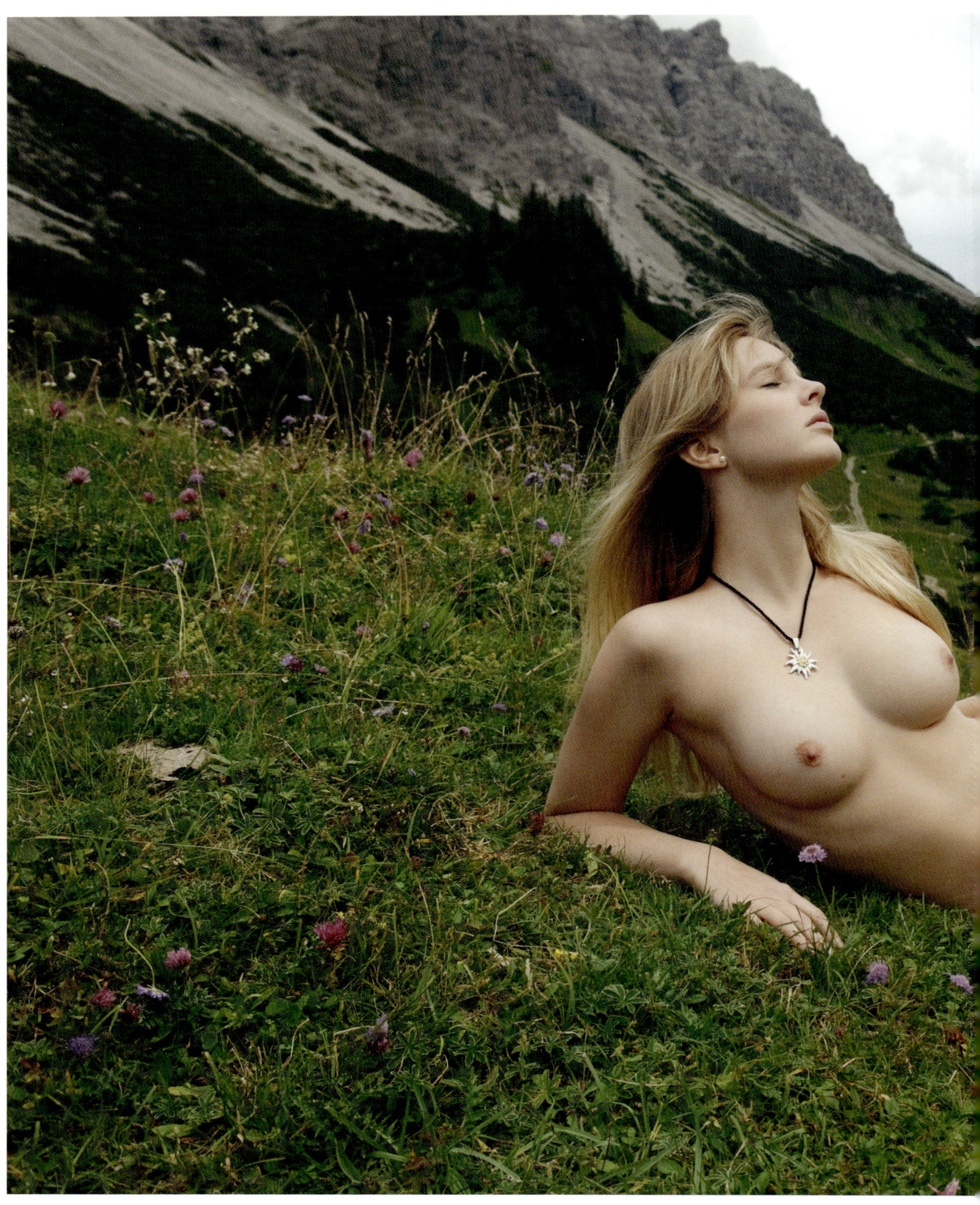

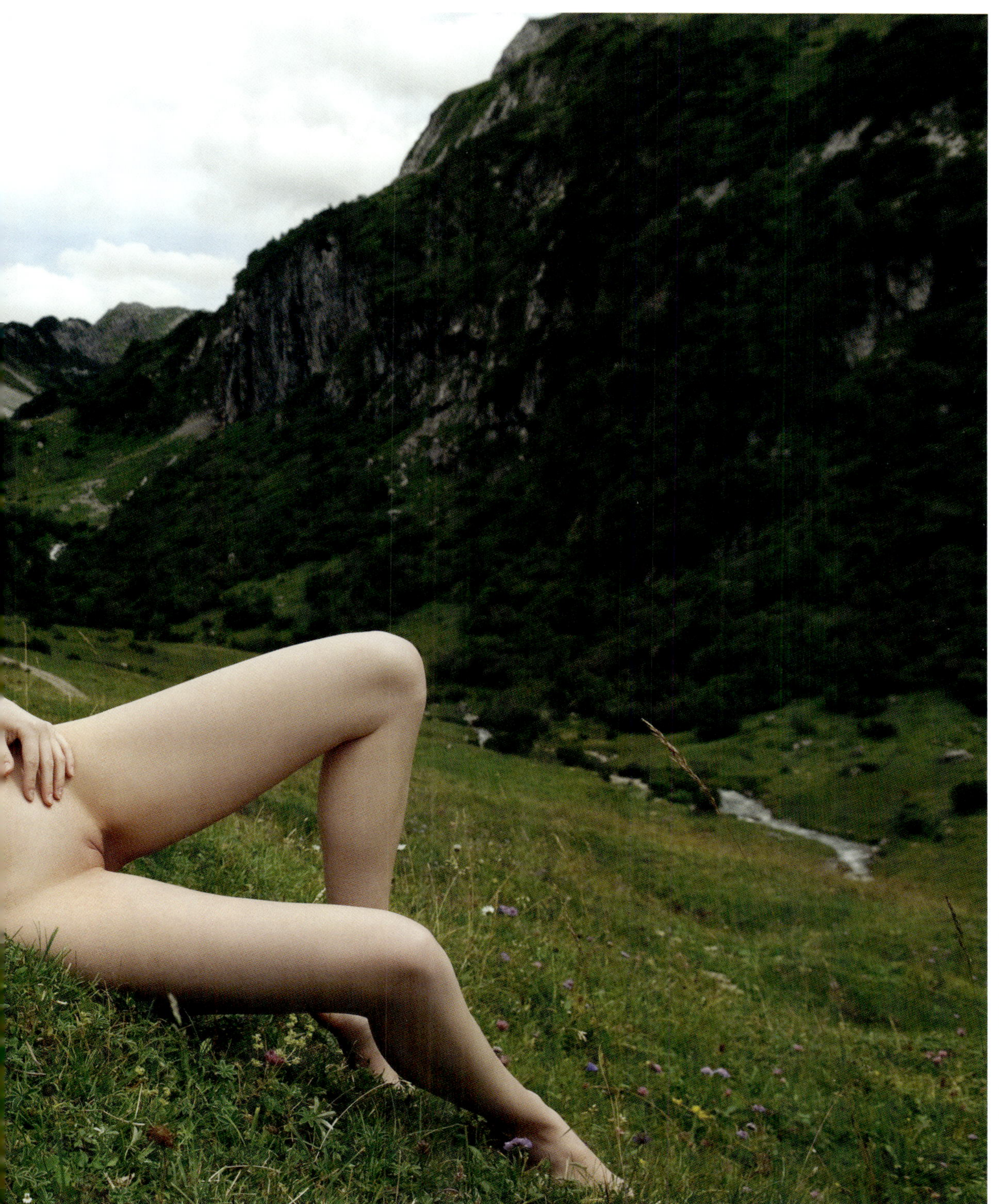

p.142–143 **Belinda** (47°12'4.99"N, 9°58'14.58"E)

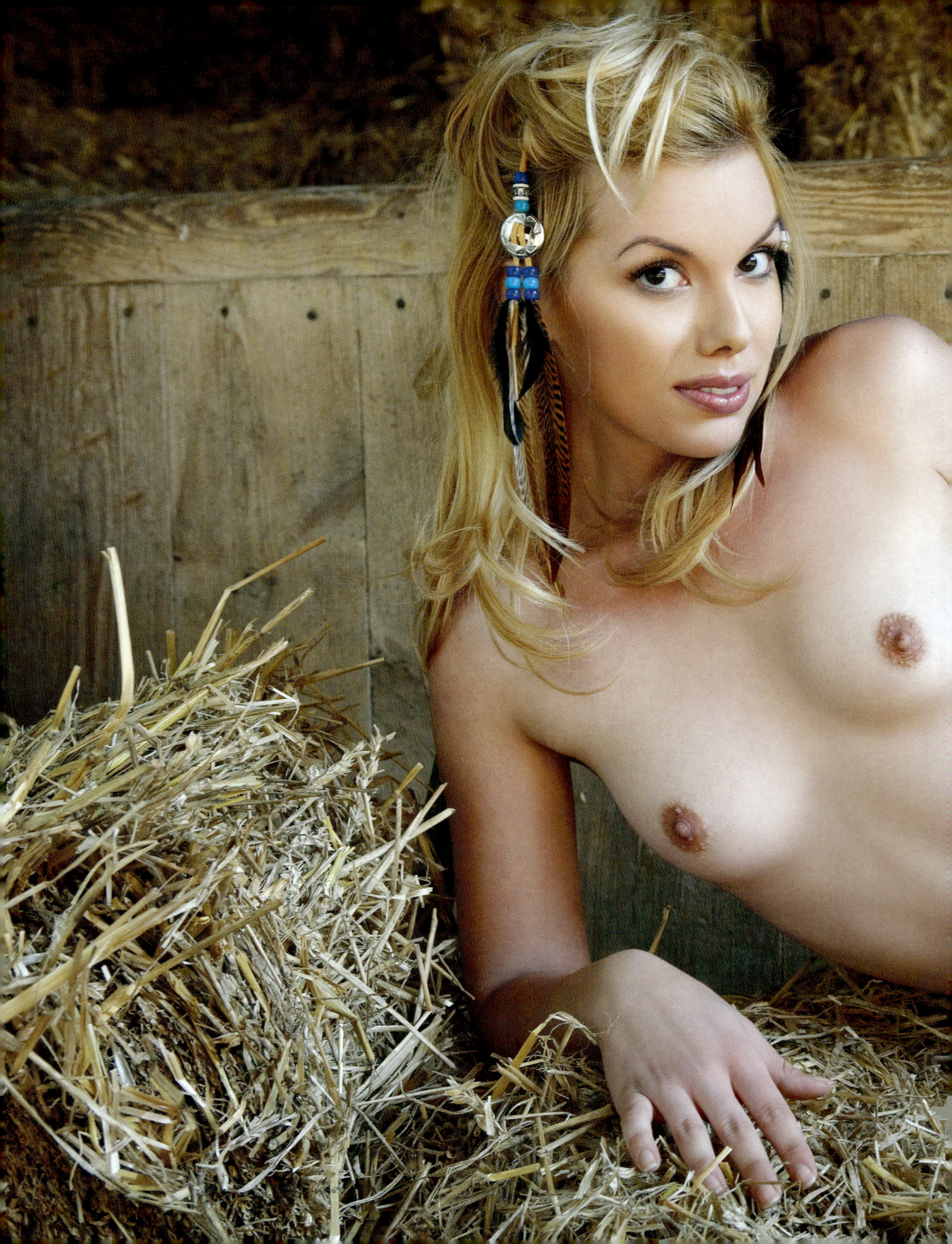

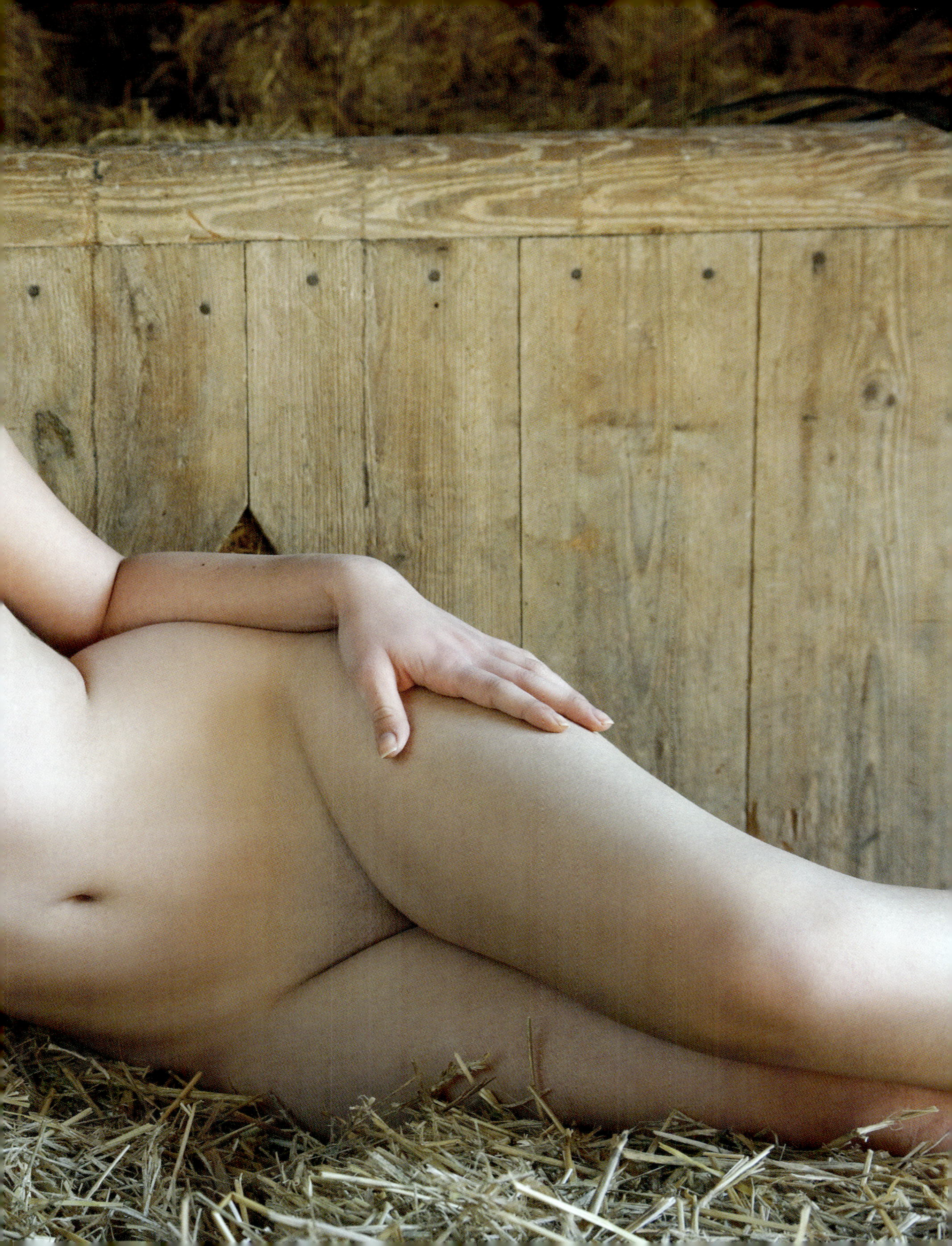

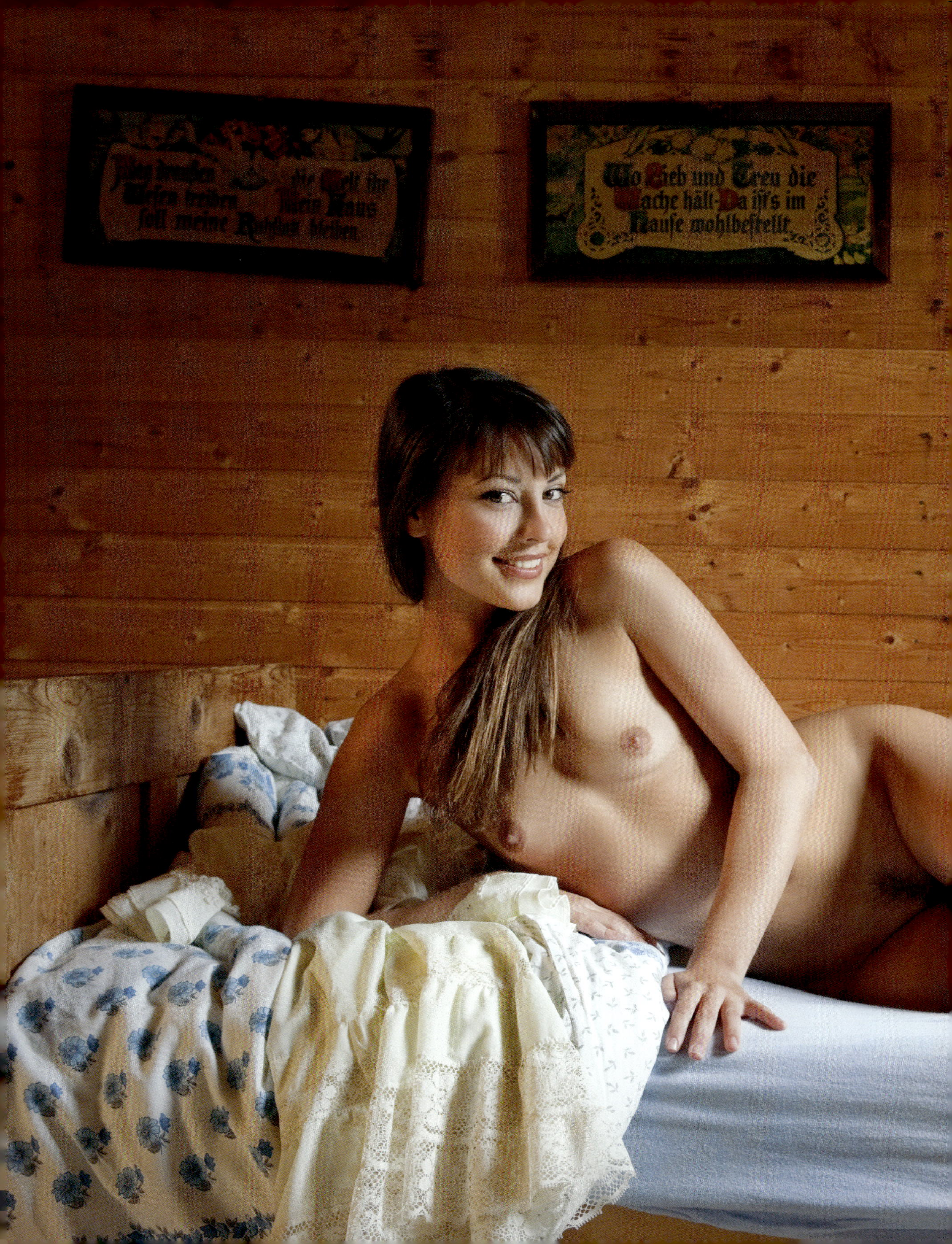
Wo Lieb und Treu die
Wache hält - Da ist's im
Hause wohlbestellt

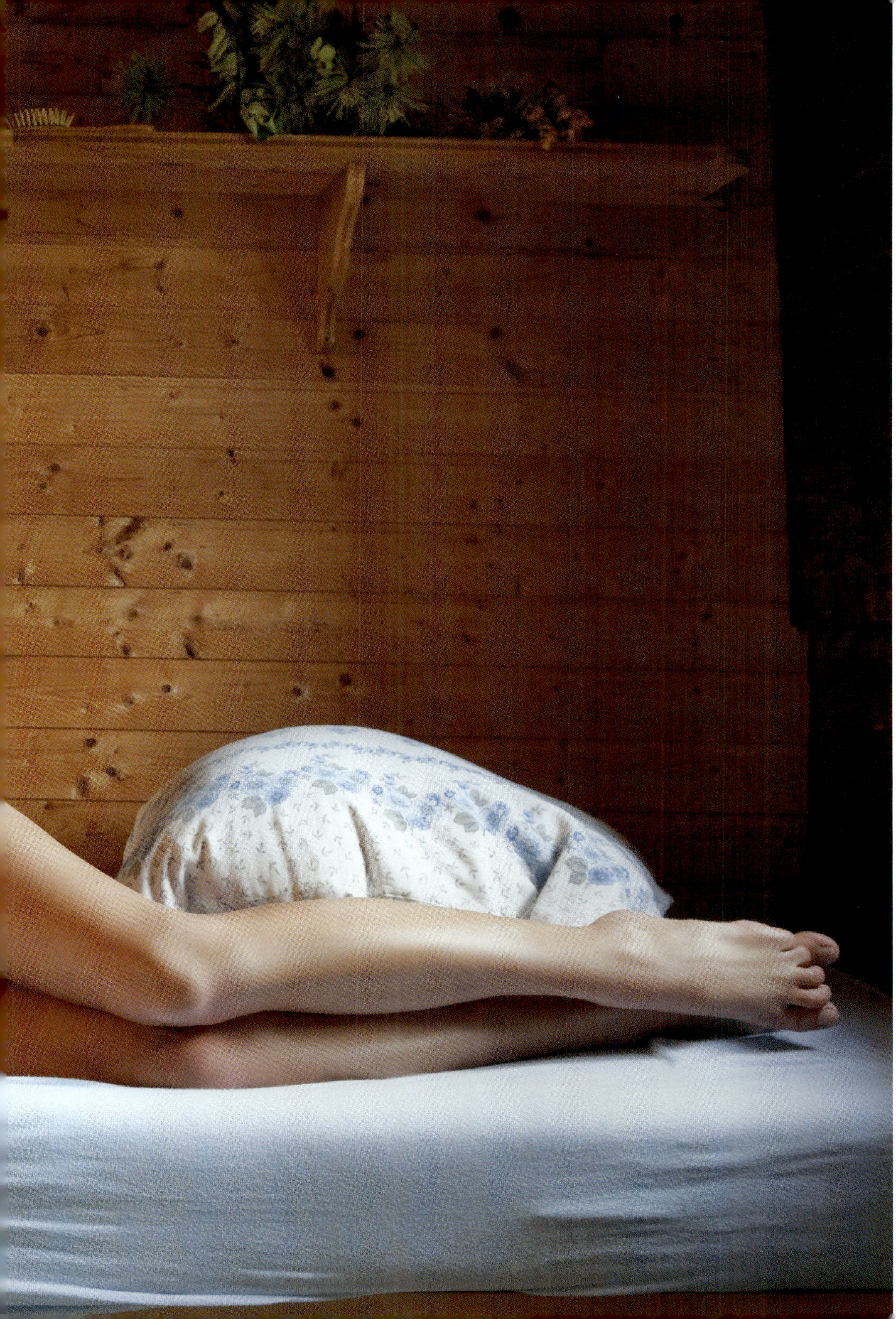

p.144–145 **Kala** (49°16'7.30"N, 16°20'18.51"E)

p.146–147 **Lorena** (47°12'8.13"N, 9°58'5.96"E)

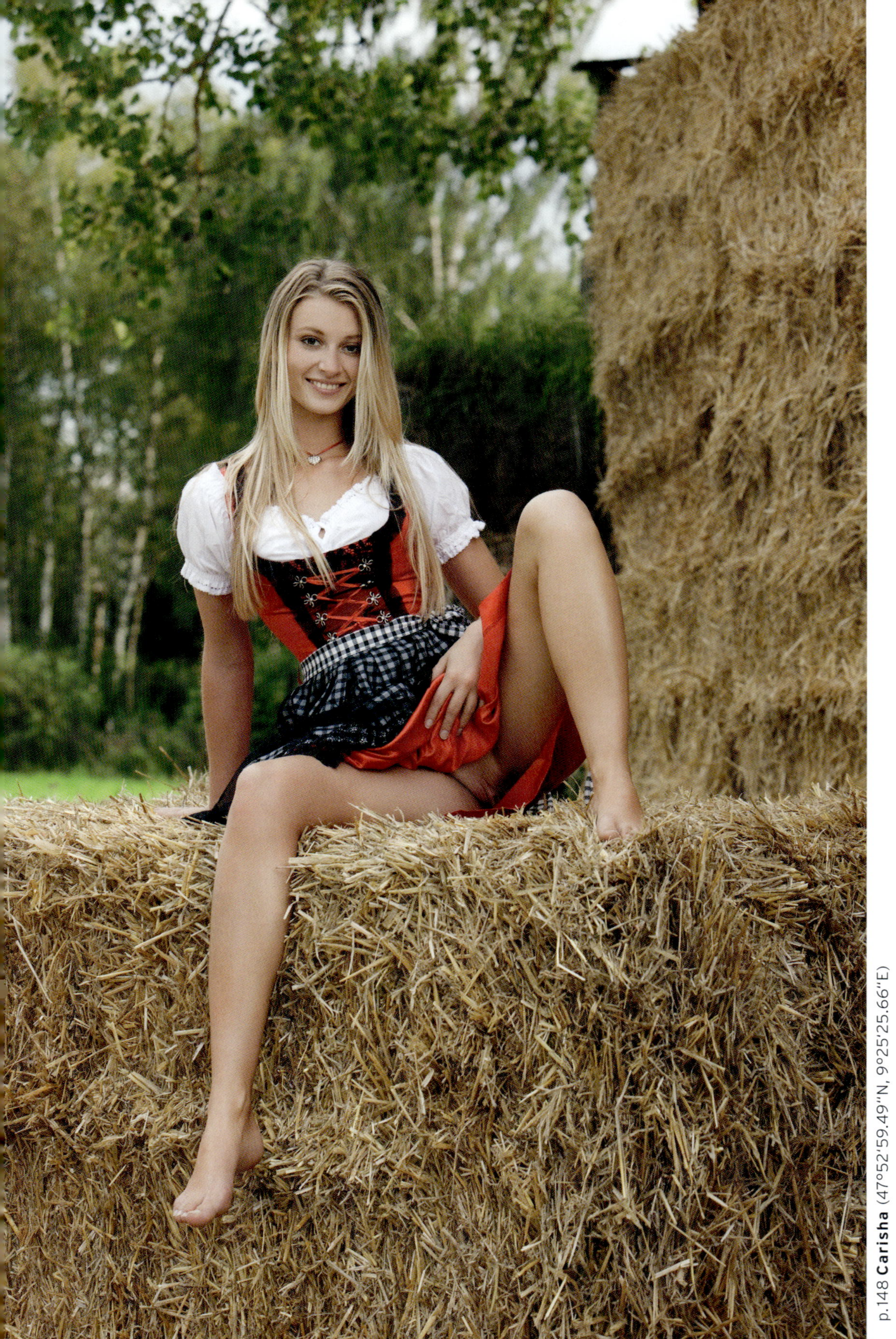

p.148 **Carisha** (47°52'59.49"N, 9°25'25.66"E)

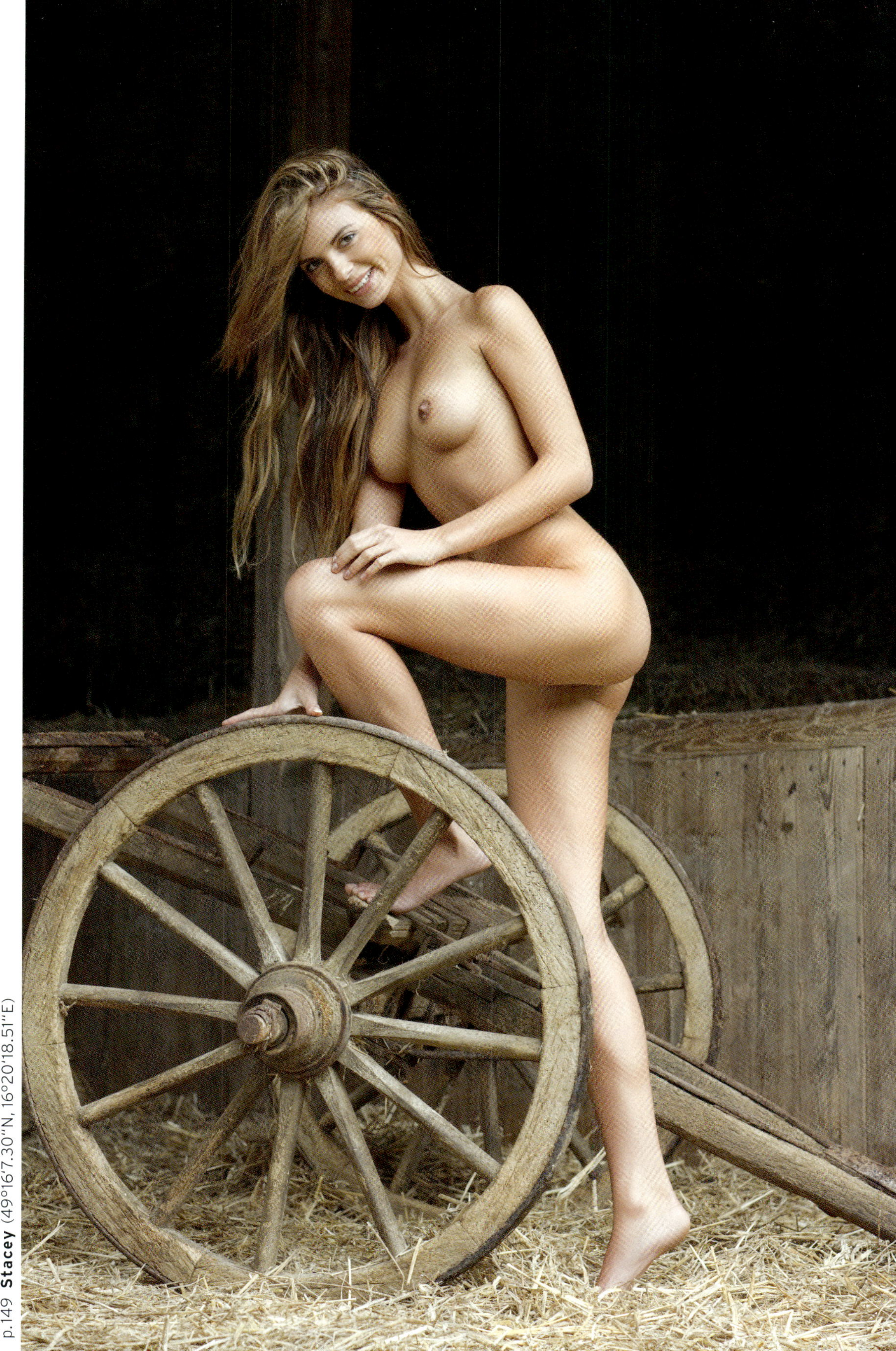

p.149 **Stacey** (49°16'7.30''N, 16°20'18.51''E)

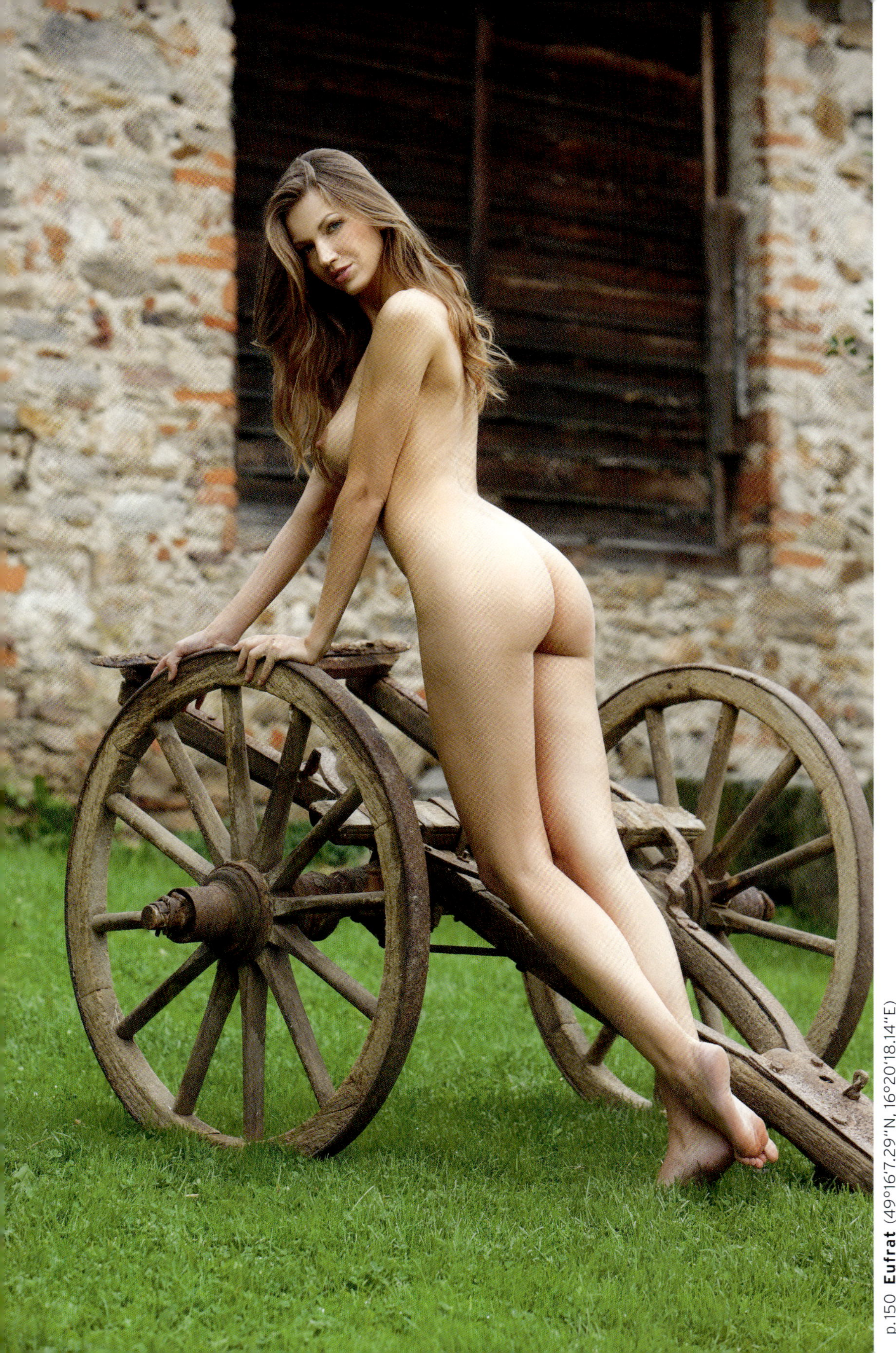

 Eufrat (49°16'7.29''N, 16°20'18.14''E)

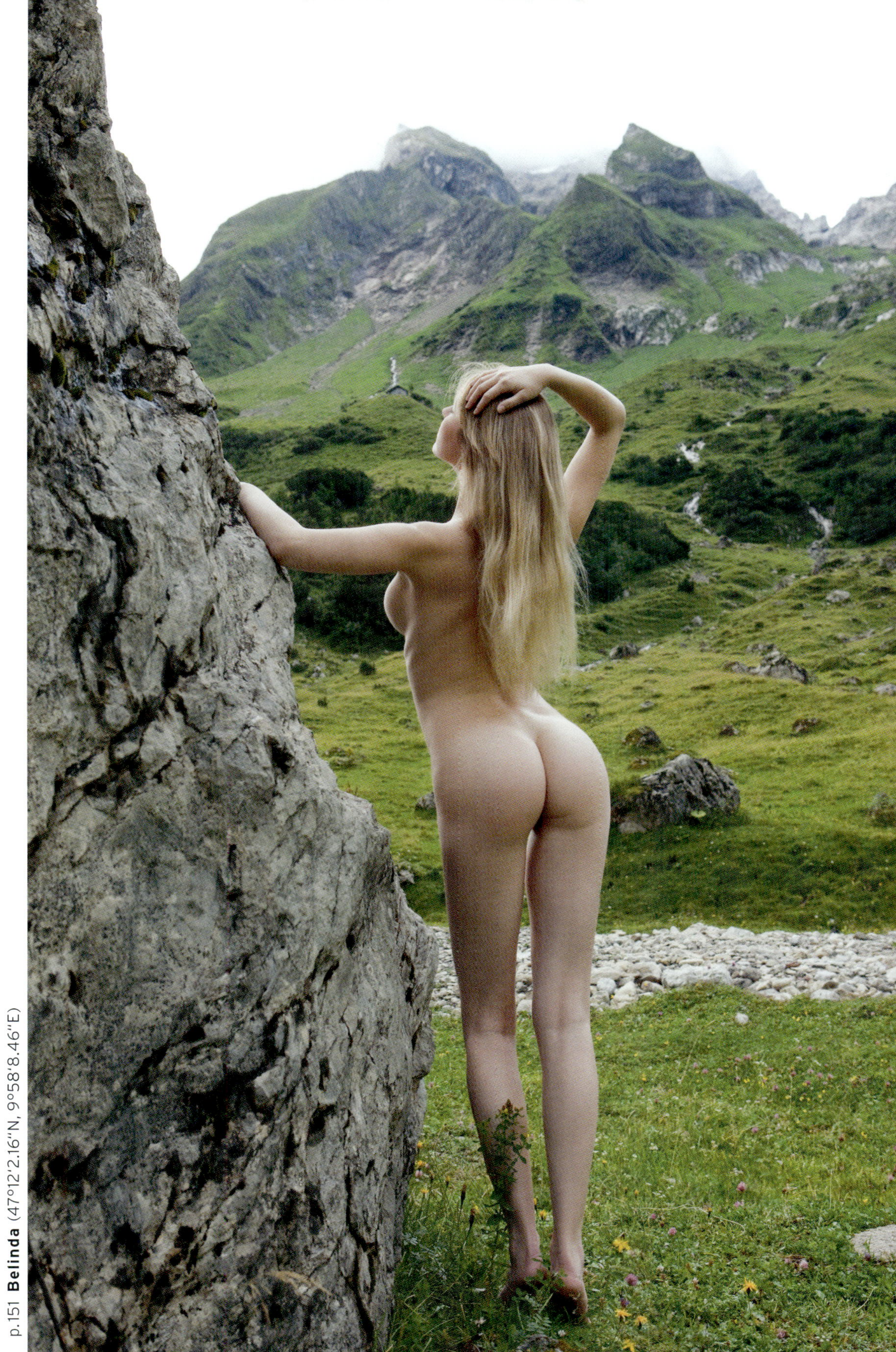

p.151 **Belinda** (47°12′2.16″N, 9°58′8.46″E)

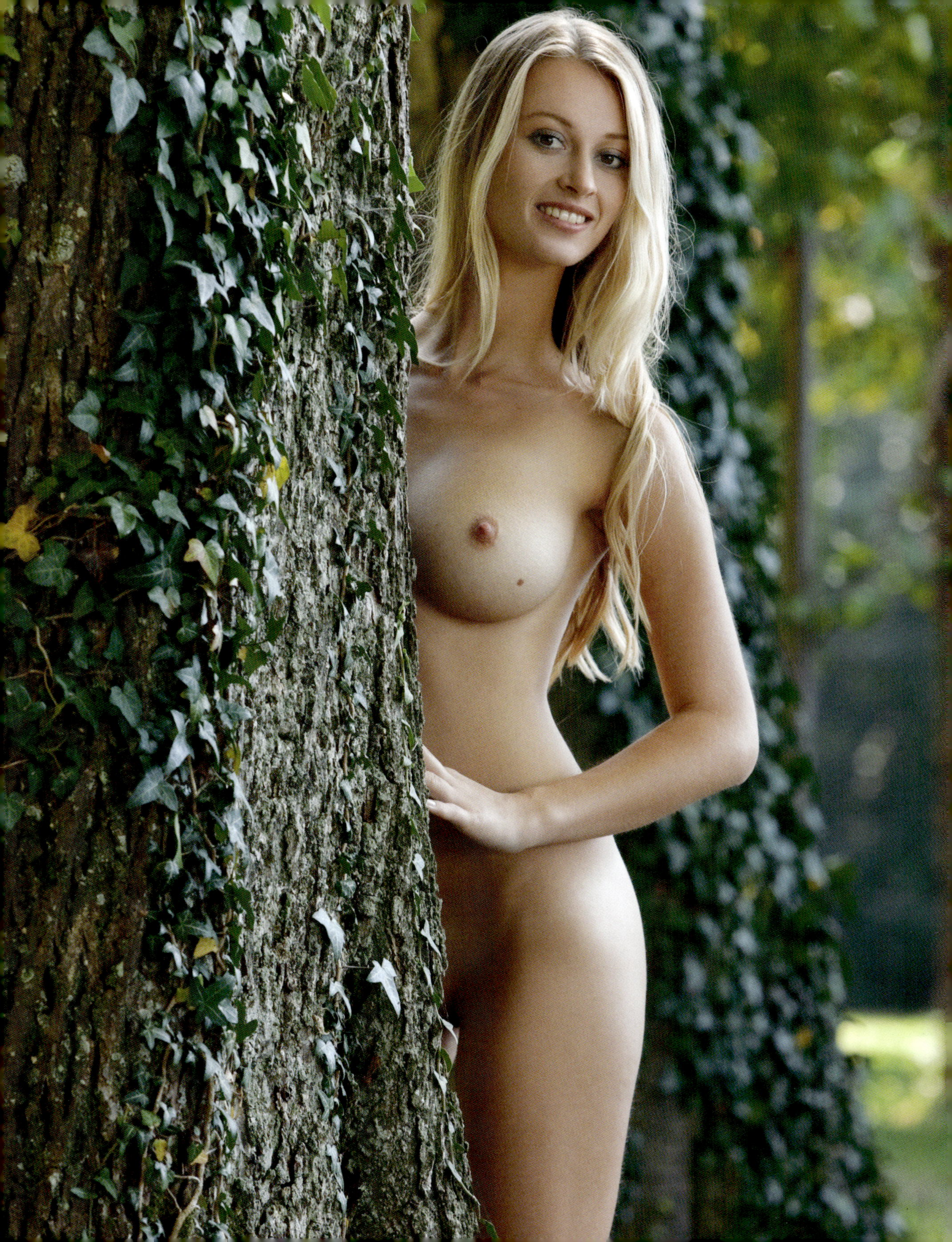

p.152 **Carisha** (47°39'51.11"N, 9°20'29.62"E)

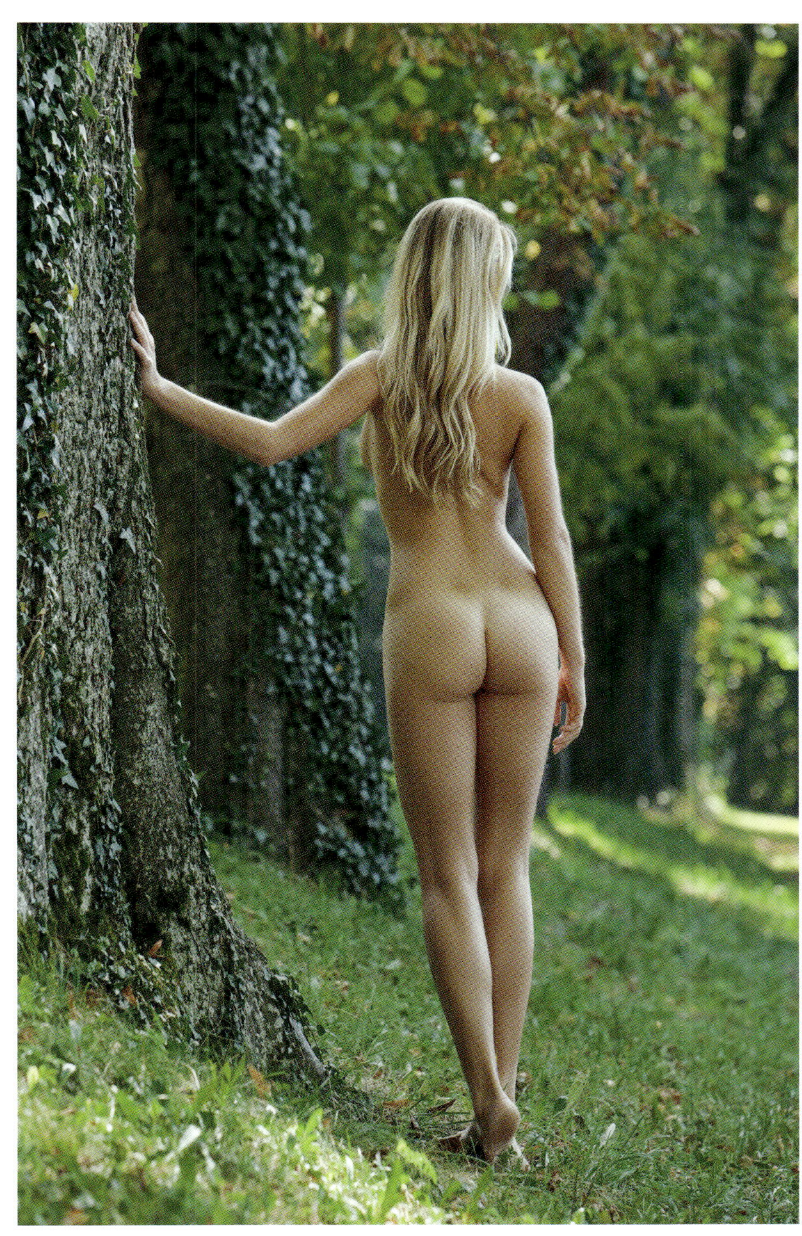

p.153 **Carisha** (47°39'51.11"N, 9°20'29.62"E)

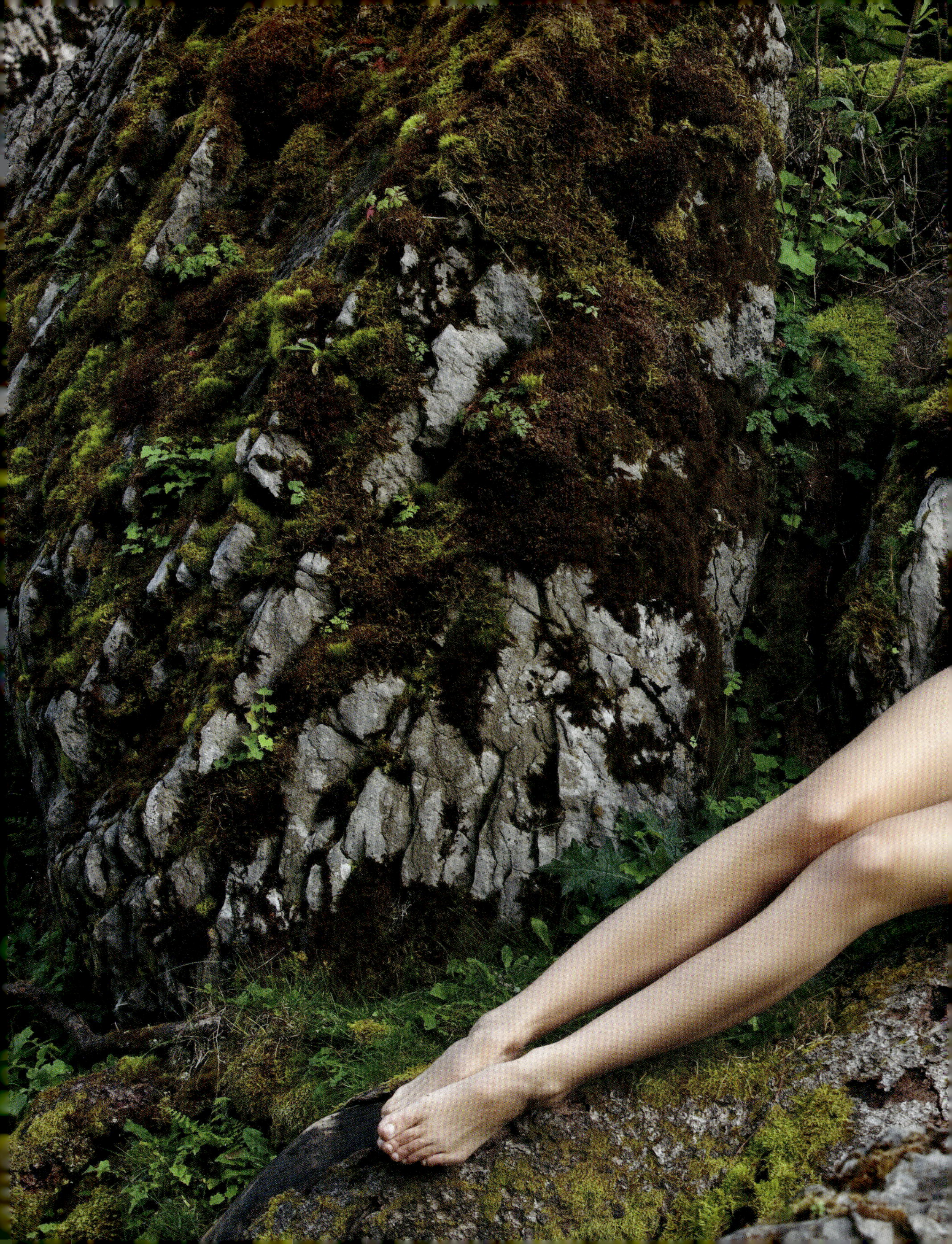

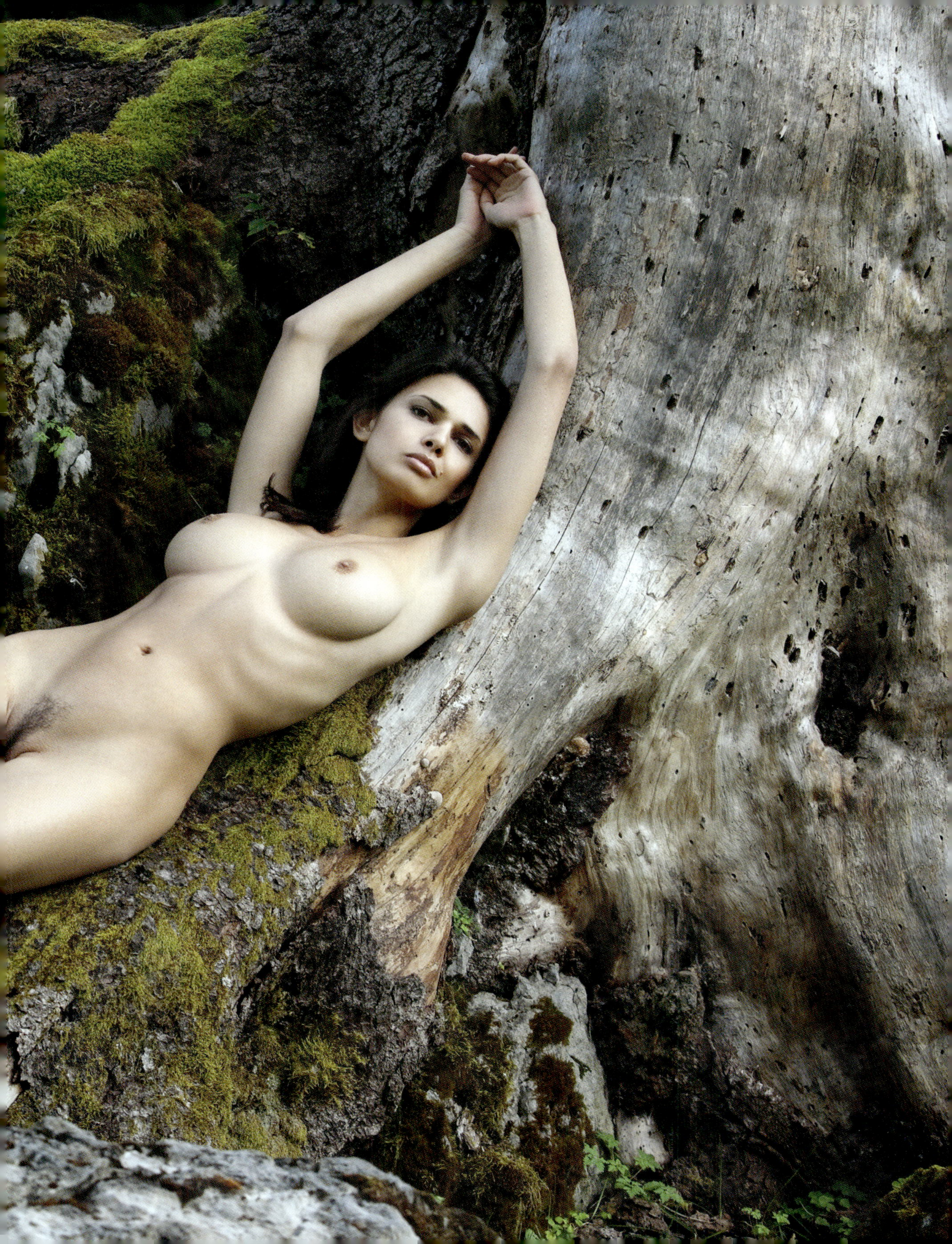

p.154–155 **Zoi** (47° 9'19.44"N, 9°22'0.03"E)

p.156–157 **Sandra** (47°38'13.77"N, 9°43'14.04"E)

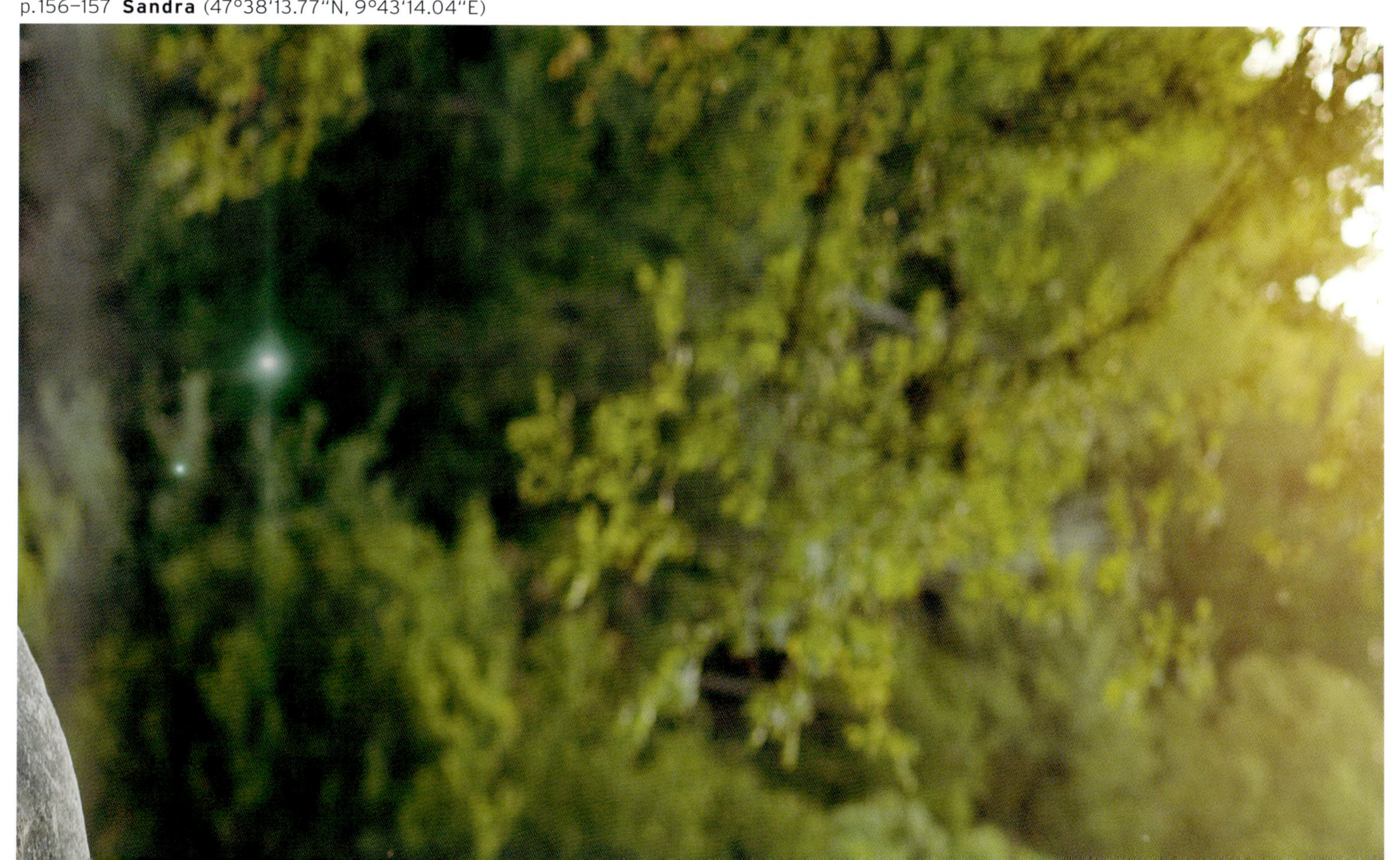

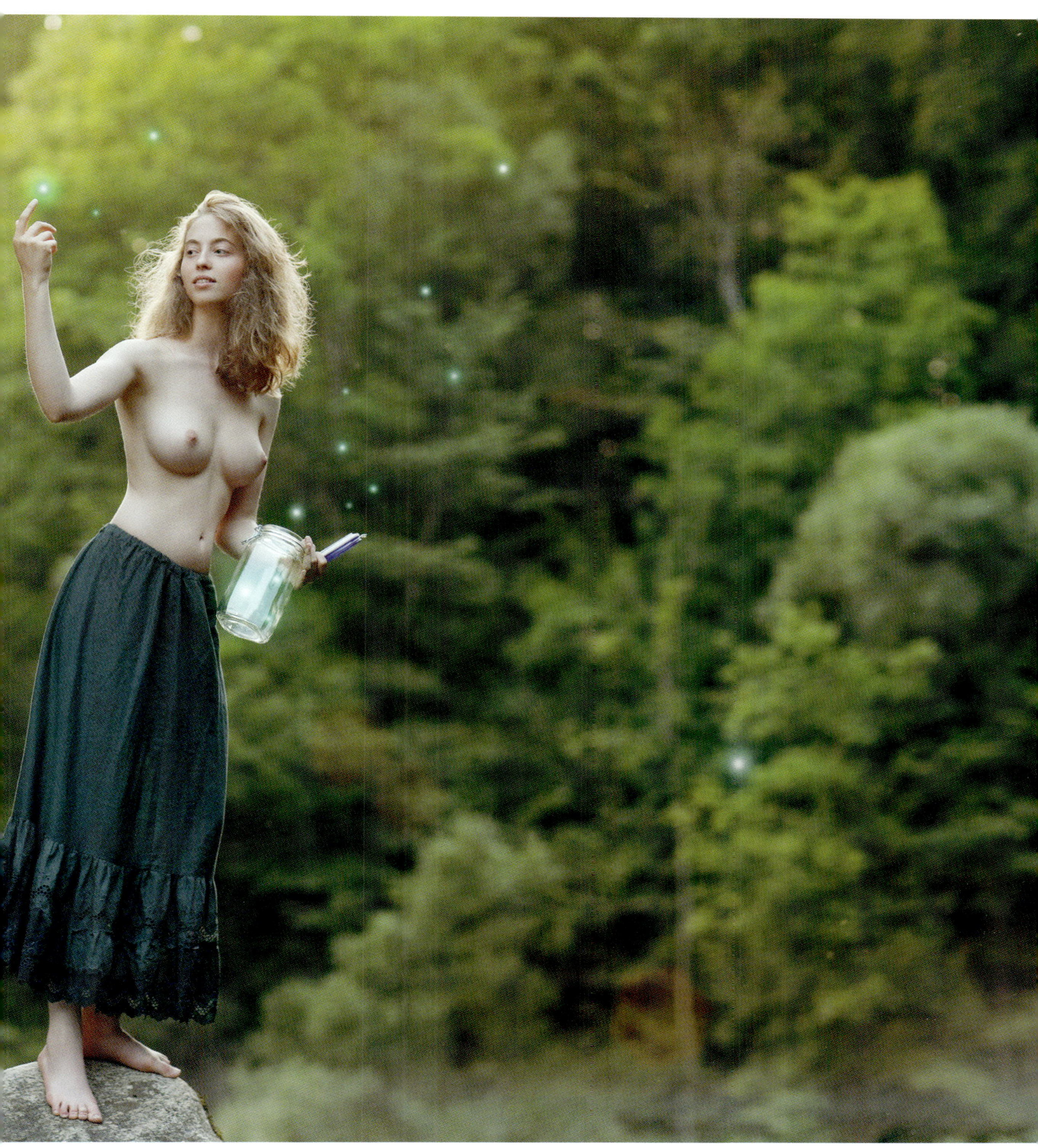

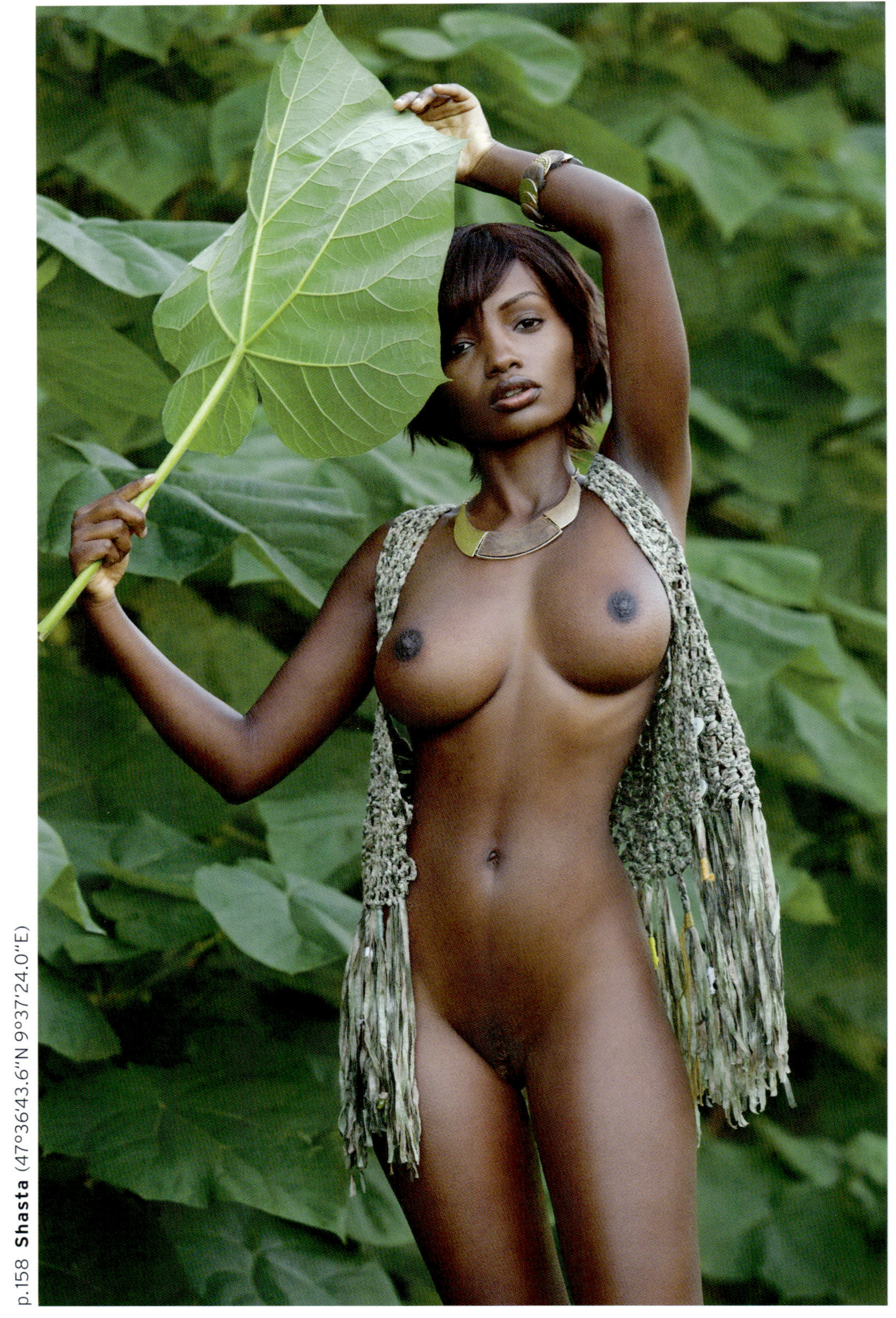

p.158 **Shasta** (47°36'43.6"N 9°37'24.0"E)

p.159 **Shasta** (47°26'37.8"N 9°53'36.6"E)

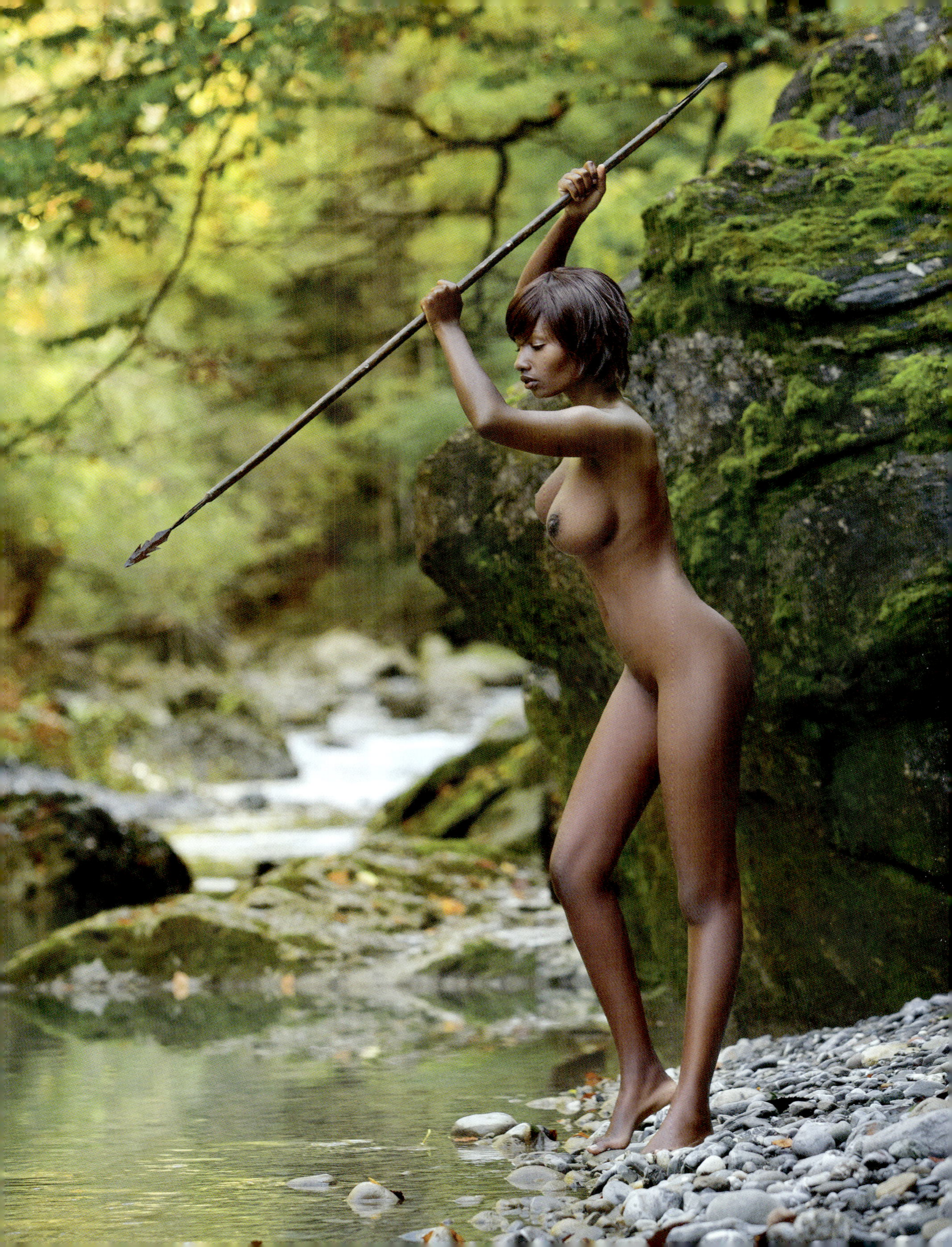

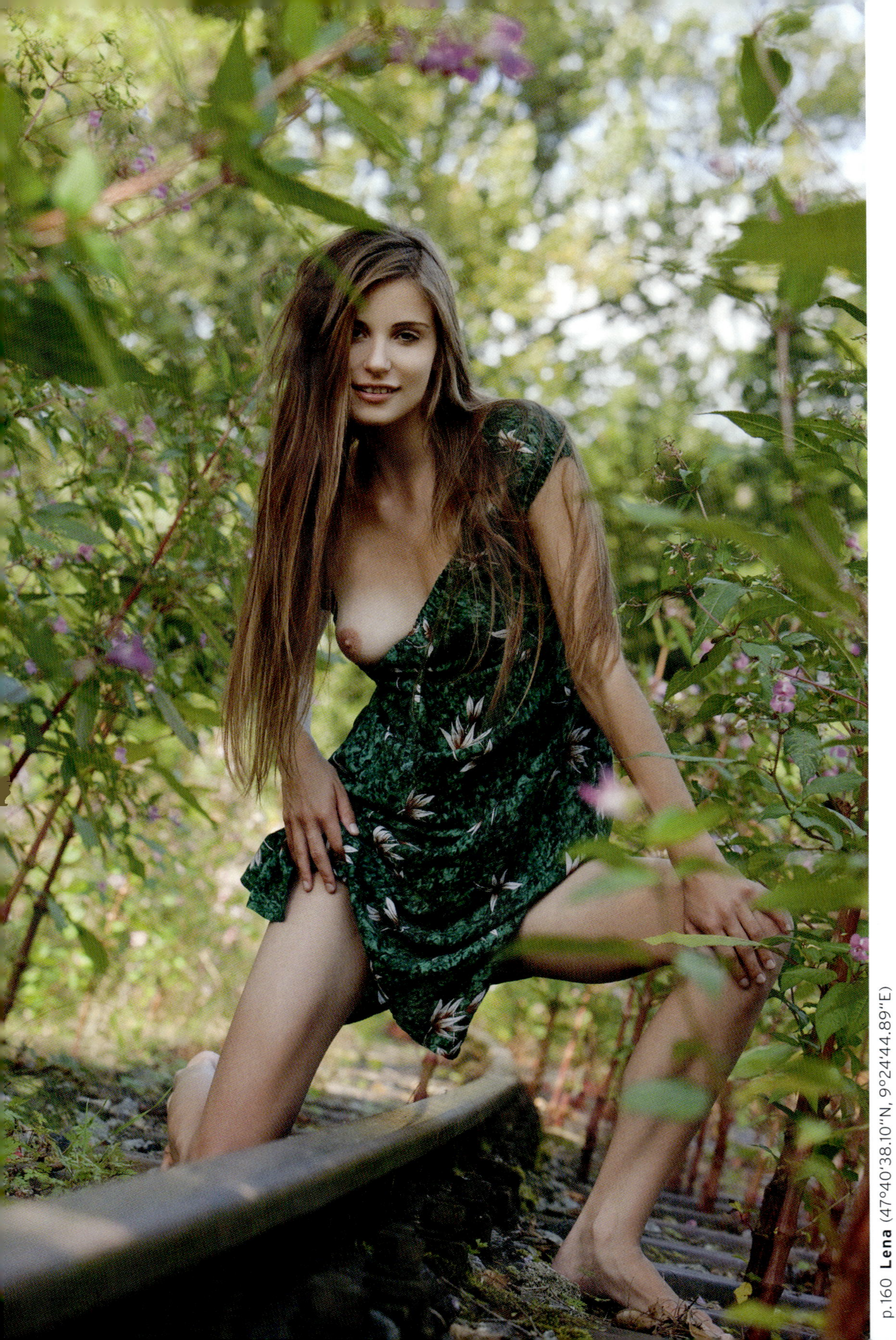

p.160 **Lena** (47°40'38.10"N, 9°24'44.89"E)

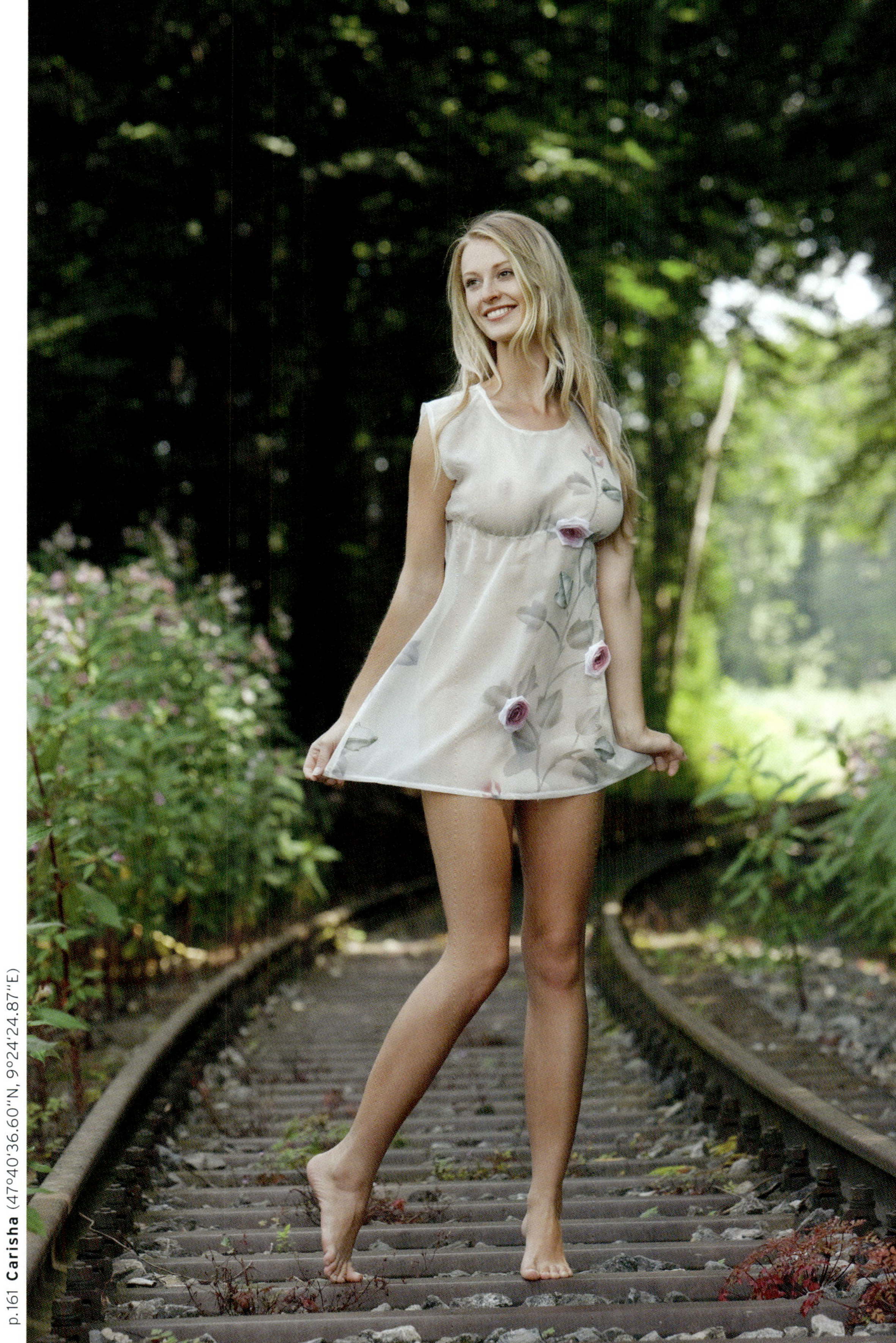

p.161 **Carisha** (47°40'36.60''N, 9°24'24.87''E)

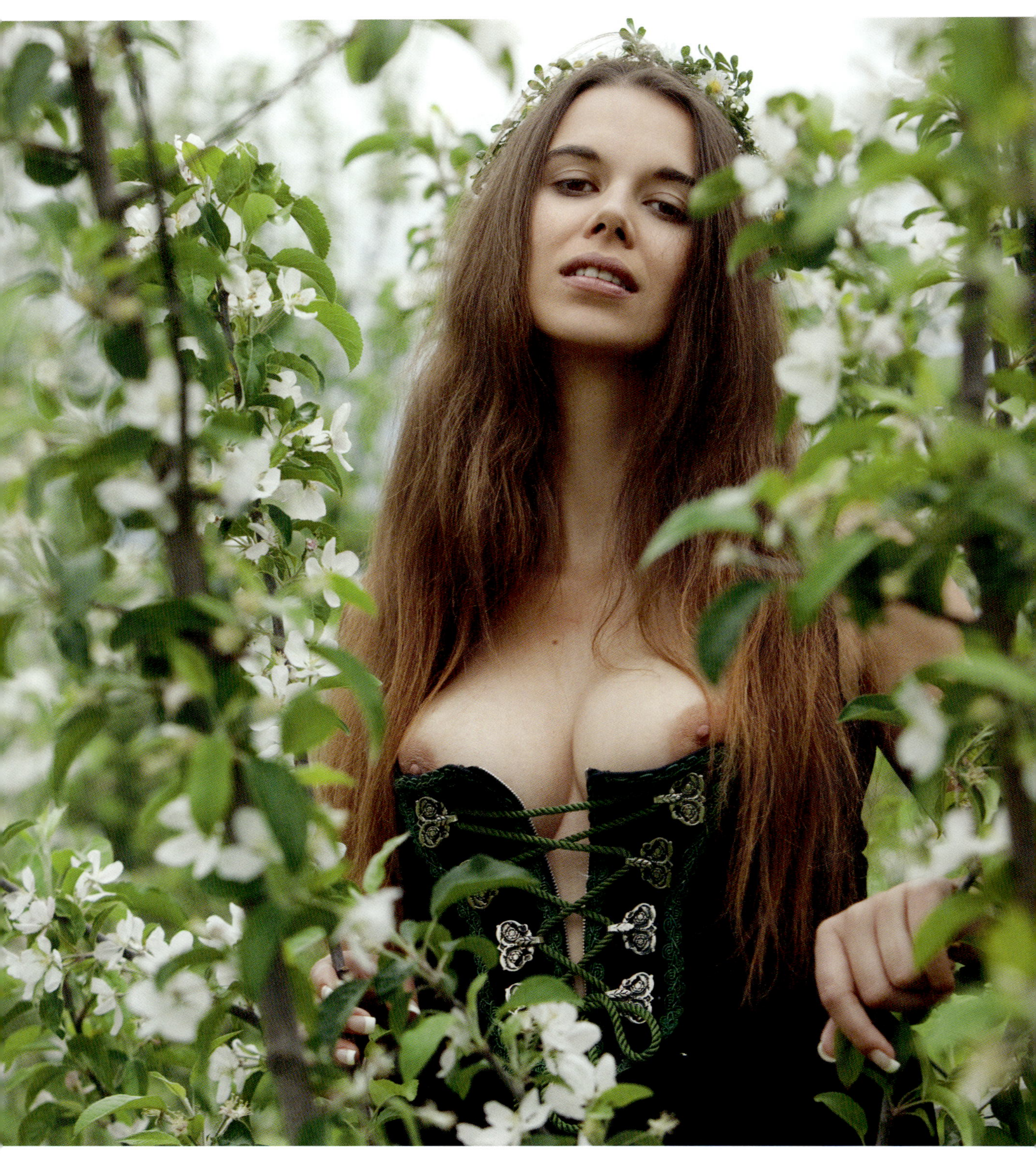

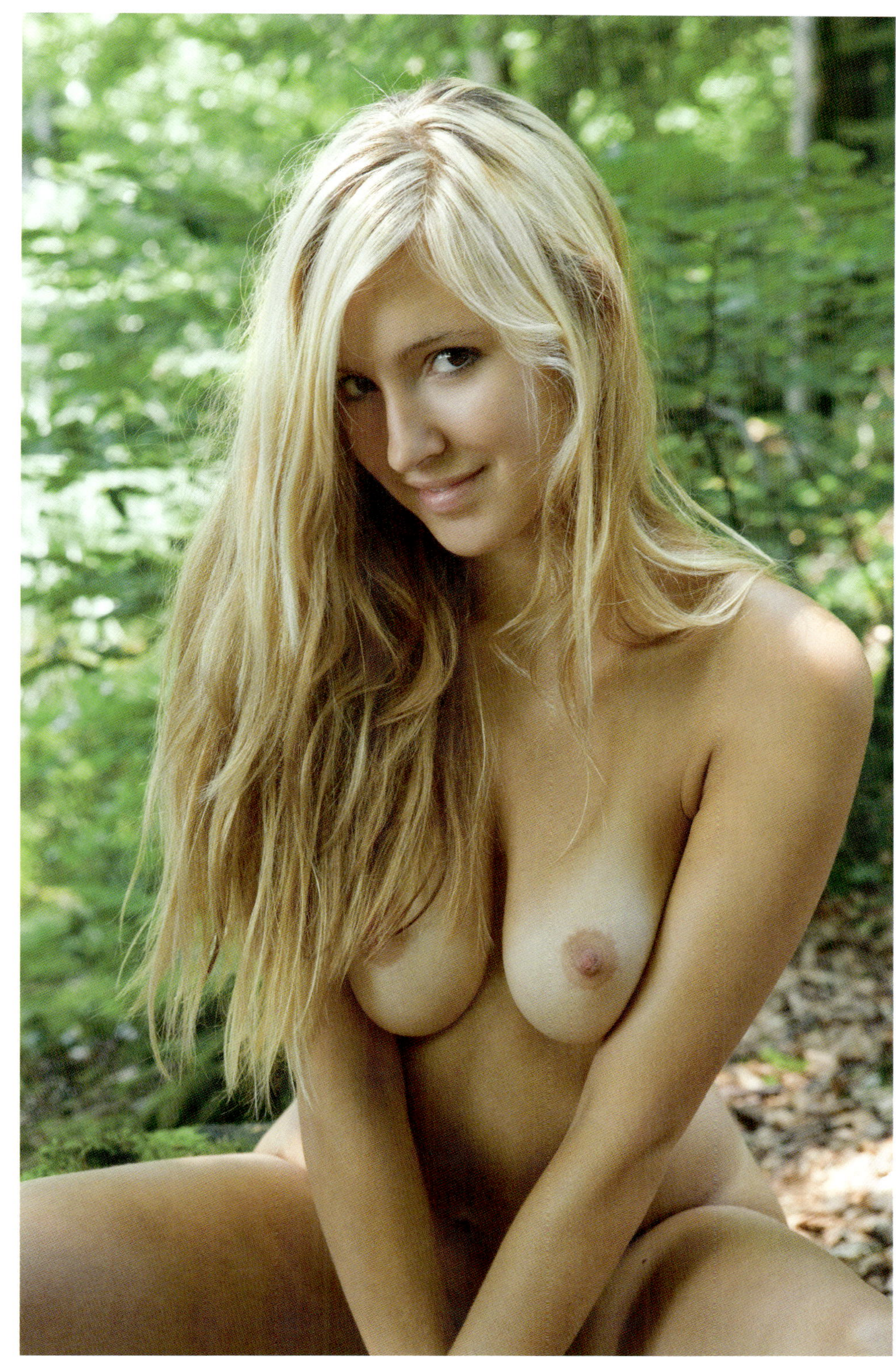

p.162 **Carina** (47°41'38.34''N, 9°24'32.02''E)

p.163 **Corinna** (47°40'38.10''N, 9°41'14.89''E)

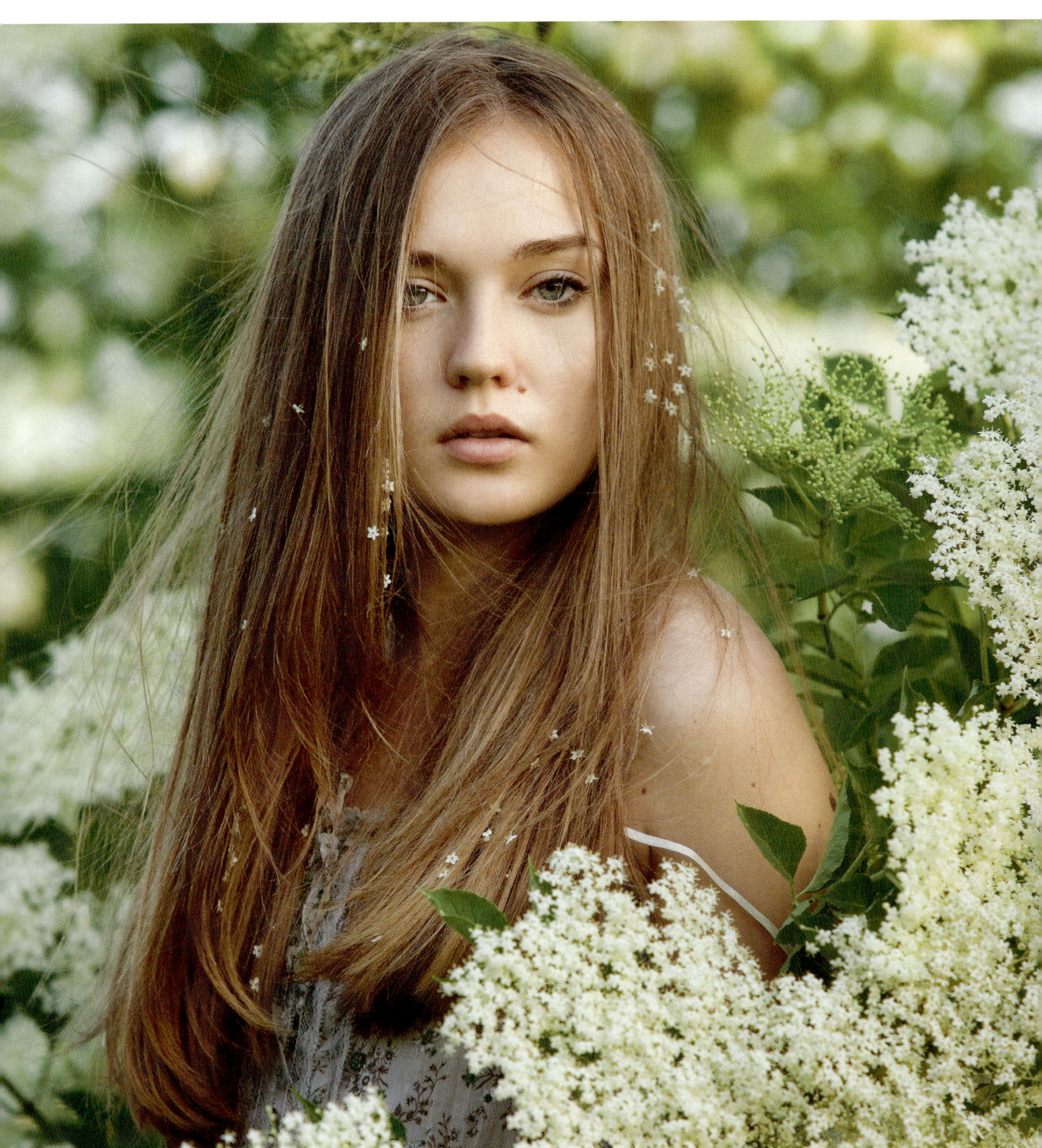

p.164 **Violetta** (47°40'57.61"N, 9°24'56.22"E)

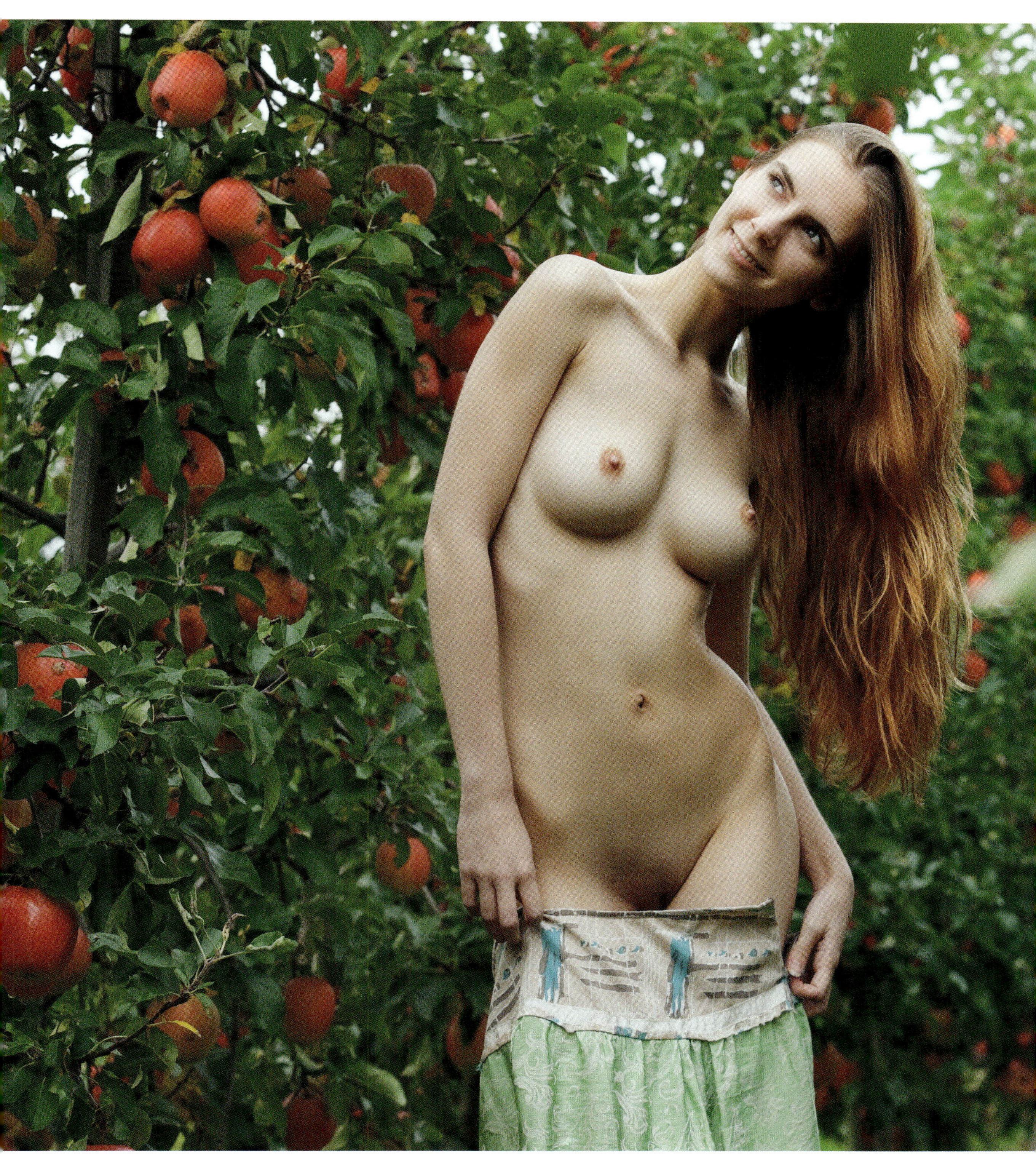

p.165 **Mitzie** (47°36'48.19"N, 9°34'0.02"E)

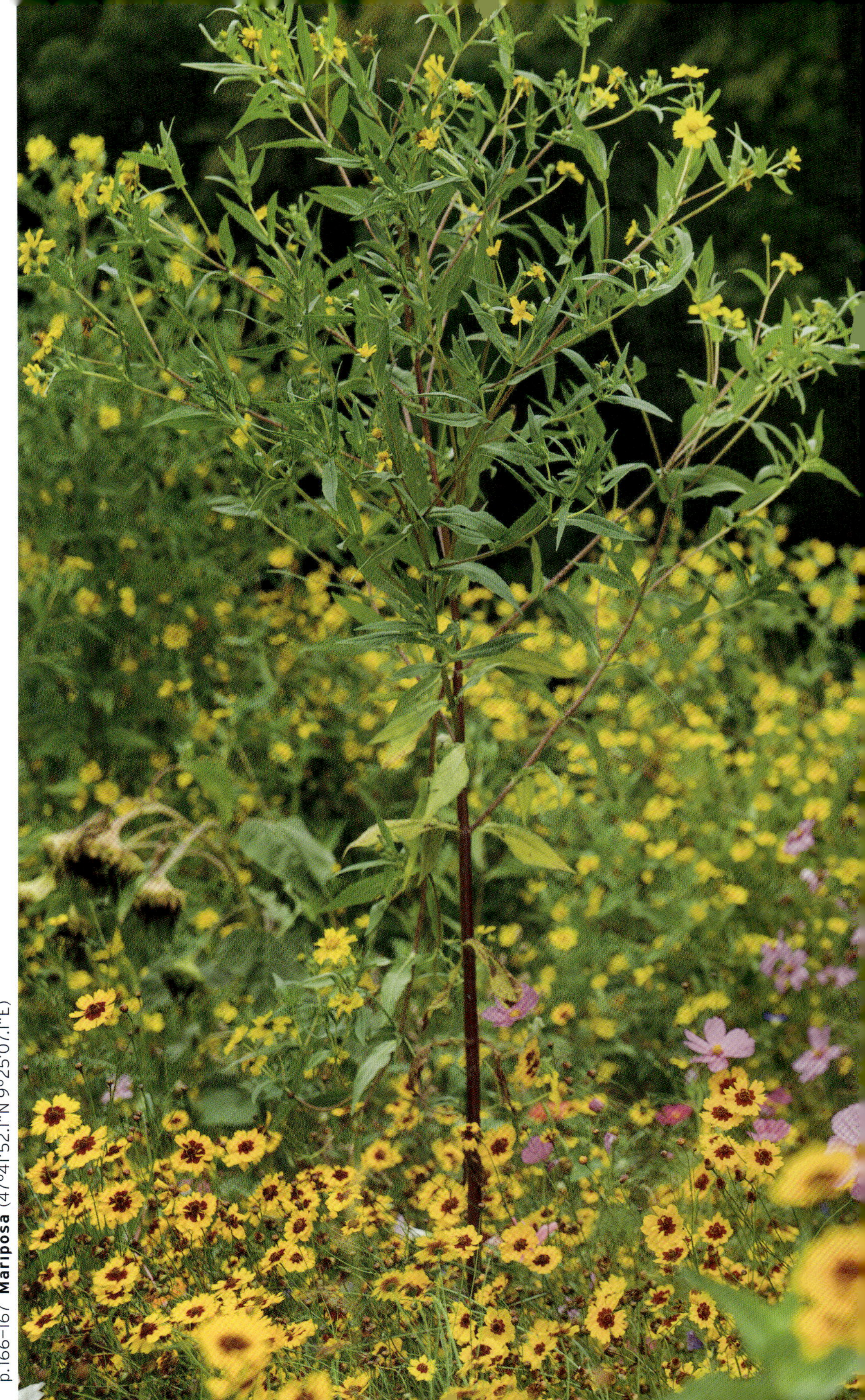

p.166–167 **Mariposa** (47°41'52.1"N 9°25'07.1"E)

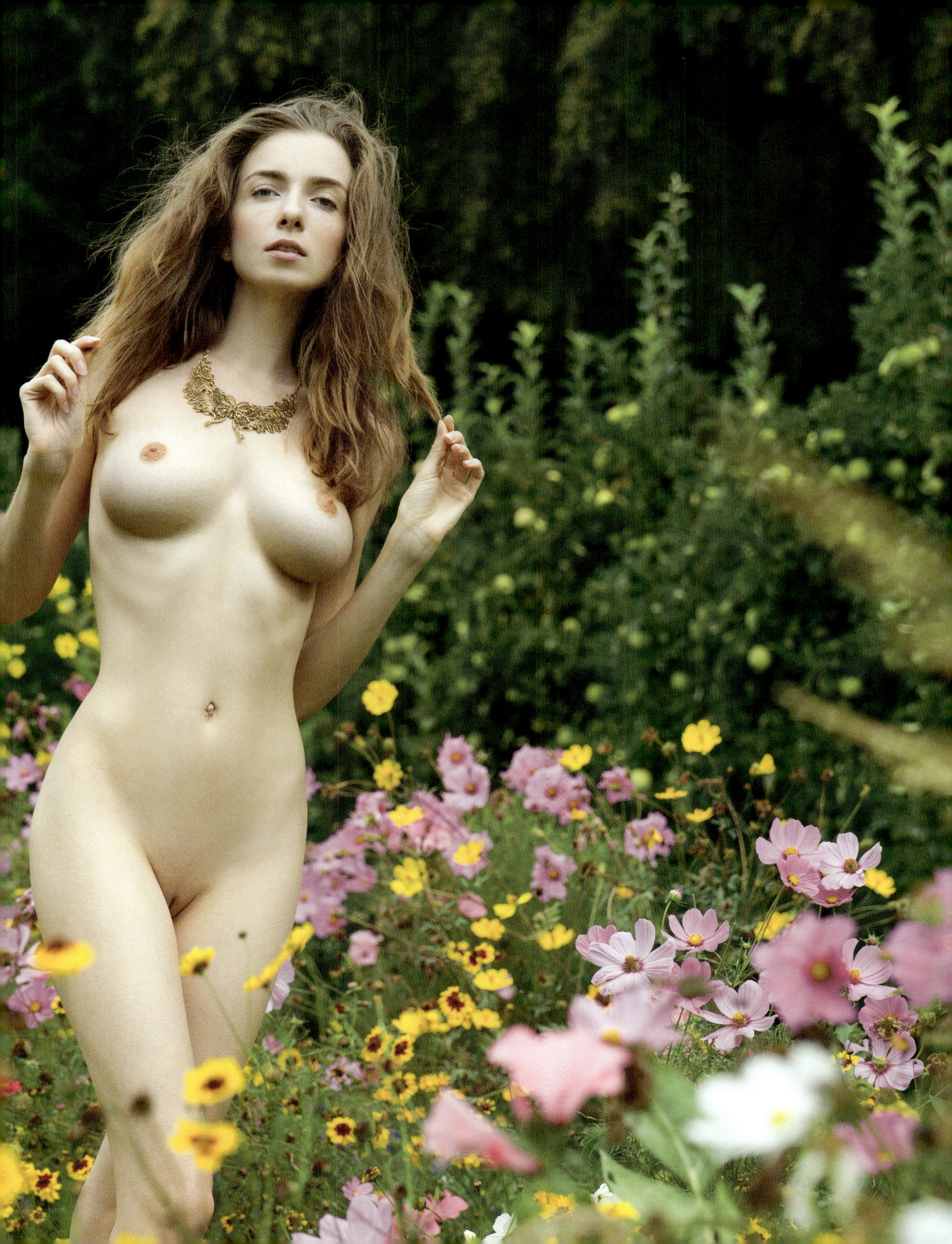

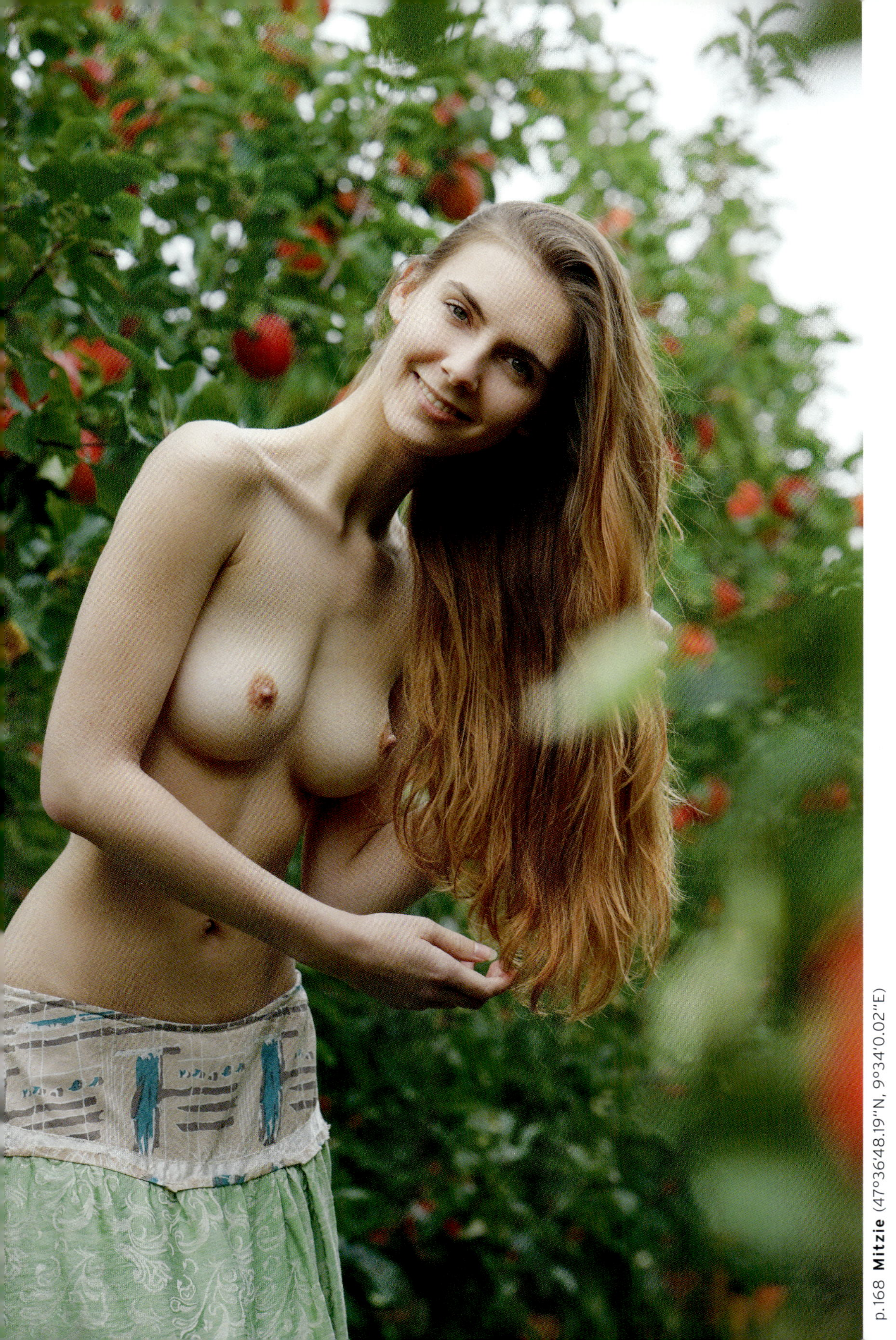

p. 168 **Mitzie** (47°36'48.19''N, 9°34'0.02''E)

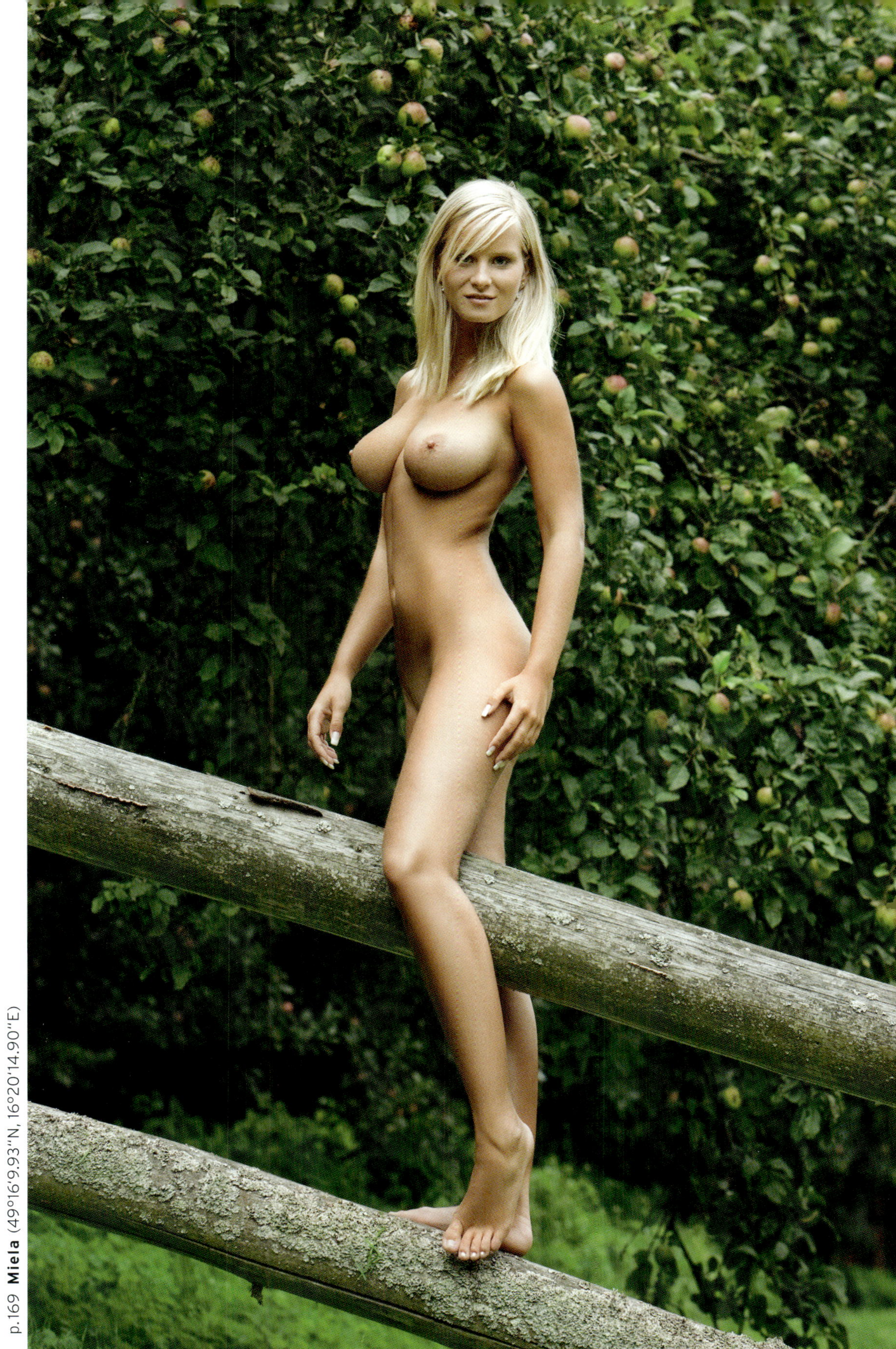

p.169 **Miela** (49°16'9.93"N, 16°20'14.90"E)

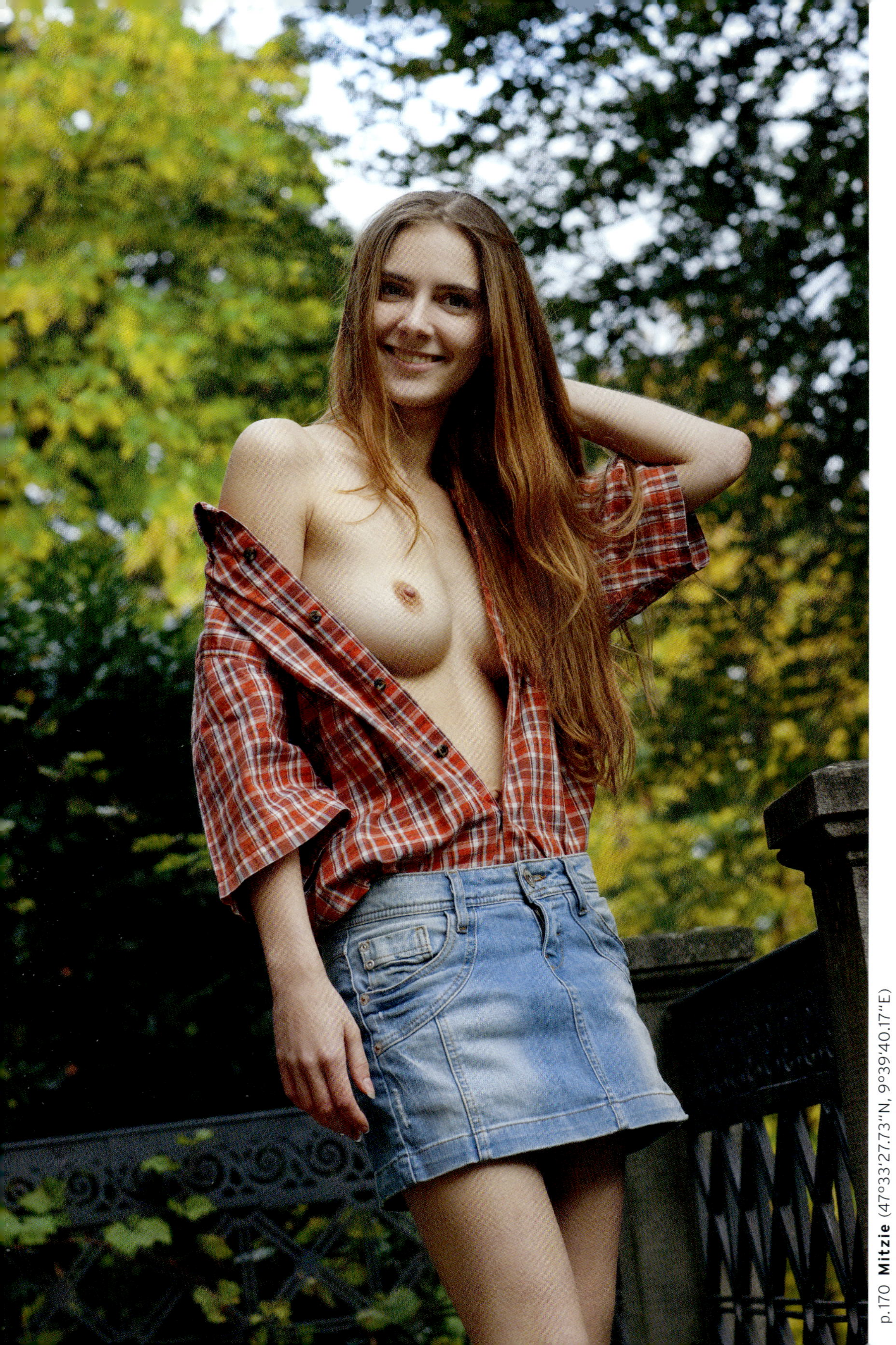

p.170 **Mitzie** (47°33'27.73"N, 9°39'40.17"E)

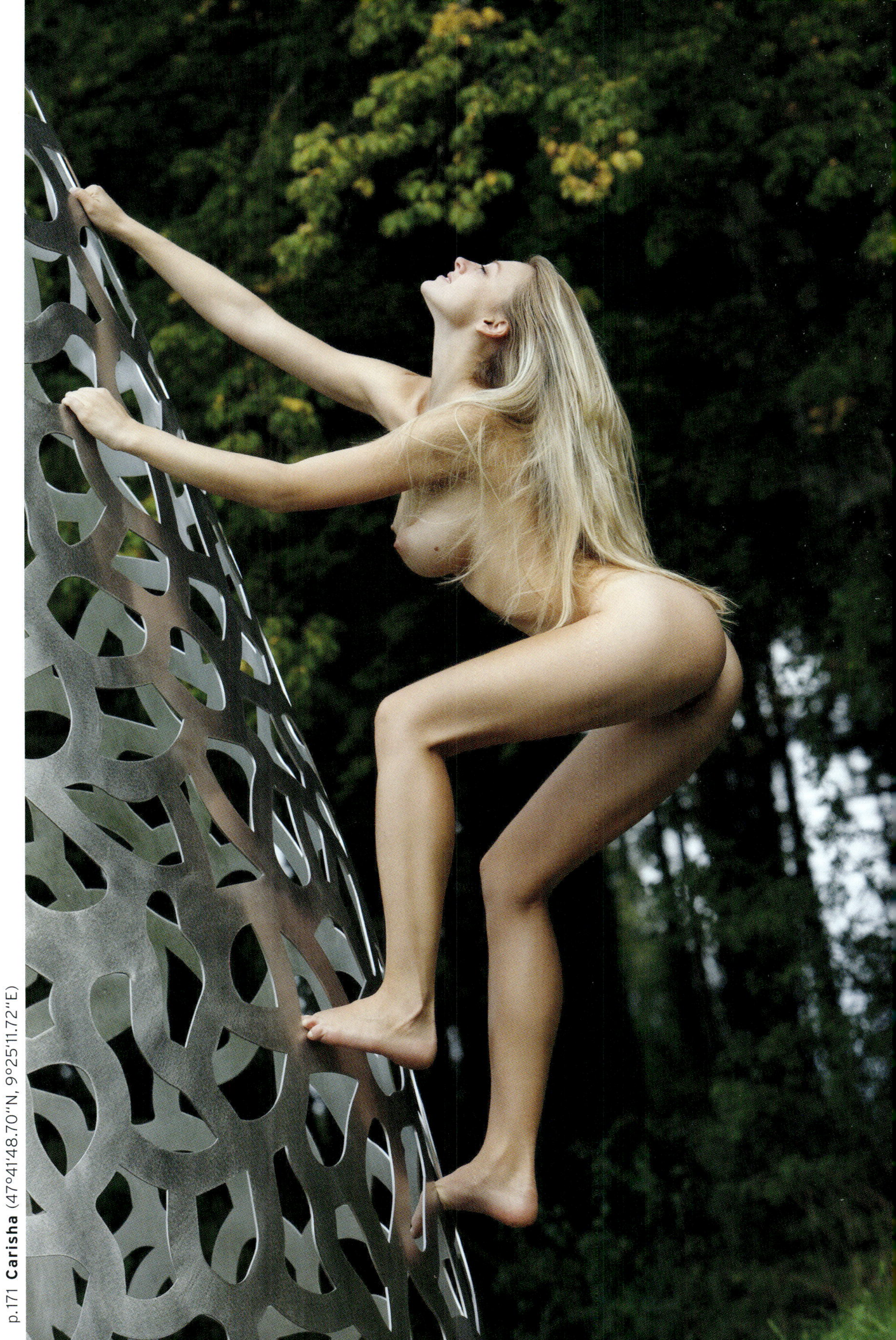

p.171 **Carisha** (47°41'48.70"N, 9°25'11.72"E)

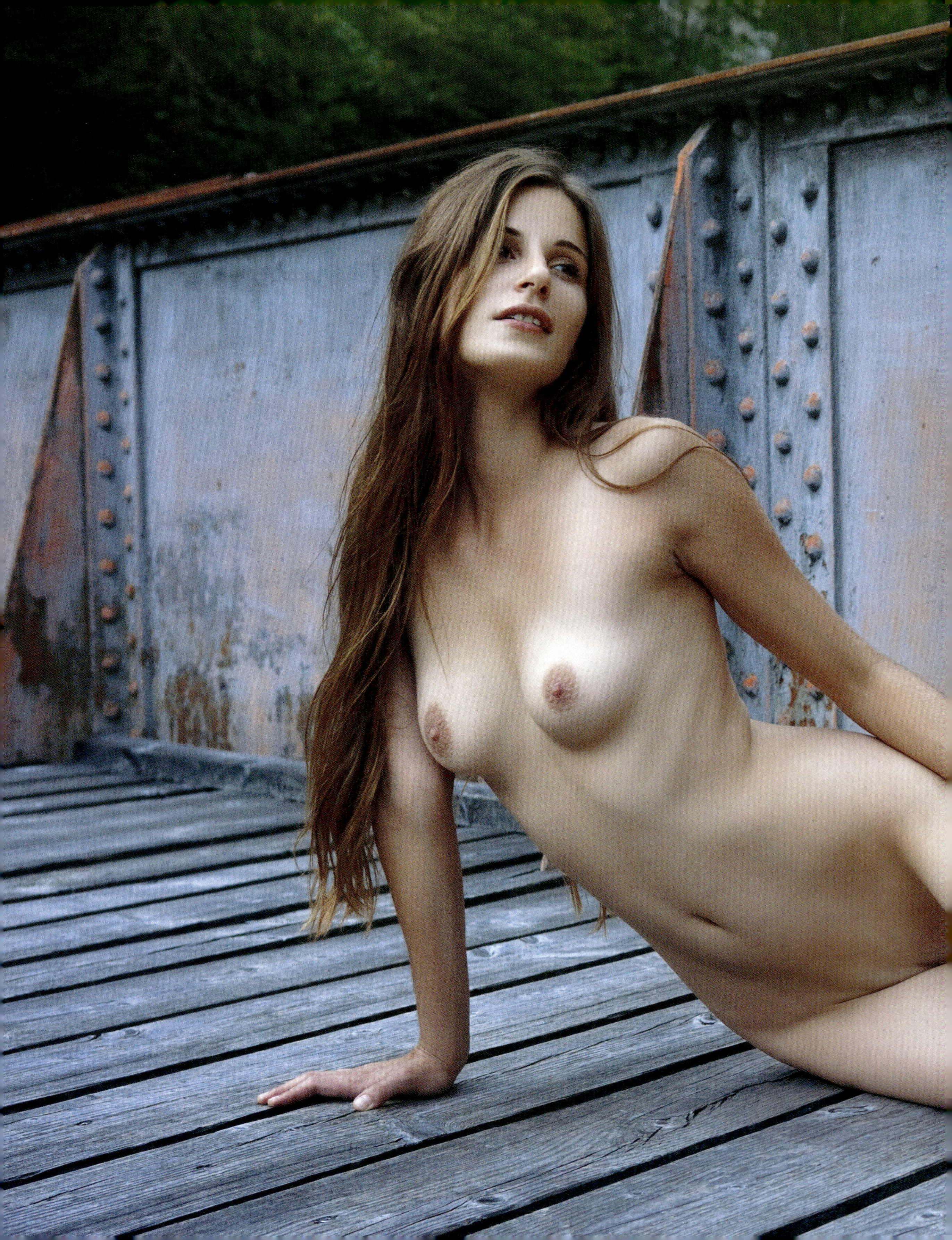

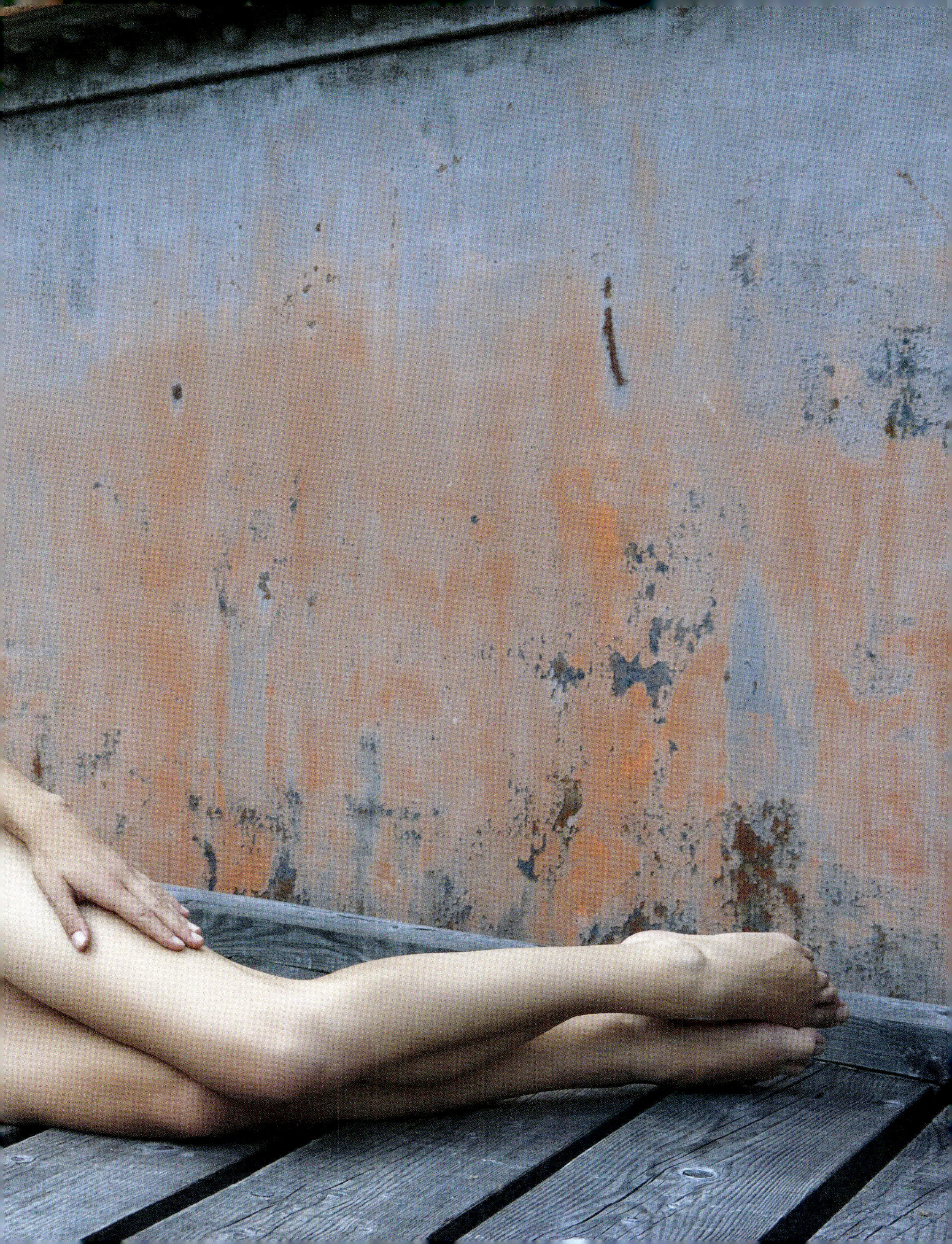

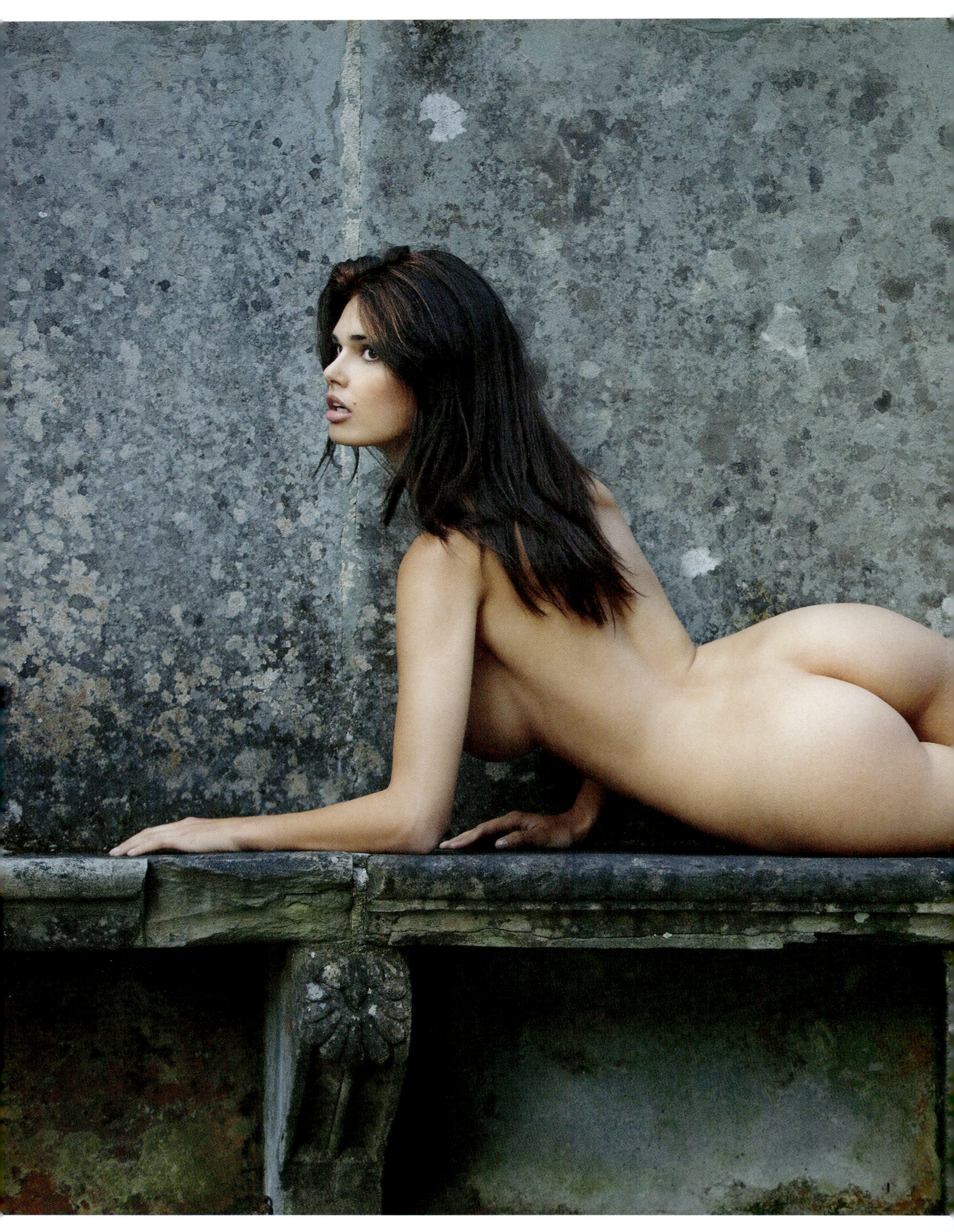

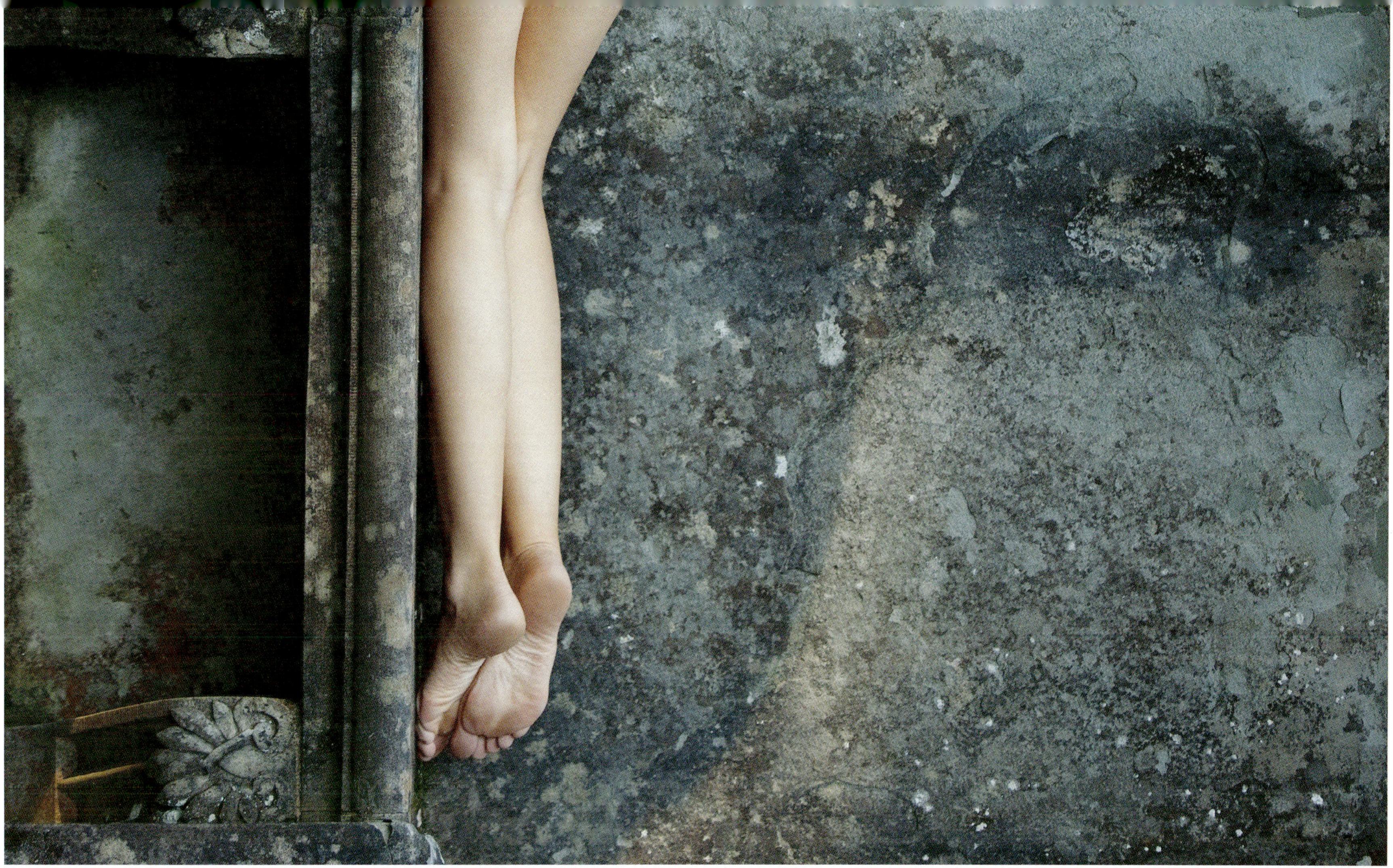

p.174–175 **Zoi** (48° 1‘34.98“N, 9°14‘41.53“E)

p.172–173 **Lena** (47°29‘23.50“N, 9°50‘22.32“E)

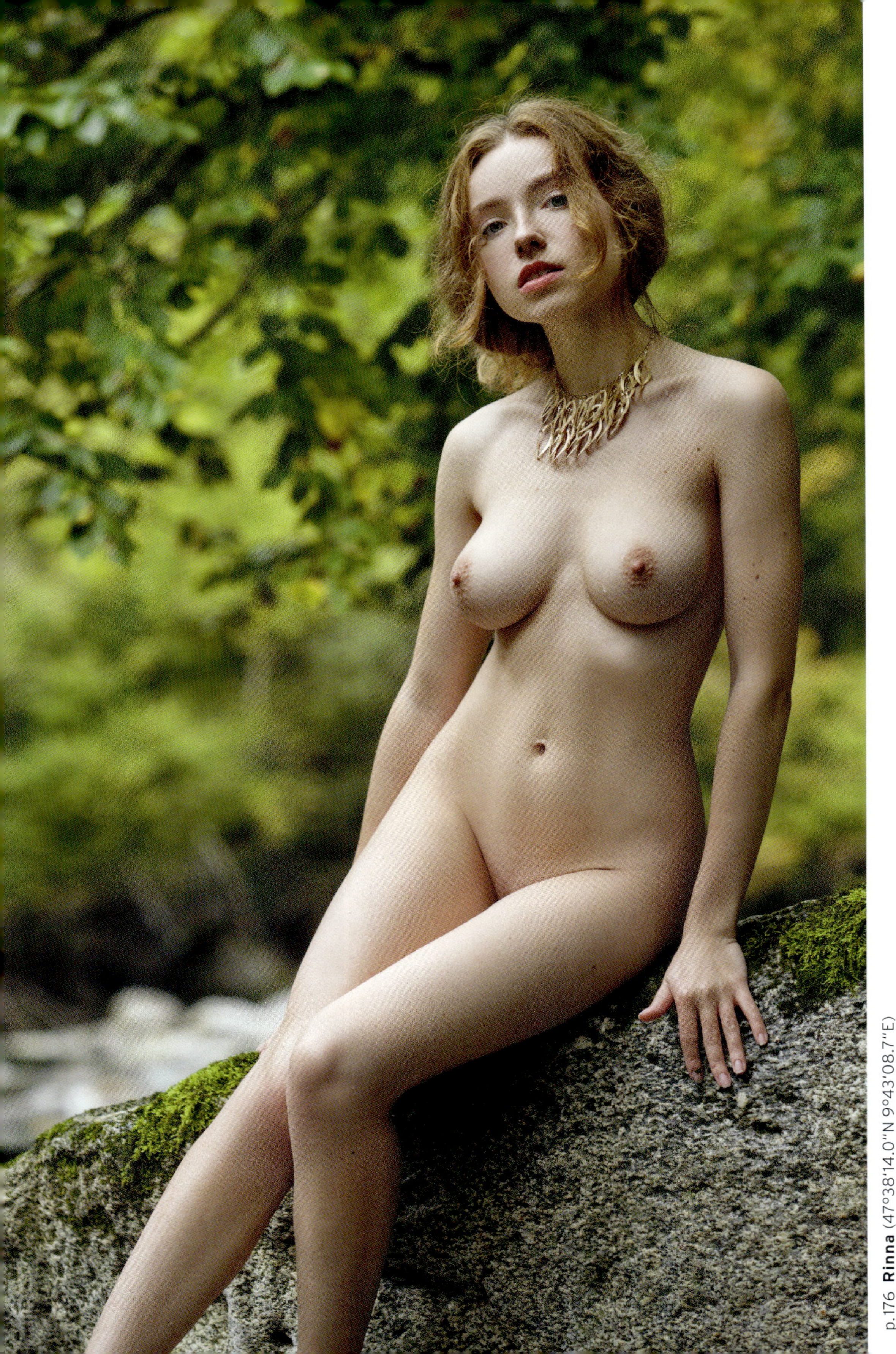

p.176 **Rinna** (47°38'14.0"N 9°43'08.7"E)

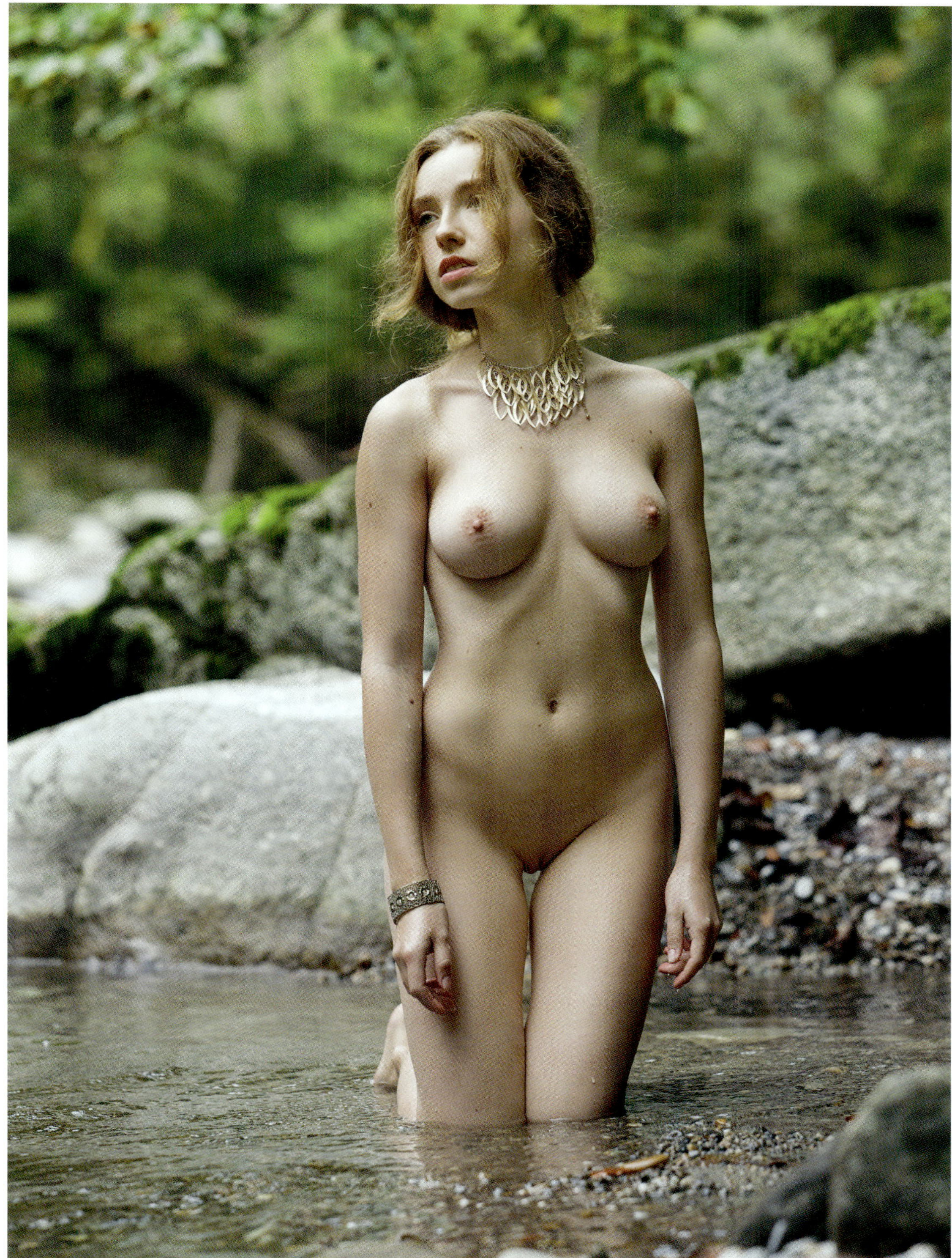

p.177 **Rinna** (47°38'14.0"N 9°43'08.7"E)

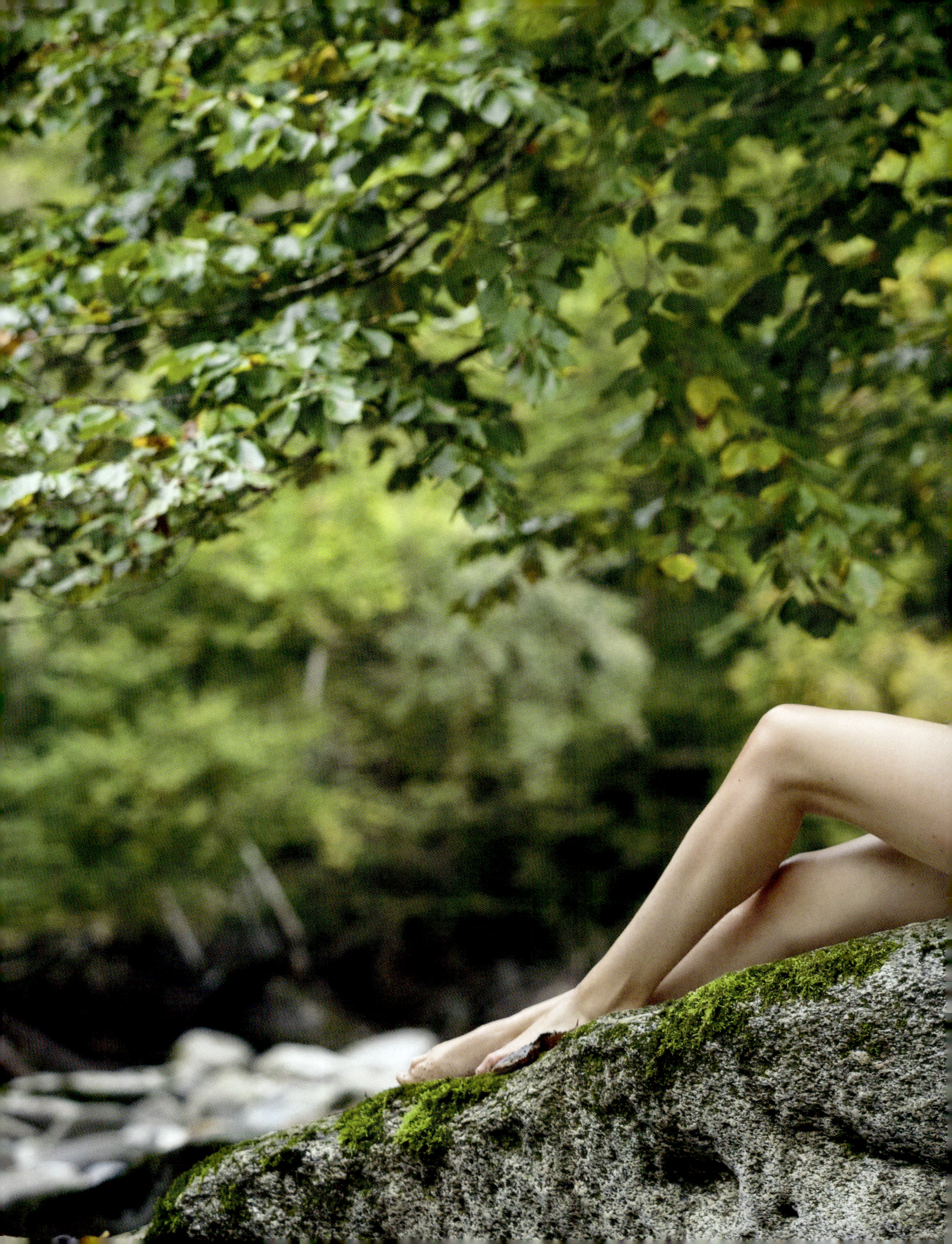

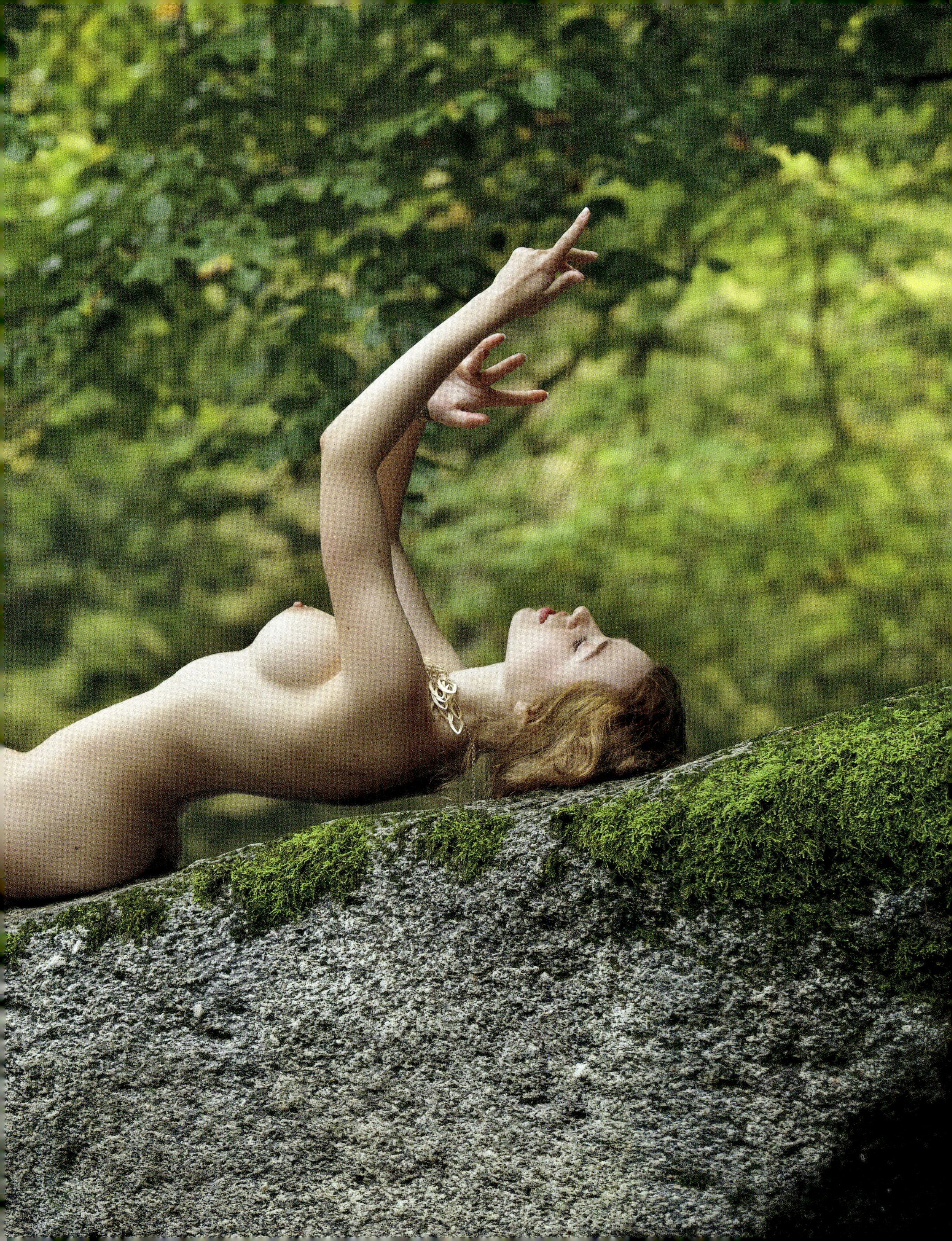

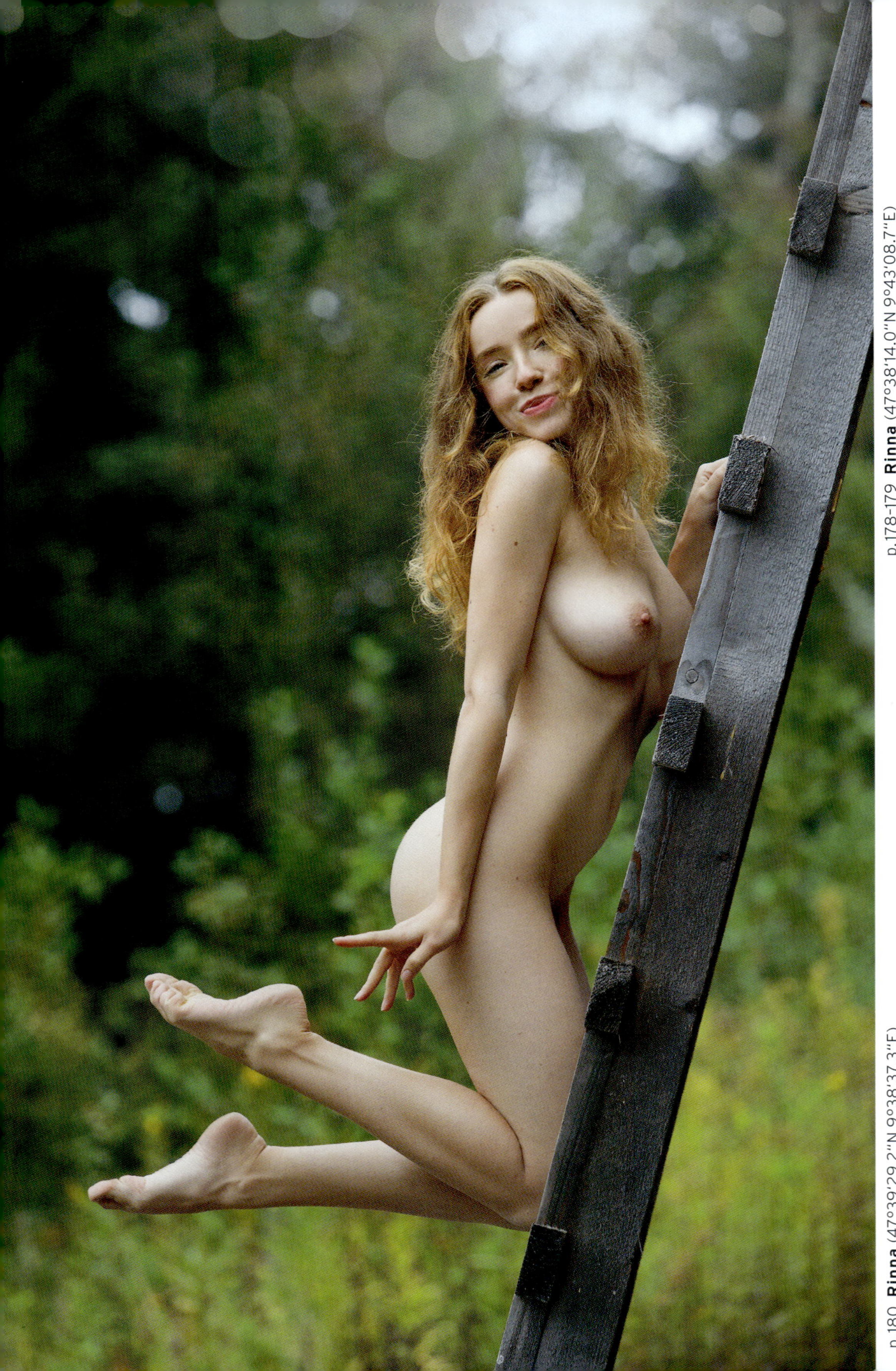

p.178-179 **Rinna** (47°38'14.0"N 9°43'08.7"E)

p.180 **Rinna** (47°39'29.2"N 9°38'37.3"E)

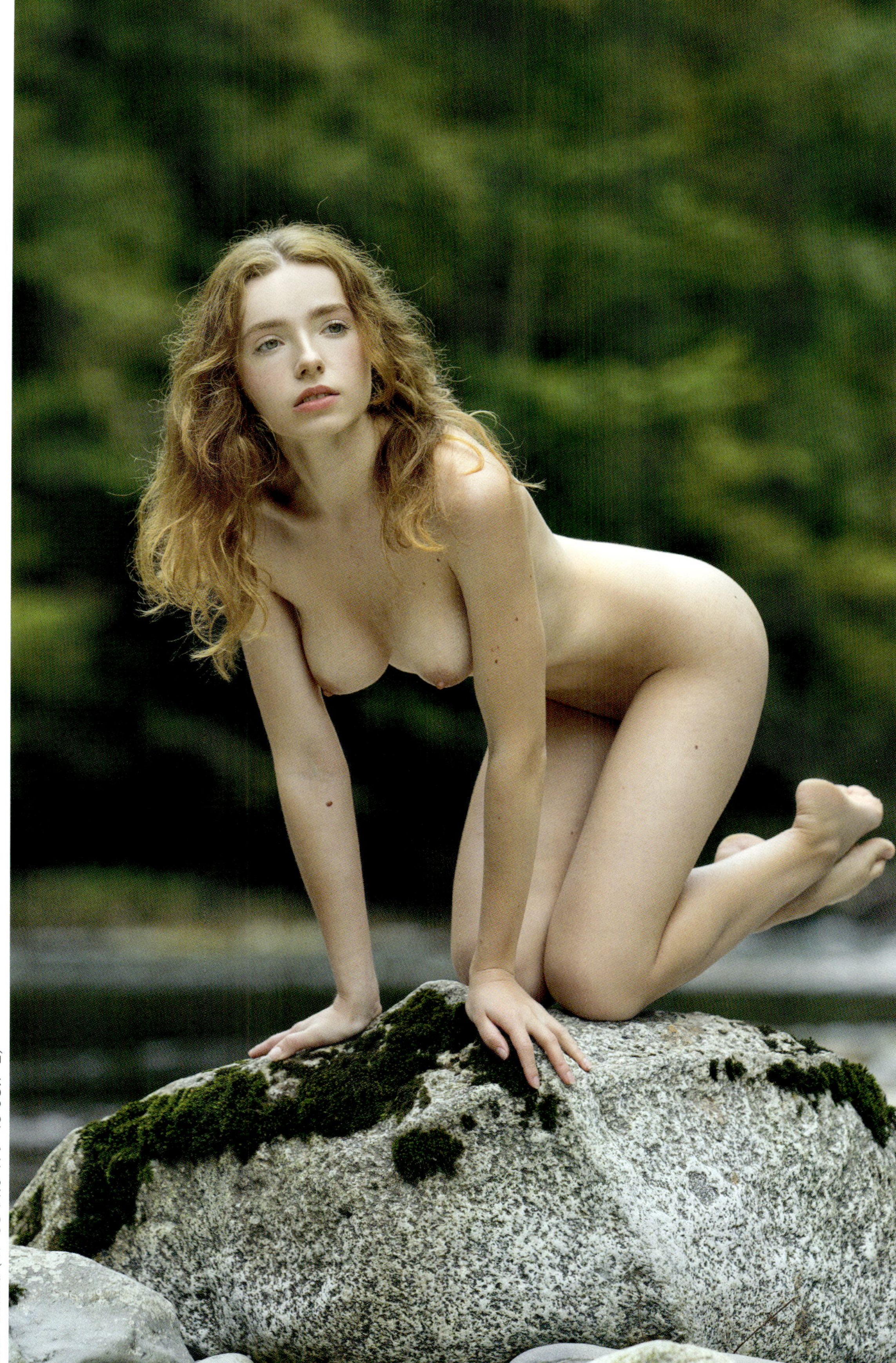

p.181 **Rinna** (47°38'14.0"N 9°43'08.7"E)

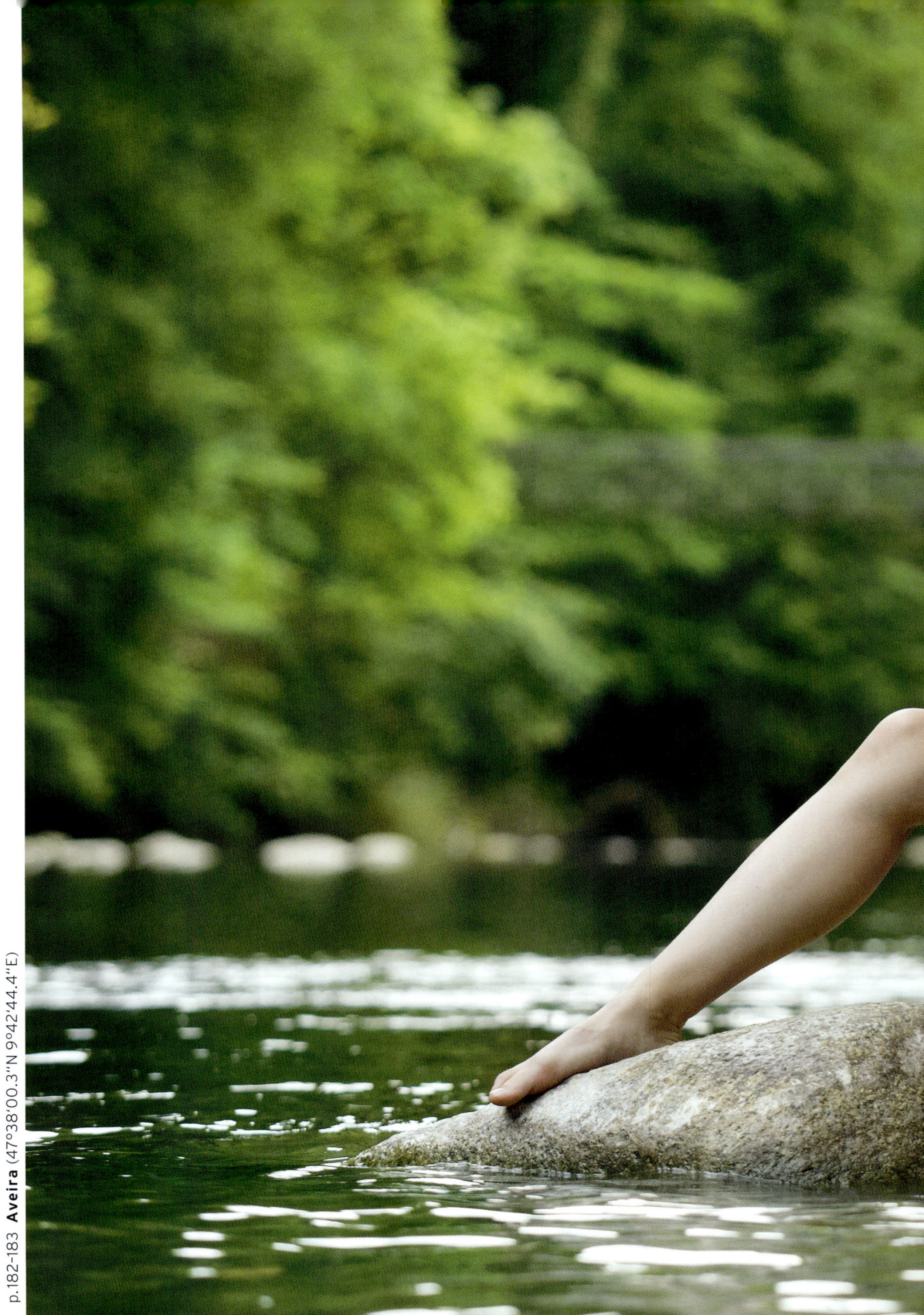

p.182-183 **Aveira** (47°38'00.3"N 9°42'44.4"E)

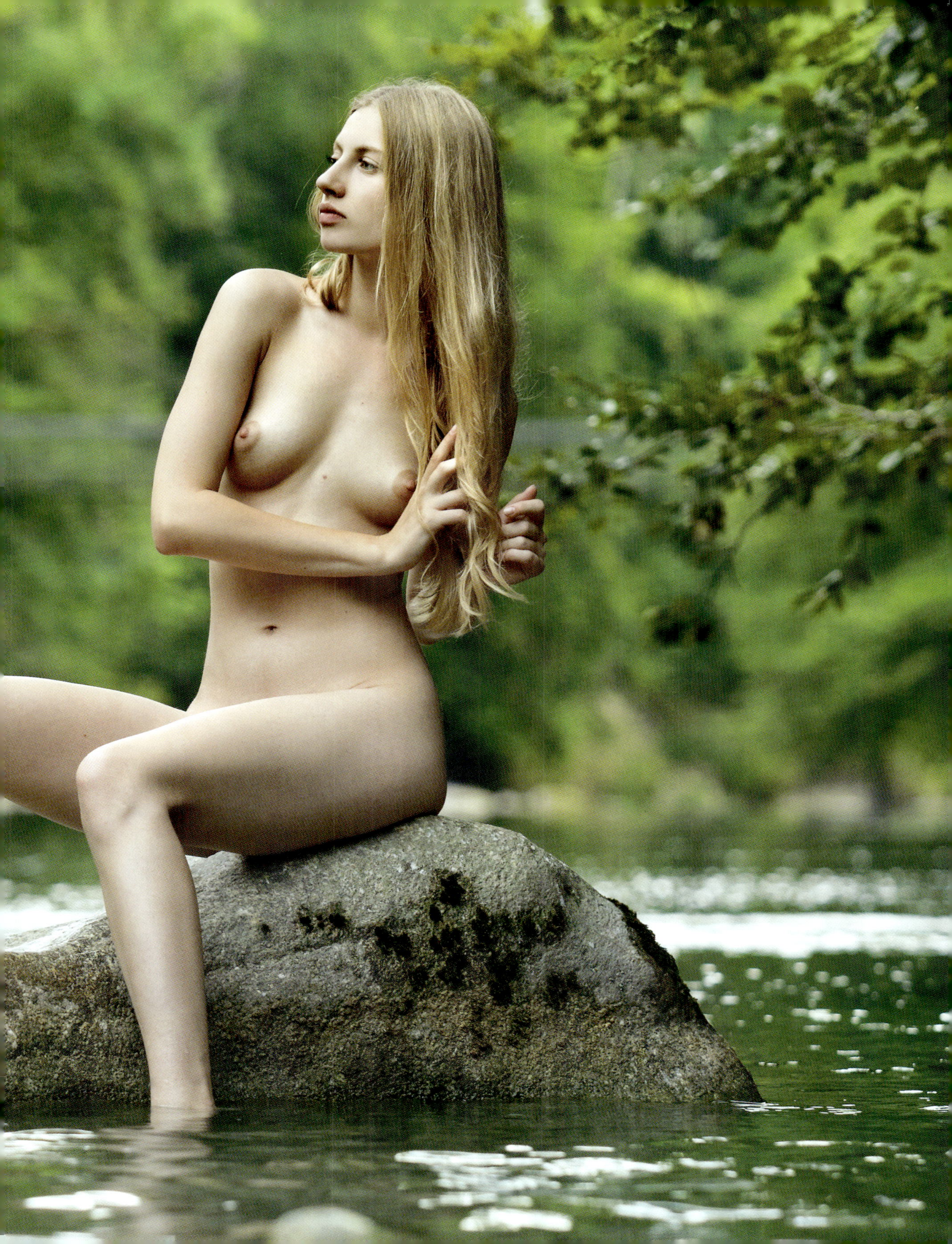

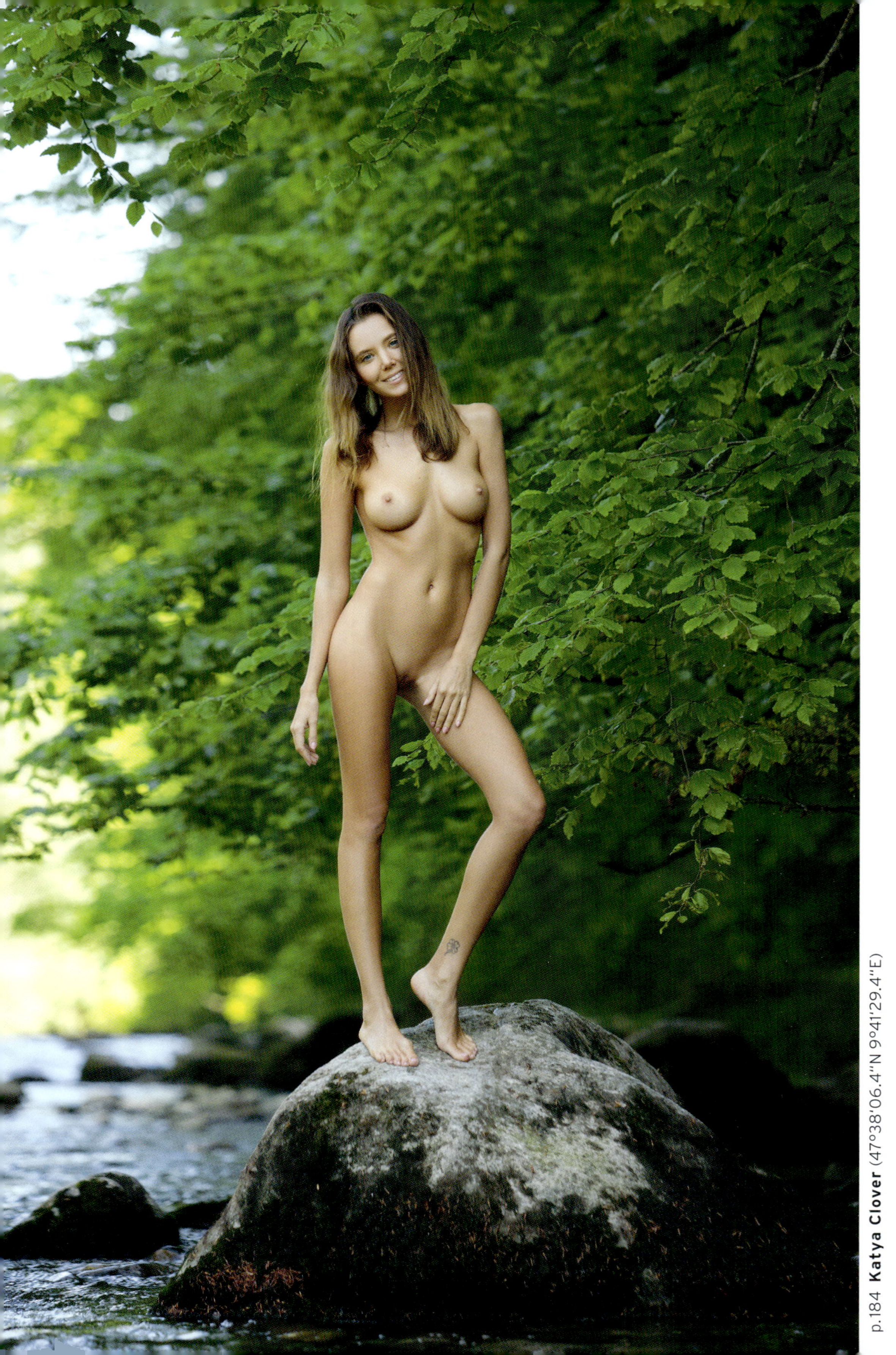

p.184 **Katya Clover** (47°38'06.4"N 9°41'29.4"E)

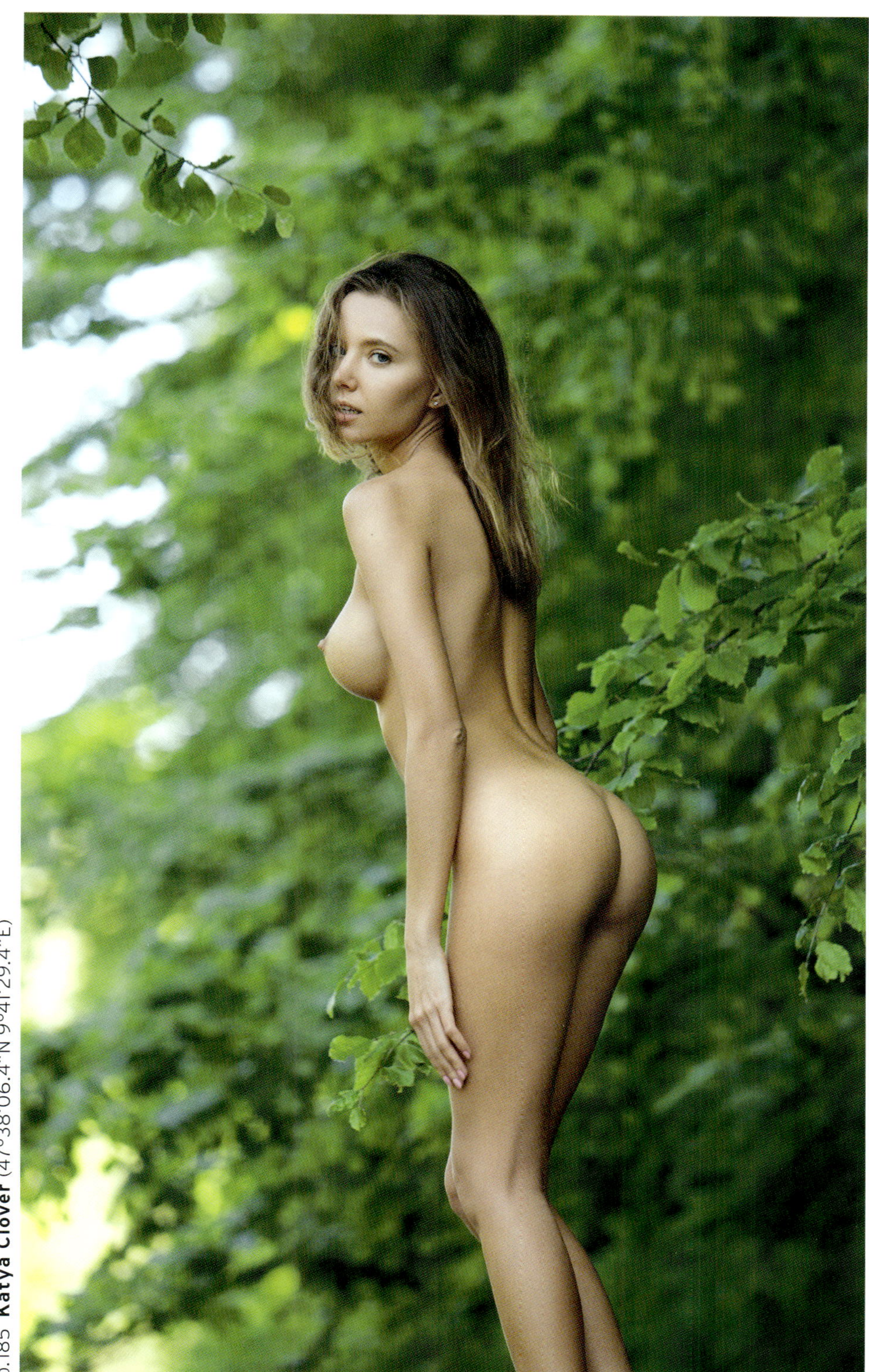

p.185 **Katya Clover** (47°38'06.4"N 9°41'29.4"E)

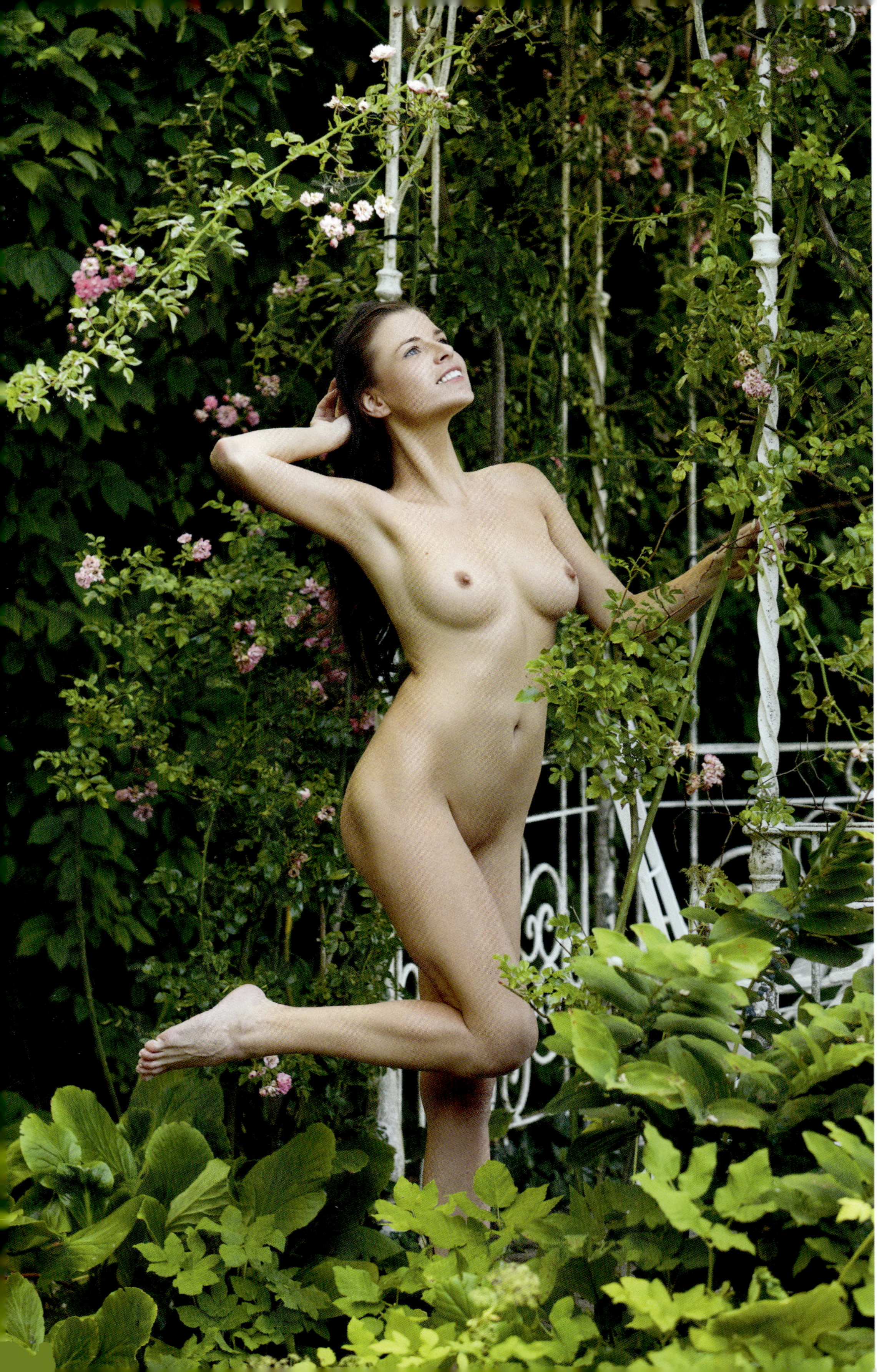

p.186 **Marina** (47°46'58.0"N 9°03'49.8"E)

p.187 **Marina** (47°46'58.0"N 9°03'49.8"E)

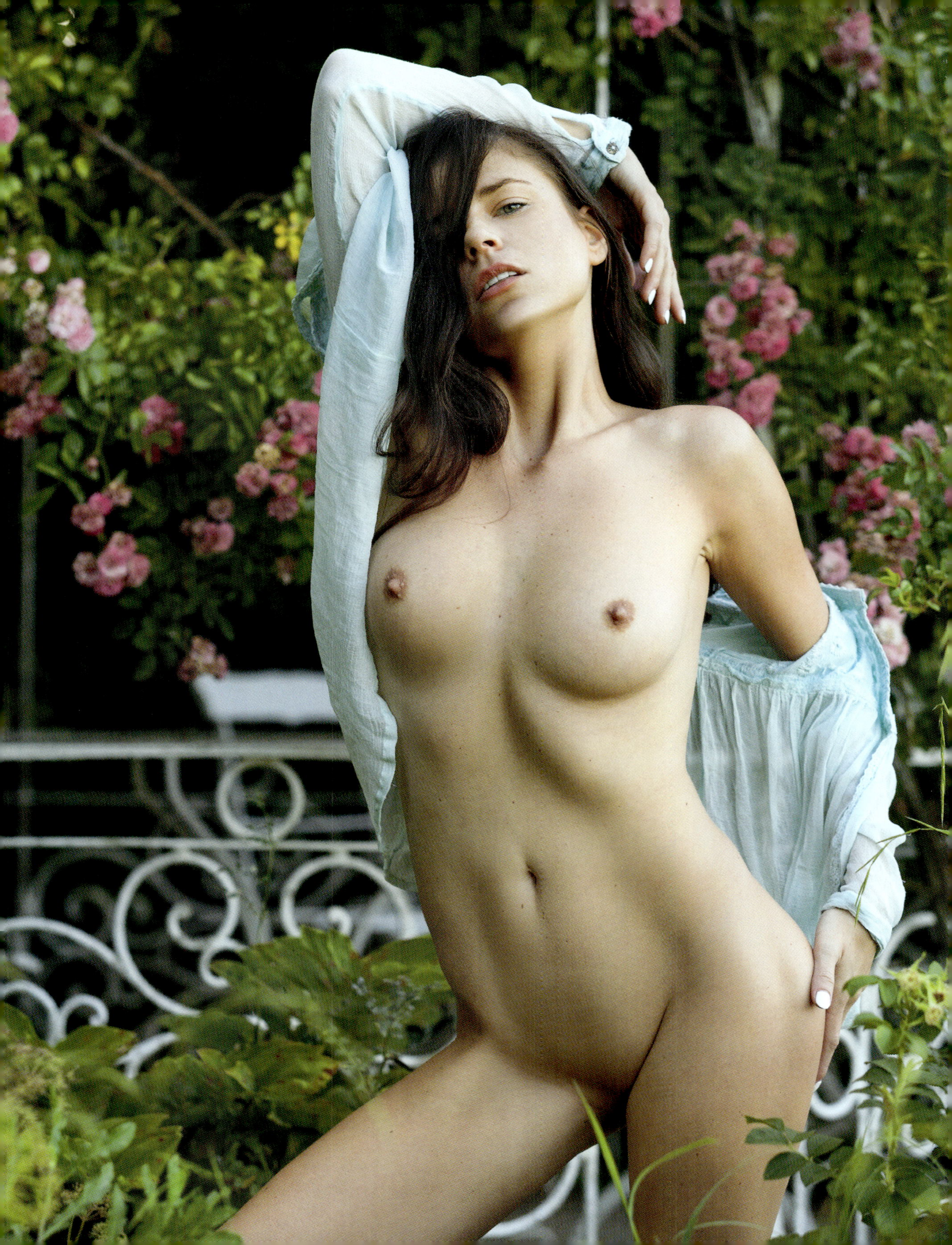

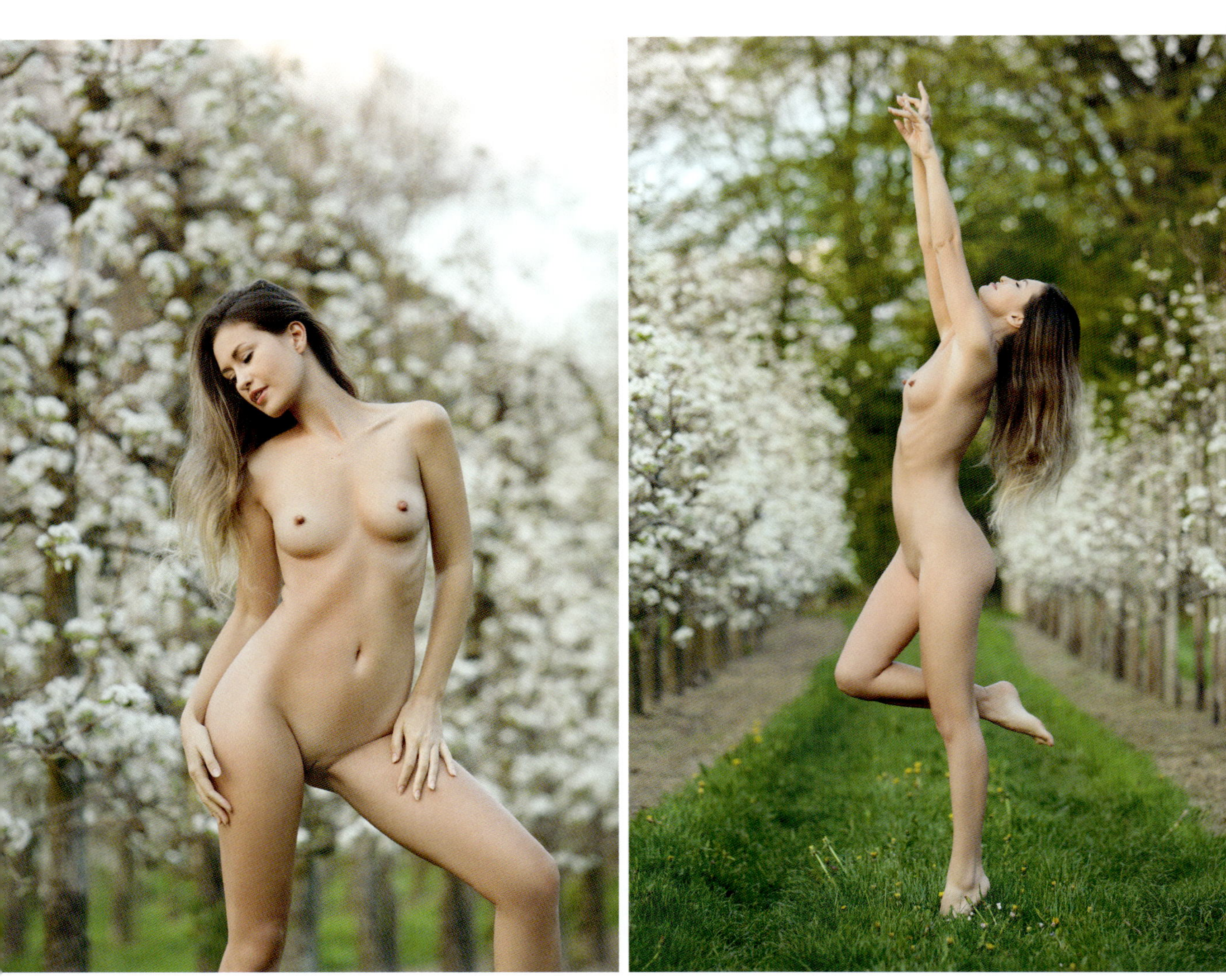

p.188 **Demi Fray** (47°39‘59.2“N 9°26‘32.7“E) p.188 **Demi Fray** (47°39‘59.2“N 9°26‘32.7“E)

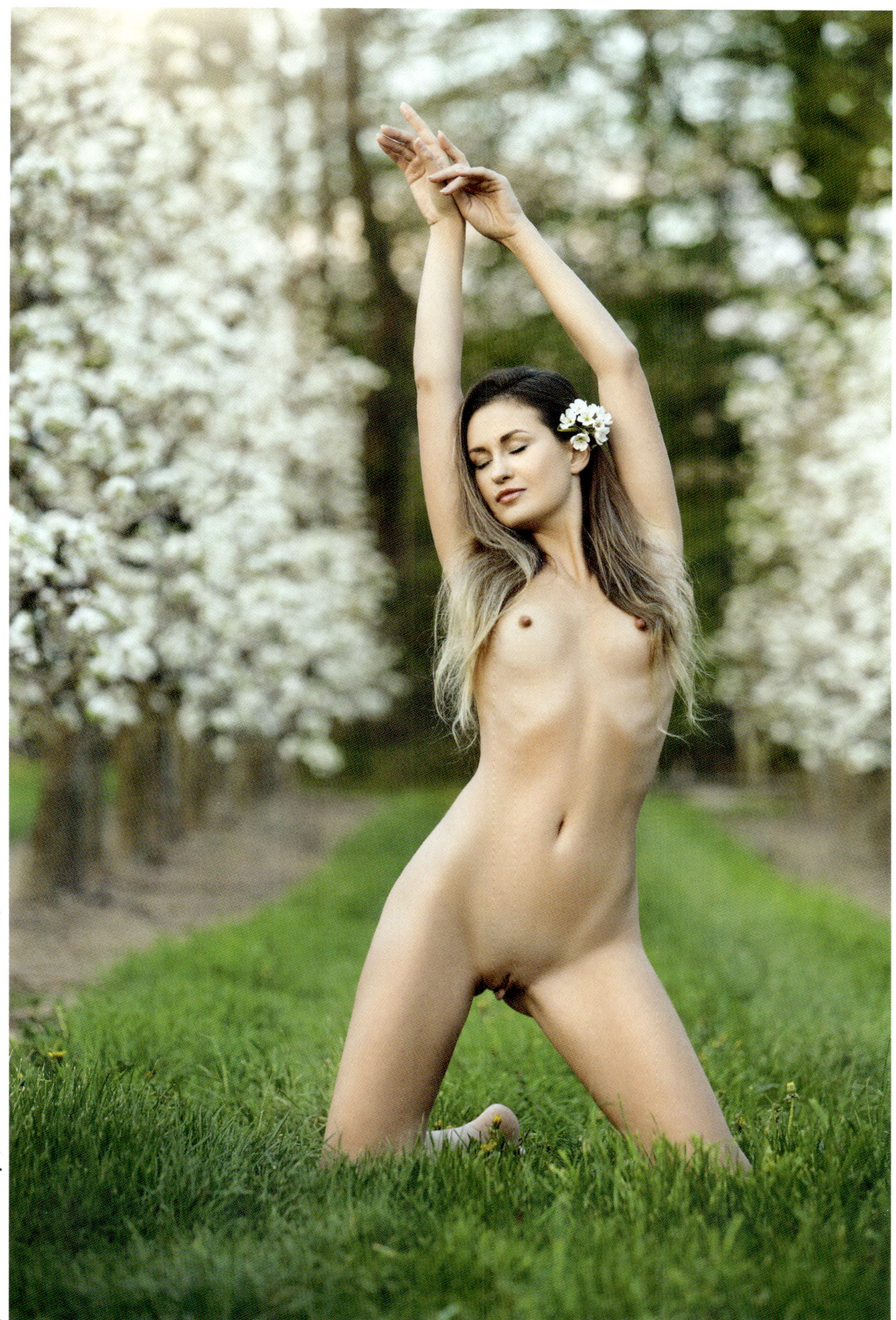

p.189 **Demi Fray** (47°39'59.2"N 9°26'32.7"E)

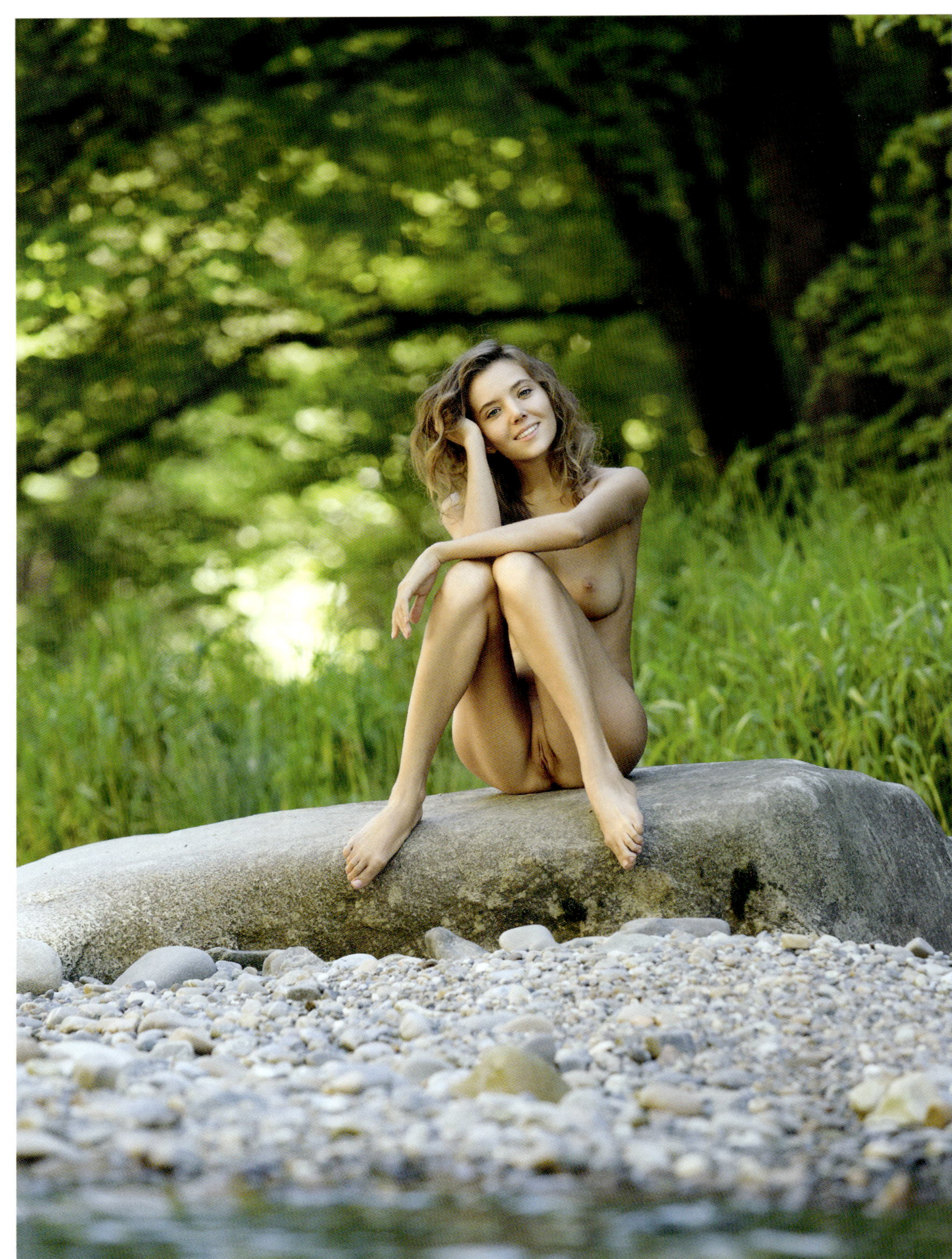

p.190 **Katya Clover** (47°38'02.3"N 9°43'27.6"E)

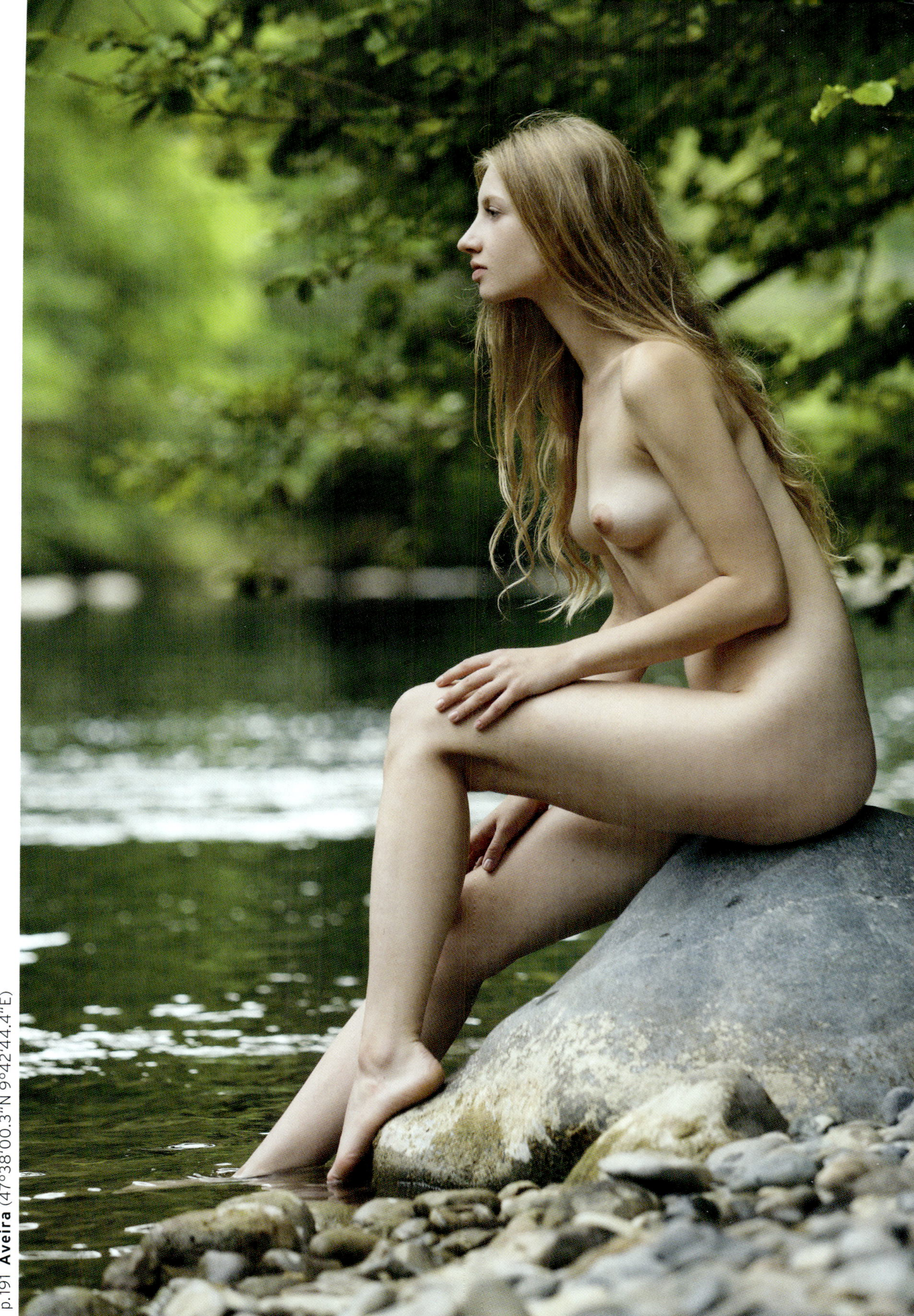

p.191 **Aveira** (47°38'00.3"N 9°42'44.4"E)

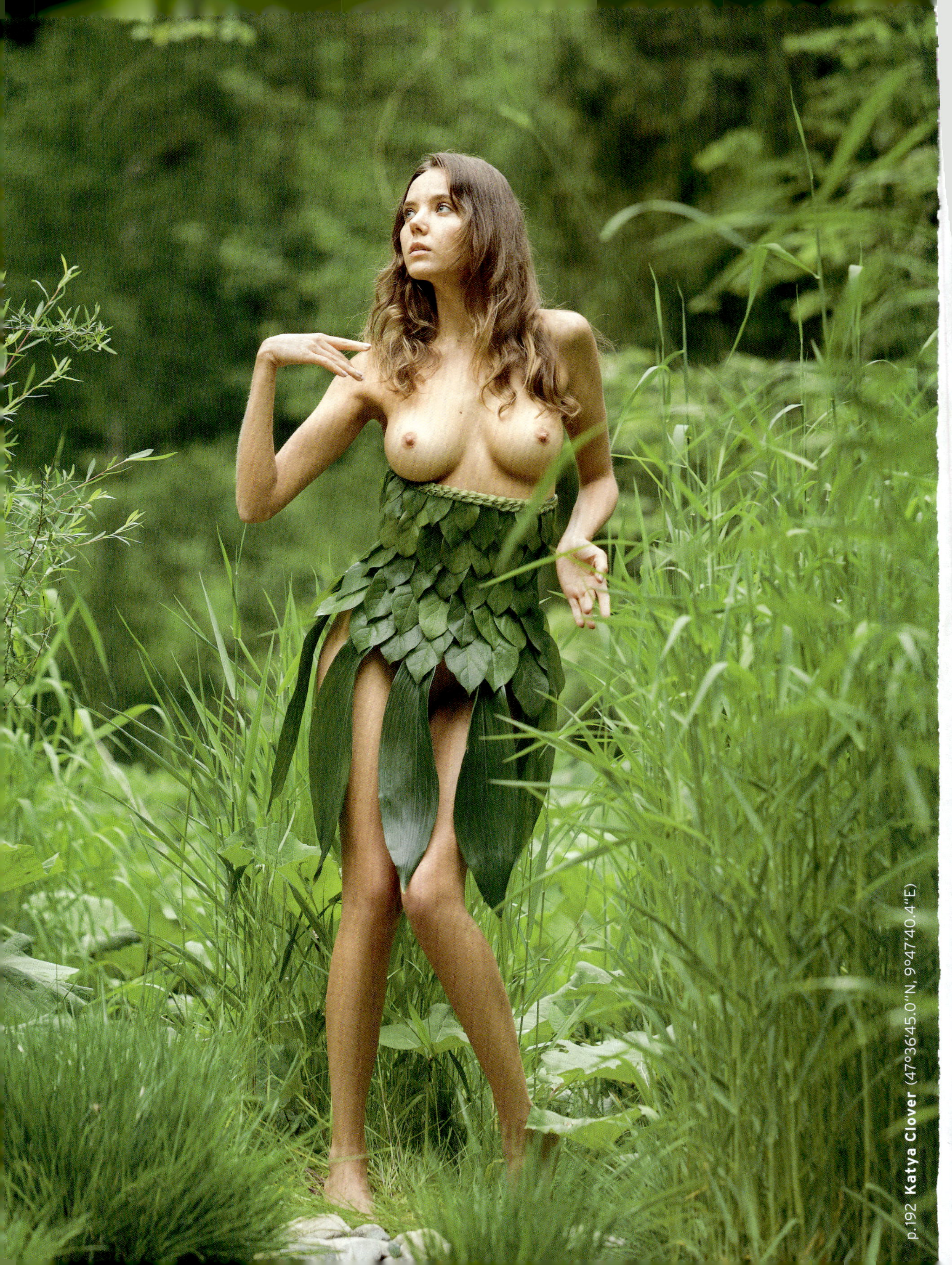

p.192 **Katya Clover** (47°36'45.0"N, 9°47'40.4"E)